高等职业教育经管类专业平台课精品教材

NETWORK MARKETING PRACTICE

网络营销实务

薛雯霞　殷智超◎主　编
沈　莉　陆　剑　徐治平　顾晓霞◎副主编

中国轻工业出版社

图书在版编目（CIP）数据

网络营销实务 / 薛雯霞，殷智超主编. — 北京 ： 中国轻工业出版社，2023.1

高等职业教育“十三五”规划教材

ISBN 978-7-5184-1428-4

Ⅰ. ①网… Ⅱ. ①薛… ②殷… Ⅲ. ①网络营销—高等职业教育—教材 Ⅳ. ①F713.365.2

中国版本图书馆CIP数据核字（2017）第167323号

责任编辑：张文佳　　责任终审：劳国强

整体设计：锋尚设计　　责任校对：吴大朋　　责任监印：张　可

出版发行：中国轻工业出版社（北京东长安街6号，邮编：100740）

印　　刷：河北鑫兆源印刷有限公司

经　　销：各地新华书店

版　　次：2023年1月第1版第4次印刷

开　　本：787×1092　1/16　印张：15.25

字　　数：350千字

书　　号：ISBN 978-7-5184-1428-4　　定价：38.00元

邮购电话：010-65241695

发行电话：010-85119835　传真：85113293

网　　址：http：//www.chlip.com.cn

Email：club@chlip.com.cn

如发现图书残缺请与我社邮购联系调换

221741J2C104ZBW

前言

Preface

网络营销作为一门新兴的综合性学科，研究内容涉及面宽，实践性与应用性很强。本课程的学习，有利于学生学会网络营销的常用方法，树立网络营销策划观念，培养创新意识和实践能力，而且能帮助学生运用网络营销理论去发现问题、分析问题和解决问题。

本教材紧扣“实务”，分别从网络营销及其职业认知、网络市场调研、网络营销项目策划、网络营销推广方式和网络营销实战提升及规避五个角度着手讲解网络营销，详细介绍了多种流行的网络推广方法和方式，通过丰富的案例，向大家展示网络营销的方法和步骤，帮助学生彻底掌握网络营销。

阅读、思考、实践、创新，分层教学是使用本书的方法。这本书与其他的书不同，因为互联网经济发展得太快了，时刻都在变化。每当编写新版教材时，我们都十分清醒，书出版了，有些内容却已经过时了。因此，要想把这门课学好，就必须先阅读本书，然后到网络上去学习更多的相关知识。我们可以思考消费者对互联网以及其他各种新技术的利用方式，再看企业是如何利用这些新技术来吸引消费者的关注，赚取消费者口袋里的钱财的。只有深入思考自己的在线消费行为，消费者才能够更加清楚地了解企业的经营理念、经营方法和经营战略。读者所了解的互联网的知识或许比本书介绍的更多，那么我们就建议读者对所有这些知识进行比较，这样就会更加深入地了解网络营销领域里的各种知识和信息。当然，我们还得提醒读者，在阅读本书时，要站在企业的角度去思考问题。

本教材结构清晰、语言简洁、图表丰富，首次将学习内容分 L1、L2、L3、L4 四层，适合中职和高职电子商务和市场营销相关专业学生等及互联网营销爱好者根据实际情况选择需要的学习内容。

本书主要由无锡科技职业学院薛雯霞、殷智超编写，无锡科技职业学院沈莉、江海职业技术学院陆剑、无锡科技职业学院徐治平、无锡科技职业学院顾晓霞参与了主要项目编写，鉴于本书的内容是编写团队通过多年教学、企业培训和互联网实战经验所萃取而成的，因此既适合正在学习的莘莘学子，又适合那些想在互联网这个领域淘金的创业者们，能为他们指引方向，提供方法，并避免在网络营销方面走太多的弯路，同时也就减少了投入，降低了风险。

由于学识有限，书中存在不妥之处在所难免，我们真诚地希望专家、学者、同仁不吝赐教，也希望使用本教材的师生们能给予批评指正。

编者

2017 年 10 月

目录

Contents

项目一

网络营销及其职业认知

情境引入

时光匆匆似水，相信你不会忘记2016年集不齐的支付宝敬业福，网红 papi 酱的千万广告拍卖，当然还有“逃离北上广”的刷屏级事件……这些最有价值的营销案例成为推动企业前进的重要动力。

2016年的大年夜，大家不再盯着春晚，打麻将的人也少了，家家户户都拿着手机拼命地“咻咻咻”。在这次红包大战中，支付宝无疑抢占了风头。集齐五福平分2亿的口号一喊出，大家跟抢彩票一样兴奋。然而人们咻咻了一晚上，最终却发现，原来敬业福是个稀罕物，据说淘宝都卖到了1000元，很多人五福缺一。随着最终的抢红包结束，人们发现集齐五福的不过才领到272元，几亿人才发现被支付宝忽悠了，如图1-1所示。

图1-1 支付宝五福

项目任务及目标

项目任务	岗位等级及目标			
	L1	L2	L3	L4
任务 1 网络营销行业与职业认知	掌握网络营销的定义和特点	了解网络营销发展现状和发展前景 了解网络营销行业证书	掌握网络营销的基本职能和专业名词	能够分析网络营销职业发展路径 能够做个人网络营销职业规划
任务 2 网络营销岗位要求	了解企业网络营销岗位设置	掌握网络营销常见岗位名称、岗位描述和岗位职责	能够统计网络营销岗位需求	能够熟练说出网络营销岗位职业要求
任务 3 网络营销人才需求	掌握网络营销人才培养方向	了解网络营销人才需求情况	掌握网络营销人员的必备素质	学会为公司确定网络营销招聘信息

任务 1 网络营销行业与职业认知

情境设计

网络营销方式经历了多轮变迁，从最开始的文字，到后来的广告、电子邮件、搜索引擎，再到当下火爆的短视频。网络营销手段与时俱进，促进了经济的发展，也衍生出了一系列商业生态。2017 年全球网络营销七大新趋势如下。

一、增强现实技术不断涌现

Pokémon Go 是一款融合了 AR（增强现实技术）、LBS 玩法和口袋妖怪超级 IP 的手机游戏，在游戏中，玩家们需要进行现实距离上的移动，走得越远，捕捉到小精灵的概率越高，如图 1-2 所示。

图 1-2　Pokémon Go

AR（增强现实技术）是一项集成计算机技术，统筹了图像、声音、感官、视频、气味等多项传播媒介，与现实结合，以赋予它新的意义。VR 创造了一个完全虚拟的世界，相比 VR（虚拟现实技术）来说，AR 则是虚拟与现实的结合，打造身临其境的合成世界。很少有人能预测到 Pokémon Go 能够获得如此彻底的成功，Pokémon Go 给网络营销市场带来了两个重大的影响：一是用户们已经准备好体验增强现实这一技术；二是这项技术使得经营者感受到了增强现实的盈利潜力。

Pokémon Go 为嵌入式技术赋予了重大的意义，把小精灵带入现实世界，这一行为帮助品牌大幅提升了声望和美誉度。手机和 APP 都可以内置 AR 技术，既能增强与现实世界的联系，两者之间也易于区分。在未来，你会通过增强现实的游戏、广告看到更多的品牌，以及现有的 APP 去尝试使用增强现实技术。

二、流媒体视频直播将会全面腾飞

社交媒体用户开始寻求更加即时的内容，使他们可以感同身受地经历世界其他地方发生的事，在之前，他们根本无法触及这些事情。多亏了高速网络和随处可见的移动设备，视频直播开始自成一系，与此同时，越来越多的应用和平台提供了流媒体直播的功能，如微博、淘宝等平台，并且大多是以 B2C（Businesses to Customers）和 C2C（Customers to Customers）的形式进行，如图 1-3 所示。

图 1-3　特朗普与希拉里

2016 年 9 月 26 日下午 2 点，美国 2016 年总统大选第一场辩论也通过流媒体直播放送，吸引了成千上万人的关注。视频直播在过去的几年里一直持上升态势，在 2017 年将为各大品牌和个体利用，成为其全面腾飞的一年。

三、数据可视化工具的大发展

作为信息时代下的知识经济的弄潮儿，数据可谓是我们的生存根本。人们需要一定量的数据来告诉大家，谁在什么时候买了什么，为什么会买，以及对于他们怎样宣传是最有效的。可是就算是数据分析师也经常会不理解数据究竟想表达什么，因为人们的大脑并不适宜处理大量未处理过的数据。现在，科学技术终于可以对数据分析工作进行“翻译”，如图 1-4 所示。

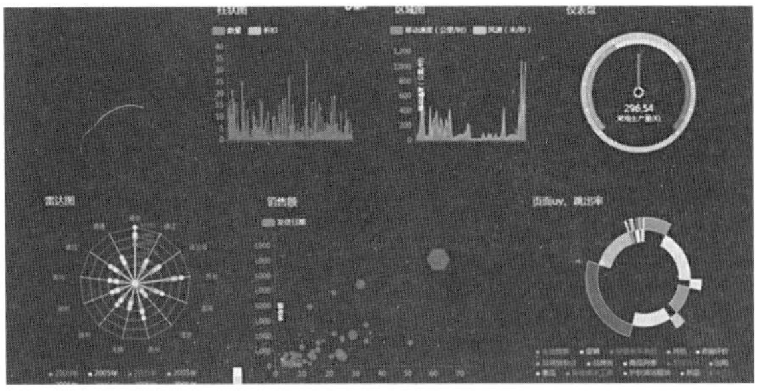

图 1-4　使用“大数据魔镜”软件处理后的数据效果图

面对生产生活研究产生的大量数据，人们已经经历了从科学可视化到信息可视化，再到数据可视化的各个阶段，如今市场上已经存在有一些数据可视化工具，在 2017 年，各行各业都会开始使用这些工具，那些不使用这些工具的企业则劣势骤现。科学技术会越来越复杂，数据分析的需求也会远超以前，如图 1–5 所示。

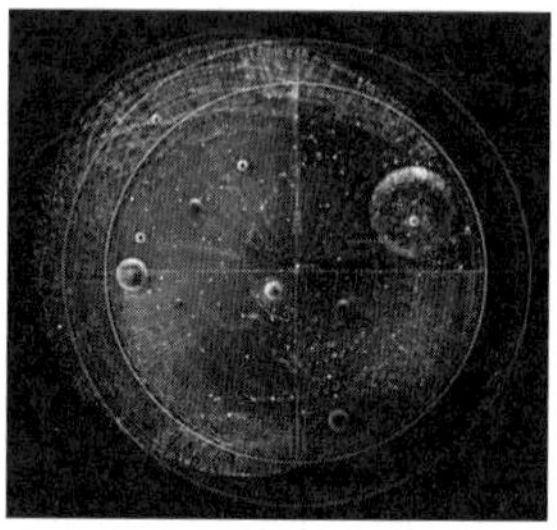

图 1–5 美妙的数据可视化

四、原生广告将会占据主导

Native Advertising（Native Ads），又称原生广告，是全球媒体界爆红的关键词。Deep Focus 的 CEO Ian Schafer 说这是一种以消费者本身使用该媒体的方式，去接触消费者的广告方式，如图 1–6 所示。

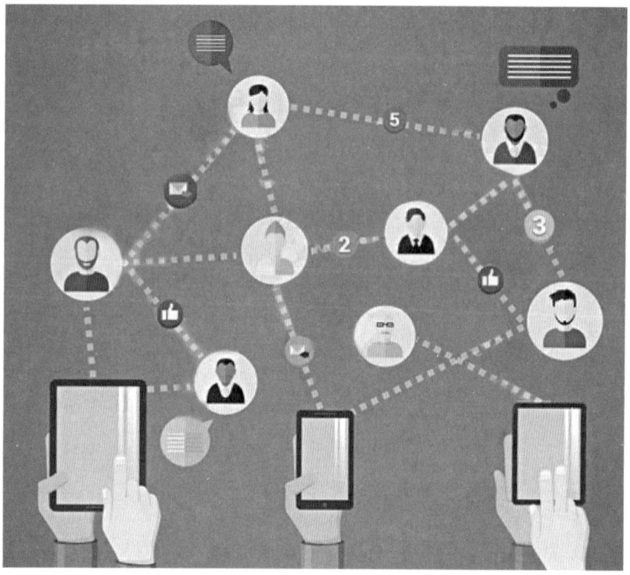

图 1–6 社交圈“推荐”类广告

原生广告的主要形式有移动“推荐”类广告、社交圈里商业用户的“信息流”广告。视频类的原生广告可以是某个视频背景中的一个广告牌，也可以是视频人物手中拿的一个物品，也可以是视频暂停、加载、结束后弹出的广告插屏；而在游戏的关卡中、通关奖励中植入的广告则被称为游戏关卡原生广告。原生广告作为该榜单上最为“古老”的趋势之一，很多品牌多年来一直使用这个简单的办法让自己的产品看起来很自然。

随着顾客不断地忽视甚至厌恶传统广告，原生广告呈现了上升的趋势，它可以更有效地吸引顾客的注意力，但比以前的做法更加隐蔽。原生广告通过“和谐”的内容呈现品牌信息，不破坏用户的体验，为用户提供有价值的信息。出于“让用户自然地接受信息”的这一优点，毫不夸张地预测，2017 年及以后原生广告将会占据主导。

五、投身于小众市场

线上营销变得越来越“拥挤”。虽然消费者数目大致保持稳定，但是成千上万的新企业都涌入这个行业想要分一杯羹，在内容分享和社交媒体市场中表现得尤为明显，如图 1–7 所示。

一个最好的解决方案就是将目标着眼于更明确的小众市场，用一些特定的标题来吸引一些小众用户，因此，人们一定会看到一些公司尝试投放更加精准的乃至针对个人的内容和广告，并且进而从“小众功能”中发掘出“大众需求”。

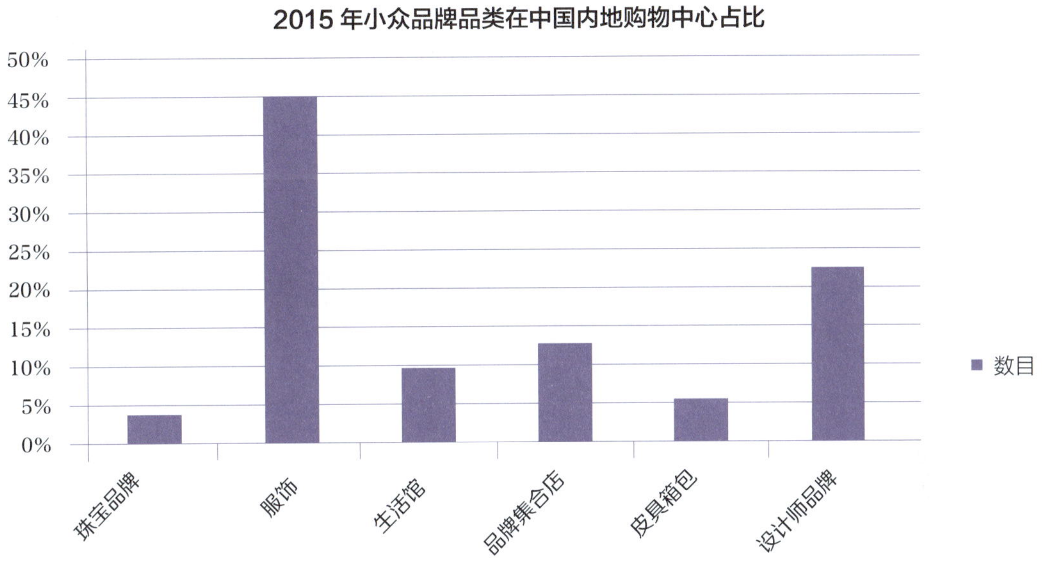

图 1-7　2015 年小众品牌品类在中国内地购物中心的占比

六、“身临其境”的内容营销崛起

用户们也渴望更多的身临其境的体验，让他们感觉自己可以做得更多，而不仅仅局限于盯着手机或者电脑屏幕。增强现实技术和虚拟现实技术是推动这个想法的动力，其采用的嵌入式技术使得用户体验产生了更为重大的意义，既增强了与现实世界的联系，又令两者之间的差异更易于区分，如图 1-8 所示。

图 1-8　百度地图全景模式

其实，除了 VR 和 AR，还有一些其他的方法可以达到同样的效果，譬如百度地图里的全景工具，关键就在于提供某种程度上的互动来让人们感觉自己是群体中的一分子。

七、屏蔽无用信息的关键：密集型内容

随着科技的不断进步，人们变得越来越没有耐心，要求也越来越高。很多时候网络用语我们还没说一句，已经开始流行下一句。大家都像是老年人般用生活的大部分时间来一遍遍经历过去，如图 1-9 所示。

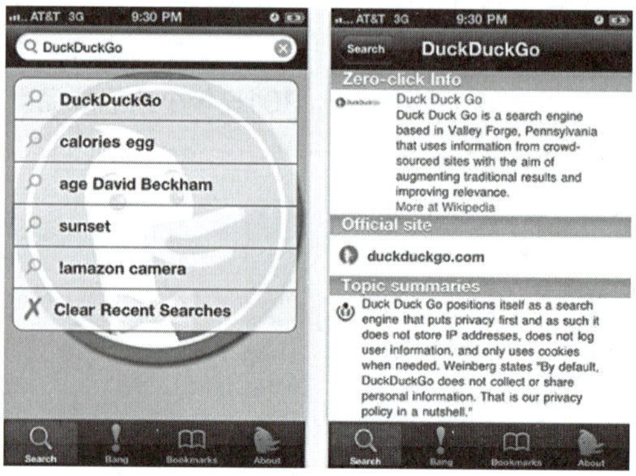

图 1-9　屏蔽那些无用的广告网站

任务分解

教学内容	课时安排	
	中职	高职
活动一　我想从事网络营销行业	2	2
活动二　网络营销是做什么的	2	4

活动一

我想从事网络营销行业

必备知识

一、初识网络营销

1. 网络营销的定义

综观现有专著教材、期刊文章、互联网上资料的各种观点，“网络营销”目前不仅没有形成一个公认的、完善的定义和完整的体系，而且在不同时期、从不同的角度对网络营销的内涵和实质有不同理解，这种状况主要是因为网络营销环境在不断发展变化，各种网络营销模式不断出现。

本书将“网络营销”定义如下：网络营销是指企业面对不断变化的互联网环境，在整体营销战略规划指导下，将传统市场营销理论予以继承和延伸：综合运用各种信息技术作为营销工具，为实现企业营销目标而进行的一系列活动过程。

特别注意的是，网络营销不只是网上销售，不等于电子商务，是对网上经营环境的营造，

是企业整体营销战略的重要组成部分。

2. 网络营销的特征

随着互联网技术发展的成熟以及联网成本的低廉，互联网像一种“黏合剂”，将政府、企业以及个人跨时空联结在一起，使得他们之间信息的交换变得容易。网络营销中最重要也最本质的是企业和顾客之间进行信息传播与交换。如果没有信息交换，交易就成了无本之木，网络营销具备的特性有：全球性、整合性、交互式、高效性、经济性和技术性。

二、网络营销的基本职能

电子商务环境下的网络营销产生于 Internet 飞速发展的网络时代，作为依托网络的新的营销方式和营销手段，有助于企业在网络环境下实现营销目标。网络营销涉及的范围较广，主要包括以下职能。

1. 网上市场调查

市场调查是企业市场营销实施的重要环节。网上市场调查是指企业利用 Internet 的交互式信息沟通渠道来实施市场调查活动，所采取的方法包括直接在网上通过发布问卷进行调查，在网上收集市场调查中需要的各种资料。网上市场调查的重点是利用网上调查工具，提高调查的效率和调查效果，同时利用有效的工具和手段收集整理资料，在 Internet 的信息库中获取想要的信息和分辨出有用的信息。

2. 网络消费者行为分析

网络消费者是网络社会一个特殊的群体，与传统市场上的消费群体的特性是截然不同的，因此要开展有效的网络营销活动必须深入了解网上用户群体的需求特征、购买动机和购买行为模式。Internet 作为信息沟通的工具，成为许多有相同兴趣和爱好的消费群体聚集交流的地方，在网上形成了一个个特征鲜明的虚拟社区，网上消费者行为分析的关键就是了解这些虚拟社区的消费群体的特征和喜好。

3. 网络营销策略的制定

企业在采取网络营销实现企业营销目标时，必须制定与企业相适应的营销策略，因为不同的企业在市场中所处的地位是不同的。企业实施网络营销需要进行投入，并且也会有一定的风险，因此企业在制定本企业的网络营销策略时，应该考虑各种因素对网络营销策略制定的影响。例如，产品周期对网络营销策略的影响。

4. 网络产品策略

网络作为有效的信息沟通渠道，改变了传统产品的营销策略，特别是营销渠道的选择。在网上进行产品和服务营销，必须结合网络特点重新考虑对产品的设计、开发、包装和品牌的产品策略研究。作为一种新的信息交流和传播工具，Internet 从诞生开始就实行自由、平等和信息基本免费的策略，因此在网络市场上推出的价格策略大多采取免费或者低价。所以，制定网上价格营销策略时，必须考虑 Internet 对企业产品的定价影响和 Internet 本身独特的免费特征。

5. 客户关系建立

良好的客户关系是网络营销取得成效的必要条件，通过网站的交互性、客户参与等方式在开展客户服务的同时，也增进了与客户之间的关系。客户关系是与客户服务相伴而产生的一种结果，良好的客户服务才能带来稳固的客户关系。客户关系对于开发客户的长期价值具有至关重要的作用，以客户关系为核心的营销方式成为企业创造和保持竞争优势的重要策略。网络营销为建立良好的客户关系和提高客户满意度提供了更为有效的手段，通过网络营销的交互性和良好的客户服务手段，增进客户关系成为网络营销取得长期效果的必要条件。

6. 网上信息发布

网络营销的基本思想就是通过各种互联网工具，将企业营销信息以高效的方法向目标用户、合作伙伴、公众等群体传递，因此信息发布就成为网络营销的基本职能之一。互联网为企业发布信息创造了优越的条件，不仅可以将信息发布在企业网站上，还可以利用各种网络营销工具和网络服务商的信息发布渠道向更大的范围传播信息。

7. 网络品牌

网络营销的重要任务之一就是在互联网上建立并推广企业的品牌，知名企业的网下品牌可以在网上得以延伸，一般企业则可以通过互联网快速树立品牌形象，并提升企业整体形象。网络品牌建设是以企业网站建设为基础，通过一系列的推广措施，达到顾客和公众对企业的认知和认可。从一定程度上来说，网络品牌的价值甚至高于通过网络获得的直接收益。与网络品牌建设相关的内容包括专业性的企业网站、域名、搜索引擎排名、网络广告、电子邮件、会员社区等。

必备技能

王丽丽是一名电子商务专业的学生，她非常喜欢网络营销行业，立志毕业后想从事网络营销工作。但是，她很迷茫，不知道这个行业的未来发展前景，也不知道该行业的平均薪酬水平。

一、了解网络营销发展现状

访问中国互联网络信息中心网站（http://www.cnnic.net.cn/），单击互联网发展研究——下载报告，下载最新的《中国互联网络发展状况统计报告》全文，了解目前互联网络发展的最新情况。

二、了解网络营销发展前景

这年头“搞网的”是最时髦的。企业们纷纷把推广预算从线下转向网络， 网络营销光荣地称为“未来十年十大高薪职业”“最靠谱新潮职业”，其平均薪水已经超过公务员、医生等。的确，既懂得网络技术，又懂得网络营销的复合型人才真是凤毛麟角。网络营销人才需求量大，需求差异也大，网络营销的薪资主要看企业的实力和薪酬水平。

三、了解网络营销专业名词

登录“推哪儿”网站营销百科（http://baike.tuiwhere.com/），学习热门词条、精彩词条和推荐词条。

活动二　网络营销是做什么的

必备知识

一、网络营销职业发展

网络营销职业发展简单细分为 SEO、SEM、新媒体（移动端）和电商。

作为一名网络营销人员，不管从哪个起点开始做起，最终的发展目标方向为网络部总监（创业老板）。

网络部总监：负责全局，对于一个大型公司，如果有电商业务，则百度系和电商系全能型；无电商业务，有些公司仅百度系同样可以做网络营销总监（医疗行业）。

基础岗位：基础打得牢固，基本技能掌握的越牢固，往上提升的时候，越会相对顺利；从哪个起点上班都不重要，重要的是在工作中，不断地学习和相应所需技能的不断的自我提升。

二、网络营销职业发展路径分类

职业发展路径 1：一般小型网络公司如果从 SEO 做起，顺利提升 SEO 主管（部门主管）；如果公司开始涉及 SEM 推广，那么开始逐步涉及掌握竞价技能；后面逐步提升网络部经理（跳槽其他企业做经理）；当然目前一般企业开展网络营销，都会同时做新媒体营销，作为主管还是需要兼顾。

职业发展路径 2：从一家企业的 SEM 专员做起，能力突出提升为 SEM 主管（项目组长）；在日常工作中，多少涉及网站优化，着陆页用户体验，锻炼提升 SEO 技能；后来顺利提升网络部经理。当然也会涉及新媒体营销。

职业发展路径 3：从公司的新媒体运营专员做起，充分锻炼提升自己的文案、美工、创意、策划、交流与沟通等技能，提升到新媒体主管，后续能力突出提升产品经理人。也许涉及 SEO、SEM 机会要少些。

职业发展路径 4：从电商行业淘宝运营做起，业绩突出，公司给机会让来负责天猫店运营。后续提升到电商部主管（项目组长），电商目前同样不可或缺新媒体营销，提升为部门经理。

三、网络营销职业平均薪酬（年薪）

基层员工：4 万～ 7 万元；

主管层：8 万～ 15 万元；

经理层：20 万元 +；

总监层：50 万元以上，无穷大。

在职业发展过程中，除了以上提到的职业技能还是不够的，还需要职业素养（执行力，团队凝聚力，团队荣誉感）与职场经验。

但是，要知道，任何行业职业发展都有 2 万个小时定律。即如果你想在某一行业做出来成绩，提升到总监的管理层，需要 2 万个小时工作时长。那么如果按照一天 8 个小时，七年左右时间；如果按照一天 12 个小时，四年半左右时间；一般情况下在一个行业开始工作的第一年熟悉行业，学习提升行业技能；第二、第三年，扩展行业相关能力，成为业内行家；第五年，发现洞察行业机会。

必备技能

王丽丽想为以后就业增加一份保障，为此，想获得网络营销行业相关证书，并做个简单的职业生涯规划。

一、了解网络营销行业证书

（1）认识《中华人民共和国工业和信息化部网络营销师职业技能水平证书》。

（2）认识企业主办的网络营销相关培训。

1）亿玛客 http://www.imakecollege.com/。

2）纵横电商 http://www.zhdspx.cn/。

3）优就业 http://www.ujiuye.com/zt/zsjz/。

4）单仁咨询 http://www.srzxjt.com/。

二、个人网络营销职业规划

1. 了解自己

（1）从事网络营销行业，两年以后你能做些什么？

（2）你是否了解广告，传播和市场营销呢？

（3）你会因为时刻保持紧张而忧虑吗？

（4）你是觉得无论什么品牌你都可以服务吗？

（5）你认为在网络营销行业能取得的成功是什么？

（6）你是否平日总在网络上而没有更多其他生活？

（7）除了文字功底以外，你还有什么特长？

2. 行业分析

在大数据时代下，营销行业产业链将得到重塑。全球范围内的网络营销市场仍处于快速发展阶段，新媒体类型、经营模式、技术手段不断涌现，相比传统营销方式更加有活力，增幅相对更快。未来几年，我国网络营销的市场规模仍将保持持续稳定增长态势，在规模突破千亿大关后，随着市场成熟度不断提高，预计未来增速将稍有放缓，但与我国广告市场整体规模增速、传统营销方式规模增速相比，仍保持相对较高的增速。

3. 规划职业生涯

为了更好地为以后的职业做好规划，因此，在大学里必须认真学好电子商务基础、计算机基础、计算机网络和市场营销等专业课程，使自己系统地掌握管理学和电子商务的基本理论和方法；掌握电子商务工作实务操作基本技能；了解电子商务理论和实践的发展动态；了解电子商务的有关法律、法规和国家有关政策。请结合自己的实际情况，尝试规划自己的职业生涯，如表 1-1 所示。

表 1-1　职业生涯规划

规划期	目标	方向
短期规划（毕业 5 年之内）		
中期规划（毕业 5 年之后）		
长期规划（工作 10 年以后）		
晚期规划		

任务 2　网络营销岗位要求

情境设计

以下是中关村加一战略新兴产业人才发展中心的朱志广作的互联网营销专业岗位调研

报告。

一、基础数据

本次职位分析数据全部来源于以下网站：

（1）主要数据来源：智联、职友集、CNNIC。

（2）辅助数据来源：前程无忧、猎聘网等。

本次岗位分析涉及的互联网营销岗位如表 1-2 所示。

表 1-2　互联网营销专业岗位调研数

岗位	职业数量
SEM	15126
SEO	15614
网站推广（网络推广）	7938
网站运营（网络运营）	4793
网站编辑	4911
新媒体	15310
电商	36186

本次岗位调研取样的城市分布如表 1-3 所示。

表 1-3　各城市互联网营销专业岗位职业数量样本

城市名	职业数量
北京	39963
上海	19390
广州	16775
济南	5186
杭州	8739
成都	5092
西安	4733

二、数据分析

（一）关于城市

本次调研的城市 7 个，其中一线城市 3 个，二线城市 4 个，阶段性招聘总岗位数约 10

万个（远低于岗位实际需求总量）。其中一线城市岗位数量较多，北上广三所城市岗位数占总数的 76%，4 个二线城市岗位数量占总数的 24%。从全国看，一线城市数量仅 3 ～ 4 个，二线城市数量远远高于一线城市，所以二线城市岗位数总和应当高于一线城市。

互联网营销岗位作为营销系统的一种职业，在互联网 + 的大潮下，目前在全国各个城市各个行业均有相当数量的岗位，是一种广泛覆盖型的职业，如图 1-10 所示。

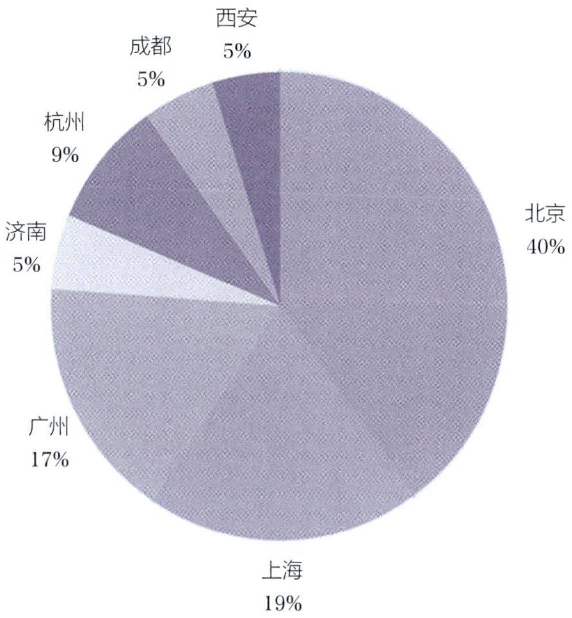

图 1-10　不同城市互联网营销岗位数量比例

（二）关于岗位

根据中国互联网络信息中心（CNNIC）提供的统计数据，截止到 2015 年 12 月，全国超过三分之一的企业设置了专职的互联网营销岗位。其中服务业比例最高，近四成企业有专职互联网营销岗位；工业企业略低，专职专岗设置比例接近三成。从企业规模看，7 人及以下小微企业，设置互联网专职岗位的比例为 30.2%；300 人以上企业设置专岗的比例接近四成，如图 1-11 所示。

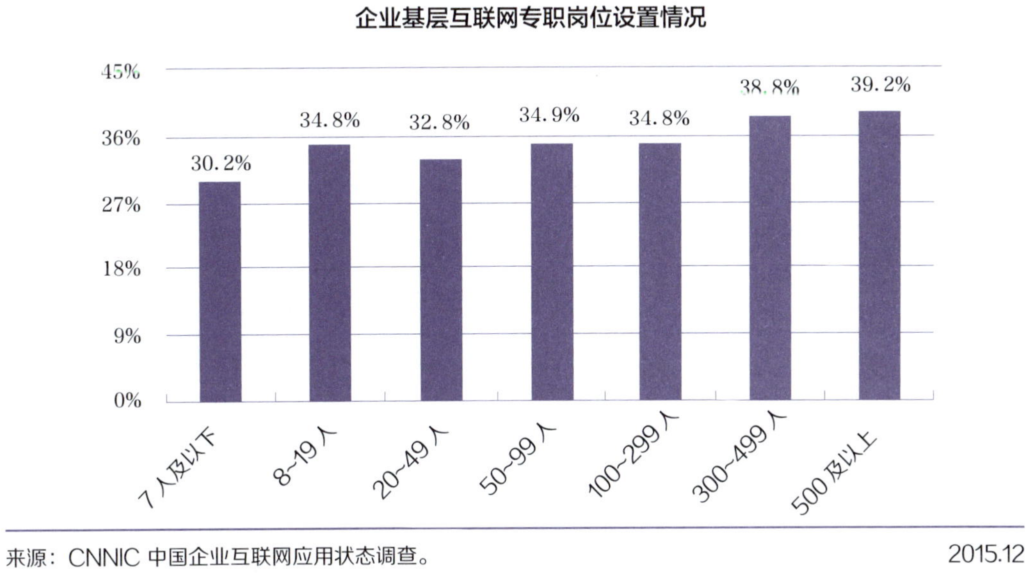

图 1-11　企业基层互联网专职岗位设置情况

从本次调研的城市岗位数据看，阶段性招聘总岗位数约 10 万个（远低于岗位实际需求总量），其中电商、SEM（搜索引擎营销）、SEO（搜索引擎优化）、新媒体四个岗位占比最高，约占岗位总数的 82%，全国不同类城市的岗位构成和岗位内涵都表现出比较一致的特征。说明企业对互联网营销各岗位的认知比较清晰，岗位功能和职能比较稳定，这是互联网营销作为一个职业发展比较成熟的表现，如图 1-12 所示。

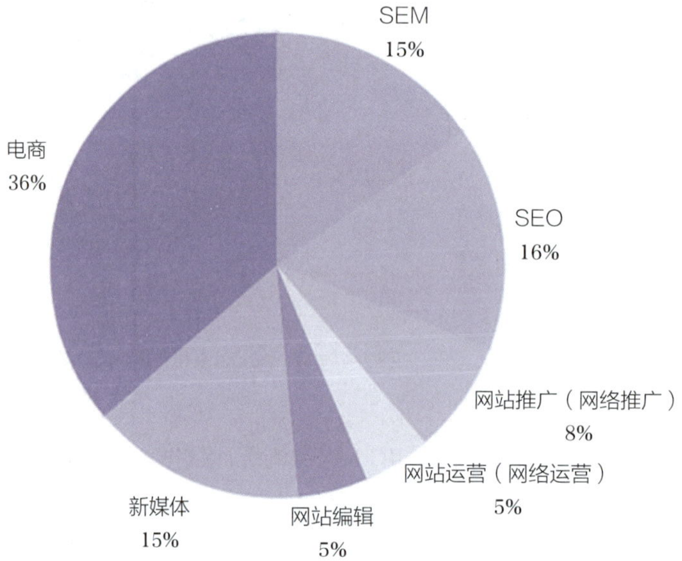

图 1-12　互联网营销专业岗位比例

（三）关于薪资

根据对在职人员的调查，北京地区互联网营销岗位初始就业的起步薪酬为年薪 5 万～ 7 万元。从业人员在工作半年至两年内，薪酬会产生很大变化，绝大多数从业人员薪酬会增长 50%～ 200%。图 1-13 是对从业半年到两年在职人员薪酬调研的数据结果。

从全国的情况看，互联网营销的平均月薪多数在 5k ～ 6.5k 元，中高级职位的平均月薪多数在 14k ～ 19k 元。其中新媒体、SEM、电商等平均月薪较高，网站编辑平均月薪较低。二线城市与一线城市平均月薪的差距在 1.5k ～ 3.5k 元，如表 1-4 所示。

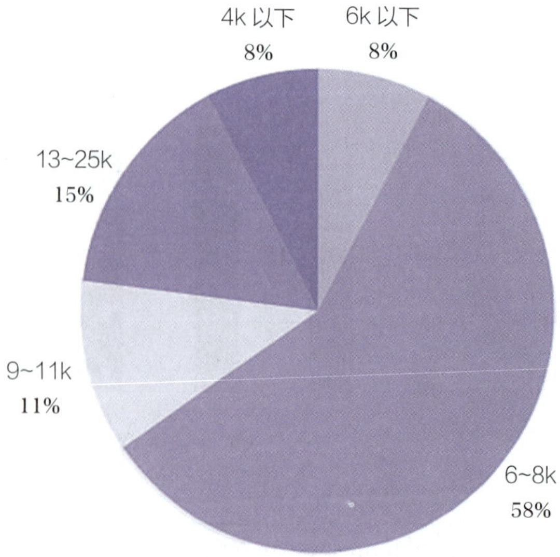

图 1-13　从业半年到两年在职人员薪酬调研结果（单位：元）

表 1-4　不同层次城市薪酬

单位：元

岗位	高级岗位月薪	全国月薪	一线城市月薪	二线城市月薪	一二线城市差距	备注
SEM	17k	6.5k	8k	5k	3k	
SEO	14k	5.5k	7.5k	4.5k	3k	
网络推广	14k	5k	6k	4.5k	1.5k	
网络运营	15k	5.5k	7.5k	5k	2.5k	
新媒体	17k	6k	7.5k	4.5k	3k	
网站编辑	12k	4.5k	5.5k	3.5k	2k	
电商	19k	6.5k	9k	5.5k	3.5k	

（四）关于工作职责

根据样本数据整理，提取出互联网营销各岗位工作职责关键词，如表 1-5 所示。

表 1-5　互联网营销岗位工资职责

岗位	工作职责关键词			
SEM	关键词挖掘	数据分析	方案策划	ROI
SEO	关键词排名	用户体验	搜索引擎原理	外链与推广
网络推广	SEO	SEM	新媒体与整合推广	文案撰写
网络运营	策划方案	团队建设	网站技术	网站推广
新媒体	定位分析	媒体账户认证与建设	吸引粉丝	营销推广
网站编辑	原创能力	伪原创能力	软文写作	—
电商类岗位	定位分析	店铺优化	店铺推广	在线咨询

1. SEM 岗位核心技能

（1）关键词：关键词的整理、分类、分组、统计及广告语创意的编辑。

（2）账户上：baidu/sogou/360/google 等账户操作。

（3）数据分析：分析和解读数据，分析市场需求。

（4）ROI：灵活控制推广力度和资金投入，充分提高投入转化率。

（5）用户体验：策划优秀的着陆页，配合账户整体框架，提高用户体验。

（6）方案策划：根据对产品和市场情况的调研分析，制定优化的账户推广方案。

2. SEO 岗位核心技能

（1）方案策划：根据企业和网站的发展要求，制定全面的搜索引擎优化策略以及方案。

（2）网站架构与策划：根据产品定位，策划网页与网站架构。

（3）关键词与排名：分析关键词，制定关键词方案，跟踪和监控排名与流量。

（4）用户体验：结合网站架构，进行内容规划和网页功能规划，提高用户体验。

（5）外部资源：进行友情链接、外链建设，综合运用各种资源获取流量和传播网站知名度。

（6）安全与维护：监控和维护网站安全，对网页代码进行必要的优化。

3. 网络运营核心技能

（1）综合策划：根据产品、市场、企业、行业的总体情况，规划本企业线上网络营销的整体策略和方案。

（2）统筹运营：深刻了解和熟悉网络营销各类策略和手段，能够根据工作需求进行统筹规划，分出轻重缓急、循序渐进，保证网络营销体系的高效运行。

（3）初级网络运营人员要具备较强的实际执行能力。这里说的实际执行能力是指对网络营销各个具体技能模块的实际操作，包括 SEM、SEO、新媒体与整合推广、各种类型的网络广告、必要的网页技术、电商平台运营等。

（4）线上线下配合：根据企业实际工作需要，将线上工作与线下进行有效衔接，达到互相促进，高效一体的效果。

（5）团队建设：激励团队成员、凝聚团队力量，打造高效的工作业务团队。

4. 新媒体核心技能

（1）策划规划：根据总体战略和新媒体的特点，制定相应的营销方案。

（2）平台操作：熟练操作微信公众号、微信号、微博、APP、视频平台以及各类自媒体平台。

（3）吸引粉丝：掌握各类吸引粉丝的手段和工具，能够快速吸引粉丝并保持粉丝活跃度。

（4）文案与软文：平台文案设计及撰写，内容规划，提升内容质量和传播度。

（5）数据分析：推广效果的跟踪、数据分析和反馈及优化调整。

5. 网络编辑核心技能

（1）原创：有较强的文字功底，能独立撰写原创优质内容。

（2）伪原创：采集素材，进行分类和加工，能根据需要制作大量伪原创内容。

（3）排版与美化：掌握基本的 PS 技巧，熟悉网站和媒体平台的后台账户操作，可以独立编辑和更新内容。

（4）软文：精通微信软文、新闻稿等各类软文的写作。

（5）策划：可以根据网站和平台需求进行内容规划，制定内容更新制作方案。

6. 电商核心技能

（1）策划：分析市场需求，依据品牌和产品特点，制定营销活动与推广方案并落实执行。

（2）店铺操作：日常维护、产品更新、能独立操作店铺陈列和其他日常维护。

（3）店铺美化：熟练掌握 PS 技巧，能够根据网页需求处理相关图片及其他资料。

（4）店铺优化：分析关键词，合理利用规则进行店铺优化。

（5）店铺推广：综合运用各种推广手段，特别是付费推广手段，保证稳定的流量和成交量。

（6）在线咨询：可以有效与客户沟通，解决客户疑惑，促进成交。

（7）数据分析：分析排名、点击量、展现量、咨询量等数据，确保营销收入目标的实现，并有效降低成本提高利润。

（8）维护与售后：熟悉快递和物流，掌握客户维护的技能和技巧，能够灵活高效处理售后事宜。

（五）关于职业素养

各类企业对互联网营销岗位的职业素养也有一定要求，主要包括：执行力、沟通能力、团队精神、学习能力、分析能力、职业礼仪等。

1. 执行力

执行力是几乎所有企业对互联网营销岗位的第一职业素养要求，有时候甚至超越了对专业技能的要求。

2. 沟通能力

从本质上来说，互联网营销的最主要任务是利用互联网的手段促成营销信息的有效传播，互联网营销人员要主动积极参与到与网友和客户的沟通中去。同时在本团队内部，沟通也经常甚至时时发生，所以沟通能力是十分重要的职业素养。

3. 团队精神

互联网营销往往需要多平台、大范围进行，所以团队内部负责不同工作的人要保持紧密的合作和配合，才能将工作效果发挥出来，所以团队精神对于互联网营销人员来说十分重要。

4. 学习能力

没有一个行业比互联网营销发展变化的更快，技术、模式、用户、观念天天在变，要保持终身学习心态。

5. 分析能力

互联网营销人员需要处理大量的数据，并且根据数据分析的结果，进一步调整工作的步骤和策略，才能最终获得想要的结果。所以逻辑思维能力和分析能力，是十分重要的职业素养。

6. 职业礼仪

职业礼仪是一个人综合素养的表现，能反映一个人的素养水平和精神面貌。职业性的着装、恰当的仪容仪表和优雅的职场礼仪是互联网营销人员必备的职业素养。

（六）关于学历

由于互联网营销是一项实践性极强的岗位，且多年来高等教育学校在这方面培养的人才数量很小，直到 2015 年，互联网营销才成为正式的独立高等教育专业，所以，互联网营销岗位对学历无明显的硬性要求，一般而言，学历在大专以上即可。学历低于专科的，职业发展会受很大不利影响，但硬性要求必须本科以上的企业数量也不多。大型知名企业多数将学历要求限定在本科，但多数不是硬性要求，基本都侧重实际工作经验和项目经验。从互联网营销岗位的实际从业者看，本专科学历占比在 80% 以上，硕士以上学历不足 2%。

（七）关于语言

对语言无硬性要求。少量涉外岗位，例如英文 SEO、外贸推广、部分跨境电商岗位等，要求熟练阅读外文和能用外文进行沟通，此类岗位占互联网营销的总岗位数不足 1%。

（八）关于工具

互联网营销不同岗位可能用到的工具数量比较多，在此不一一列举，仅介绍一下主要的类别和功能。

（1）Adobe Dreamweaver：用于学习掌握 Html、CSS 等基本网页语言，并设计和制作网页。

（2）Photoshop：用于处理网页、网店、媒体宣传推广过程中使用的图片。

（3）SEM 账户及相关工具：最常见的是百度凤巢及相关辅助调价工具。

（4）站长类工具：主要用于 SEO 实际工作中，有挖掘关键词、跟踪关键词排名、分析日志、分析网页网站权重、分析代码、分析网页质量等多种功能。

（5）电商类工具：常用的主要有千牛工作台、商品宝贝优化类工具等。

（6）媒体类工具：主要包括粉丝增加类工具、信息群发类工具。

（7）统计工具：有百度统计、CNZZ 网站统计等，主要有统计 IP、PV、受访问网页、访问路径、点击热度、访问来源及关键词等功能。

（8）在线客服类工具：主要有百度商桥、乐语、53kf、企业 QQ 等，主要功能是方便与来访者进行在线沟通，获取有效信息以促进营销。

三、调查结论

（1）互联网营销职业是在互联网大发展的背景下产生并发展起来的，它产生并成熟于企业实践之中，并最终建立了完整的岗位职能和职业体系。

（2）在“互联网 +”的大背景下，互联网营销深入到企业和社会经济生活的方方面面，截止到 2015 年 12 月，全国超过三分之一的企业设置了专职的互联网营销岗位。

（3）互联网营销在具体岗位上，主要包括 SEM、SEO、网络推广、网络运营、网络编辑、新媒体运营、电商运营等几类岗位，岗位的内涵和功能已经比较清晰，企业对互联网营销的具体职能有了很清晰的认知。

（4）从全国的情况看，互联网营销的平均月薪多数在 5k ～ 6.5k 元，中高级职位的平均月薪多数在 14k ～ 19k 元。其中新媒体、SEM、电商等平均月薪较高，网站编辑平均月薪较低。二线城市与一线城市平均月薪的差距在 1.5k ～ 3.5k 元。

（5）作为专业技能，互联网营销是建立在互联网技术基础上，技术与营销综合性较强的一门专业技能。它对初学者的基础要求不高，无语言要求，对学历要求也不高（专科以上）。自 2015 年年底，互联网营销可以作为独立专业在高职高专学历教育中设置，很多学校在政策的支持下开展专业共建。比较适合与互联网营销进行专业共建的专业主要包括：市场营销、电子商务、计算机技术、网络营销、新闻专业等。

（6）互联网营销的社会需求很大且很广泛，一线城市、二线城市以及三四线城市都有数量可观的岗位需求，是一个比较成熟和稳定的职业。

任务分解

教学内容	课时安排	
	中职	高职
活动一　网络营销岗位设置	2	2
活动二　网络营销岗位职业要求	2	4

活动一　网络营销岗位设置

必备知识

基本上来讲，网络营销部门中包含运营经理、运营专员、网络编辑、SEO 专员、网站推广、网络营销文案策划、网站程序员和网站美工等基础性岗位。当然，每个企业根据自身的需要和公司内部管理机制可相应地增减。网络营销各岗位的职责如表 1–6 所示。

表 1-6 网络营销常见岗位职责

岗位名称	岗位描述	岗位职责
网络营销经理／运营经理	负责本部门的整体运营工作，网站策划、营销策划、网站内容、推广策划等业务指导及部门员工的工作指导、监督、管理、考核	（1）负责网络营销项目总策划、战略方向规划、商业全流程的规划和监督控制，对部门绩效目标达成负总责 （2）负责网站平台的策划指导和监督执行 （3）负责网站产品文案、品牌文案、资讯内容、专题内容等的撰写指导和监督执行 （4）负责网站推广策略总制定以及执行指导和监督管理 （5）负责网站数据分析，运营提升 （6）负责本部门的筹划建立，员工招聘、考核、管理，部门规划和总结
网络营销运营专员	负责网络运营部产品文案、品牌文案、深度专题的策划，创意文案、推广文案的撰写执行工作，对网站的销售力和传播力负责	（1）负责网站数据分析、运营提升 （2）负责搜索竞价平台的管理 （3）协助部门经理建设网络营销的商业流程体系 （4）负责公司网站规划的执行 （5）协助部门经理筹划建立部门管理体系，协助员工招聘、考核、管理，协助部门规划、总结
SEO 专员	负责网站关键词在各大搜索引擎中的排名，提升网站流量，增加网站用户数	（1）运营搜索引擎到网站的自然流量，提升网站在各大搜索引擎的排名，对搜索流量负责 （2）从事网络营销研究、分析与服务工作，评估关键词 （3）对网站和第三方网站进行流量、数据或服务交换，或战略合作联盟，增加网站的流量和知名度 （4）制定网站总体及阶段性推广任务，负责网站注册用户数、PV、PR、访问量等综合指标 （5）结合网站数据分析，对优化策略进行调整 （6）了解网站业务，锁定关键字；站点内容强化，内部链接；外部链接建立；结合网站数据分析；扩展长尾词
网络推广／网站推广专员	负责网络运营部创意文案、推广文案的撰写及发布，媒介公关和广告投放等工作，对网站有效流量负责	（1）负责传播文案、创意文案、软文、新闻等的撰写和发布、执行、控制 （2）负责论坛事件营销的创意和执行 （3）负责媒介公关和广告投放的执行和监测 （4）负责邮件、博客等各种网络推广形式的规划和执行 （5）对网站的有效、精准流量负责
网站编辑／网络编辑	负责网络运营部资讯、专题等网站内容和推广文案的撰写执行工作，负责网站销售力和传播力	（1）负责定期对网站资讯内容及产品编辑、更新和维护工作 （2）负责网站专题、栏目、频道的策划及实施，能对线上产品进行有效的整合，配合策划执行带动销售的活动方案，从而达到销售目的，适时对网站频道提出可行性规划、设计需求报告 （3）编写网站各宣传资料，收集、研究和处理网络读者的意见和反馈信息 （4）频道管理与栏目的发展规划，促进网站知名度的提高 （5）集团及各分公司的新闻活动的外联工作及各活动的及时报道与回顾，重要活动及人物的采访 （6）对各网站的相关内容进行质量把控，以提升网站内容质量
网站美工／网页设计师	负责公司网站美工设计及运营过程中需要美工支持的各方面工作	（1）负责公司网站平台设计和前台制作及改版等工作 （2）负责网站图片、焦点图、Flash、版面编排等的设计工作 （3）负责网站焦点专题的设计 （4）负责电子书、邮件等的美工设计 （5）负责公司其他需要美工的工作 （6）对网站客户的视觉体验负责

必备技能

王丽丽想了解当前企业网络营销部门共有哪些岗位？企业需要每个岗位掌握哪些技能？

1. 了解企业网络营销岗位设置

目前大部分公司都设有网络营销部门。有的公司是传统营销与网络营销作为两个部门分别设置。有的公司可能是设一个营销部门，其中包括传统营销和网络营销。

- 网络营销主管
- 网络客服（业务接单员、跟单员）(跟踪传统业务人员）
- SEM 人员
- 网站采编与社区推广人员
- 文员

2. 了解网络营销岗位需求

登录赶集网 http://www.ganji.com/ 或 58 同程网 http://www.58.com，选择地点为学校所在地或户籍所在地，如无锡赶集网 http://wx.ganji.com/，选择网络营销关键词搜索，搜集 10 个与网络营销有关的岗位名称、数量及职位要求等，完成表 1–7。

表 1–7　网络营销岗位需求分析

需求岗位名称	需求岗位数量	需求企业名称	公司所属行业	工作地点

活动二

网络营销岗位职业要求

必备知识

网络营销各岗位职业要求如表 1–8 所示。

表 1–8 网络营销岗位要求

岗位名称	岗位要求
网络营销经理 / 运营经理	（1）5 年以上电子商务 / 网络营销工作经验，3 年以上项目策划、运营经验 （2）具备项目管理、营销策划、品牌策划、网络营销等系统的理论知识和丰富的实践经验 （3）优秀的电子商务 / 网络营销项目策划运营能力，熟悉网络文化和特性，对各种网络营销推广手段都有实际操作经验 （4）卓越的策略思维和创意发散能力，具备扎实的策划功底 （5）优秀的文案能力，能撰写各种不同的方案、文案 （6）对网络营销商业全流程都具备策划、运营、控制、执行能力 （7）丰富的管理经验、优秀的团队管理能力
网络营销运营专员	（1）3 年以上电子商务 / 网络营销工作经验 （2）具备项目管理、营销策划、品牌策划、网络营销等理论知识和一定的实践经验 （3）优秀的网络营销数据分析能力和丰富的分析经验 （4）具备一定的文案能力和网站策划能力，对客户体验有深刻认识和独特领悟 （5）对网络营销商业全流程都具备一定的认知能力和执行能力
SEO 专员	（1）两年以上 SEO 相关工作经验，有大中型网站优化经验者优先 （2）掌握百度、Google 等搜索引擎的基本排名规律；精通以上各类搜索引擎的优化，包括站内优化、站外优化及内外部链接优化等；精通各种 SEO 推广手段，并在搜索引擎上的关键词排名给予显示 （3）具有较强的网站关键字监控、竞争对手监控能力，有较强的数据分析能力，能定期对相关数据进行有效分析 （4）具备和第三方网站进行流量、数据、反向链接或服务交换的公关能力
网络推广 / 网站推广专员	（1）3 年以上电子商务 / 网络营销工作经验 （2）具备品牌策划、传播策划、网络营销等系统的理论知识和丰富的实践经验 （3）了解各种网络营销方法、手段、流程，并有一定的实际操作经验 （4）卓越的策略思维和创意发散能力，具备扎实的策划功底 （5）优秀的文案能力，能撰写各种不同的方案、文案 （6）对网络文化、网络特性、网民心理具有深刻洞察和敏锐感知
网站编辑 / 网络编辑	（1）2 年以上新闻记者、编辑工作经验 （2）熟悉互联网，了解网络营销，有较强的频道维护和专题制作的经验和能力，对客户体验有极深了解 （3）具备扎实的营销知识和丰富的实践经验，能有效提升网站的销售力和传播力 （4）具有扎实的文字功底及编辑能力 （5）拥有良好的沟通能力与表达能力，具有快速的反应能力及较强的分析解决问题的能力 （6）出色的工作责任心、良好的团队合作精神，能够承受一定的工作压力 （7）熟悉网站的建立与维护，了解并能使用 Dreamweaver、Photoshop、Office 软件等网页编辑工具
网站美工 / 网页设计师	（1）2 年以上营销型网站设计制作工作经验 （2）优秀的审美能力，独特的创意，良好的美术功底，较强的网页创意设计和视觉表现能力 （3）熟练使用 Photoshop、Flash、Dreamweaver 等设计软件 （4）了解 Html、Javascript、CSS 等网页设计语言规范 （5）精通网页版面设计与网页制作、平面设计，独立完成整个网站项目的设计

必备技能

王丽丽想了解网络营销各岗位职业要求、任职资格和工资待遇。

1. 登录看准网 http://www.kanzhun.com/，如图 1-14 所示。

图 1-14　看准网首页

单击“工资”，输入关键词“网络营销”，了解不同企业网络营销从业人员的工资收入水平，如图 1-15 所示。

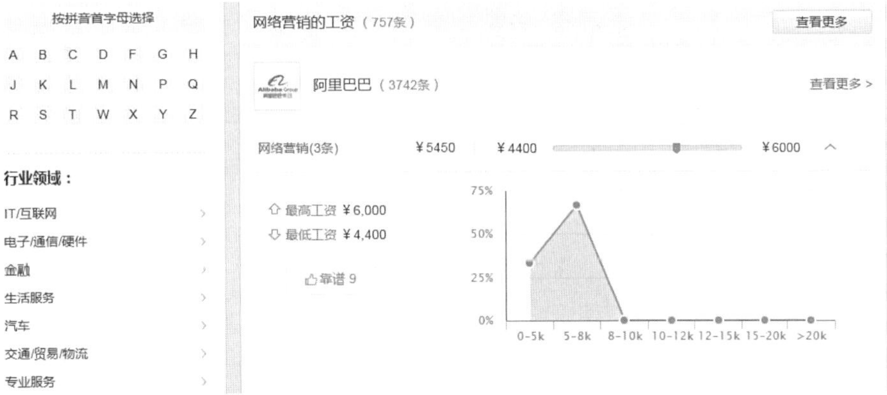

图 1-15　看准网网络营销工作查询结果

单击“职位”，输入关键词“网络营销”，了解不同企业网络营销从业人员的职位要求，如图 1-16 所示。

2. 登录赶集网 http://www.ganji.com/ 或 58 同程网 http://www.58.com，选择其中一个您感兴趣的企业网络营销相关岗位进行具体分析，了解其岗位职业要求、任职资格和工资待遇，确定未来的学习目标。

例：网络营销专员

岗位职责：

（1）熟悉天猫店，京东店的各种推广方法。

（2）根据营销计划，策划、组织、执行各种推广活动。

（3）有较强的企划宣传能力和语言文字表达能力，对数据和用户心理敏感。

（4）有数据分析能力，通过网店流量统计分析找出网站问题并提交处理。

图 1–16　网络营销职位查询结果

任职资格：

（1）市场营销、电子商务类相关专业大专以上学历。

（2）具有网站推广工作经验。

（3）有良好的学习沟通能力。

（4）能够克服压力，具备良好的团队合作精神。

工资待遇：2000 ～ 6000 元。

任务 3　网络营销人才需求

情境设计

众所周知，我国的网络营销人才急缺，从业人员少，实战技能水平较低。而互联网营销对各行业来说，是一个新兴的大市场。从兴起到风靡全球，互联网诞生了大量百万富翁和亿万富翁，世界的财富也因此而重新分配。互联网让生活变得一“键”可达，高明的网络营销实用技能对许多企业的作用日益重要，而大多数中小企业在网络营销上显得经验不足。随着中国 IT 行业的快速发展，创新型的企业更为青睐在短期内即可尽快上手的人才。

据教育部数据显示，2016 年全国普通高校毕业生规模已达到 765 万，再次刷新纪录，而海归人数的暴涨，也为毕业生的就业增加了难题。

根据各地人力资源市场统计，当前网络营销人才需求较大，主要集中在电子商务员、网络推广员、网络营销专员、网络营销工程师、网络广告投放人员等岗位。网络营销人才需要具备网络营销专业领域市场分析、信息处理、文字表达、客户体验、网页设计、网站推广等能力，同时需掌握市场营销、客户管理基本技能。

任务分解

教学内容	课时安排	
	中职	高职
活动　网络营销人才需求	2	2

活动　网络营销人才需求

必备知识

一、网络营销人才培养方向

1. 技术类人才岗位方向细分

（1）平台设计（代表性岗位：网站策划 / 编辑人员）：主要从事平台规划、网络编程、网站平台安全设计等工作。

（2）网站设计（代表性岗位：网站设计 / 开发人员）：主要从事网页设计、数据库建设、程序设计、站点管理与技术维护等工作。

（3）平台美术设计（代表性岗位：网站美工人员）：主要从事平台颜色处理、文字处理、图像处理、视频处理等工作。

2. 商务类人才岗位方向细分

（1）企业网络营销业务（代表性岗位：网络营销人员）：利用网站为企业开拓网上业务、网络品牌管理、客户服务等工作。

（2）网上国际贸易（代表性岗位：外贸电商人员）：利用网络平台开发国际市场，进行国际贸易软文推广。

（3）新型网络服务商的内容服务（代表性岗位：网站运营人员 / 主管）：频道规划、信息管理、频道推广、客户管理等。

（4）创业：借助电子商务这个平台，利用虚拟市场提供产品和服务，又可以直接为虚拟市场提供服务。

3. 综合管理人才岗位方向细分

（1）平台综合管理（代表性岗位：项目经理）：这类人才要求既对计算机、网络和社会经济都有深刻的认识，而且又具备项目管理能力。

（2）企业综合管理（代表性岗位：网络营销部门经理）：主要从事企业网络营销整体规划、建设、运营和管理等工作。

二、网络营销人员的必备素质

（1）文字表达能力是网络营销人员的基本能力。

（2）资料搜集能力。

（3）用户体验能力。因为通过个人网站的建设和维护，会对网站建设、网站推广、网站效果评估等方面的知识有更深刻的认识，而且这也是一项可以自行控制的网络营销实践。

（4）动手能力。

（5）代码基础操作能力。

（6）网页制作能力。因为只有了解了网页制作中的基本问题，才能知道策划的方案是否合理以及是否可以实现。

（7）参与交流能力。网络营销最主要的任务是利用互联网的手段促成营销信息的有效传播，而交流本身是一种有效的信息传播方式，互联网提供了很多的交流机会，如论坛、博客、专栏文章、邮件列表等都需要直接参与。

（8）资源利用能力。无论是企业的营销活动还是学习研究，都需要一定的资源，为了了解网络营销的规律、充分发挥网络营销的作用，拥有对网络营销资源的利用能力是很重要的。

（9）思考总结能力。目前，网络营销还没有形成非常完善的理论和方法体系，网络营销的理论与实践还没有有效地结合起来，已经形成的基本理论尚未在实践中发挥应有的指导作用。因此，在网络营销实际工作中，需要依靠对实践中发现的问题进行思考和总结。

（10）适应变化能力。由于互联网环境和技术发展快速，因此一些具体的应用手段会发生很大变化，但网络营销的思想并不会随着环境的变化而发生根本的变化。

（11）学习能力。

（12）深入了解网民能力。

（13）整合能力。今后，企业的内外信息流程必定会统一、完整地结合在一起；完美整合才能发挥最大的效益。

（14）熟悉企业架构能力。

（15）控制传统媒体能力。网络营销不是唯一，能完美结合各类媒体，了解其操作方式和推广技巧才能达到最佳效果。

（16）敢于求变能力。改变始终是网络商务的特点，主动寻求改变才能领先。

（17）耐心能力。

（18）敏感、细致能力。

（19）踏实坚韧能力。

（20）掌握政策、政治尺度能力。

必备技能

王丽丽和学校其他几个有创业意愿的学生一起成立了创业公司，开设一个大学生校园网上商城，旨在为在校师生提供便利，王丽丽主动承担了网络营销与推广工作。工作第一步就是了解网络营销行业当前的人才需求情况，并为公司招聘网络营销人才。

一、了解网络营销人才需求情况

访问前程无忧网站（http://www.51job.com/），了解网络营销人才需求的最新情况，如图 1-17 所示。

图 1-17　前程无忧网站首页

二、为公司确定网络营销招聘信息

分小组讨论分析新公司网络营销人才的需求情况及招聘要求，并完成表 1-9。

表 1-9　网络营销人才招聘要求

招聘岗位	经验要求	知识要求	能力要求	岗位职责	薪酬待遇

续表

招聘岗位	经验要求	知识要求	能力要求	岗位职责	薪酬待遇

项目合作实训

以小组为单位选择一个城市实施网络营销岗位人才需求调查，要求至少选择 10 个网络营销岗位开展调查，请利用项目综合评分表对小组成员做一个简单的评价。

表 1-10 项目综合评分表

内容	评分标准				评分
	优秀	良好	及格	不及格	
工作态度	积极、认真	比较认真	一般	不认真	
工作能力	超额完成工作任务，并有创新	按时完成	基本完成	不能完成	
工作效果	（1）资料设置十分合理 （2）小组调查内容非常翔实 （3）小组调查结果真实有效，具有很大的参考价值	（1）资料设置合理 （2）小组调查内容翔实 （3）小组调查结果较有效，具有较大的参考价值	（1）资料设置基本合理 （2）小组调查内容基本翔实 （3）小组调查结果基本有效，具有部分参考价值	（1）资料设置不合理 （2）小组调查内容不翔实 （3）小组调查结果无效，无参考价值	

项目总结

本项目主要通过调查与分析网络营销人才需求及就业情况、网络营销岗位要求，让学员可以树立正确的就业观和择业观，树立岗位意识，能够利用网络认识网络营销人才需求情况及就业、岗位要求。

项目自测

（1）企业网络营销岗位主要有哪些？具体的岗位职责和岗位要求是什么？

（2）网络营销人员应该具备哪些素质？

（3）试结合实际谈谈，网络营销行业未来发展前景如何。

项目二

网络市场调研

情境引入

思科公司是全球领先的互联网解决方案供应商。当今，网络作为一个平台成为商业、教育、政府和家庭通信不可或缺的一部分，思科的互联网技术正是这些网络的基础。思科公司是美国成功的公司之一。1984 年由斯坦福大学的一对教授夫妇创办，1986 年生产第一台路由器，让不同类型的网络可以可靠地互相连接，掀起了一场通信革命。思科公司每年投入 40 多亿美元进行技术研发。

思科于 1994 年进入中国市场，目前在中国拥有员工超过 2300 人，分别从事销售、客户支持和服务、研发、业务流程运营和 IT 服务外包、思科融资及制造等工作领域。思科在中国设立了 13 个业务分支机构，并在上海建立了一个大型研发中心。思科公司获得 2008 年度《财富》全球最佳企业雇主排名第 6 位，在 2007 年《财富》美国 500 强中排名第 77 位，并第 8 次当选《财富》全球最受尊敬的企业。思科公司还获得了《商业周刊》“2007 年全球品牌百强”第 18 名的殊荣。

通过图 2–1 思科首页，可以看到思科公司对网络调研的重视程度，在首页最引人注意的图片播放位置邀请网站的访问者参与问卷调查。

在思科的问卷中，思科公司主要向访问者询问了以下问题：

1. 多长时间访问一次 Cisco.com（思科官网）；

2. 您是如何得知 Cisco.com 的［如 Internet 搜索引擎，思科合作伙伴，在线广告，报纸，社交网站（如 Facebook、Blogs、Twitter）］；

3. 今天访问 Cisco.com 的主要目的是什么？（比如了解思科的产品或服务，购买思科的

图 2–1 思科中国首页

产品或服务，查找思科合作伙伴，寻求客户支持，了解培训或活动，管理我的 Cisco.com 个人资料）；

4. 客户如何描述其在 Cisco.com 上查找具体信息的体验；

5. 评价思科网站的设计和外观，内容的数量，内容的质量，信息的覆盖面，信息的条理性，导航的便利性，良好的访问者支持，内容的时效性等。

同时思科还通过网络问卷向访客询问了访客通常通过哪种途径访问 Cisco.com，访客是否出于休闲或工作目的使用一些社交网站，访问它们的频率，访客经常访问的其他高科技网站，以及喜欢那些网站的原因。

当前，很多企业都通过问卷星、问卷网、调研吧、第一调查网和腾讯问卷等平台开展网络调研，也有部分企业通过公司网站或微信平台发布调研问卷。同时，根据企业经营业务的不同选择最适合的网络营销平台，如淘宝、京东和当当等，借助网上的交互性、直接性、及时性和全球性为顾客供应较为便利快捷的网上销售点，并制定适合公司产品的网络营销策略以便企业拓宽销售网络。

项目任务及目标

项目任务	岗位等级及目标			
	L1	L2	L3	L4
任务 4 产品信息收集	了解用户需求收集方法；能根据调查方法开展调研	掌握收集信息的工具及平台；掌握产品信息收集的常用渠道	掌握竞品分析的原因和具体做法；会选择适合的调查方法	能获取品牌信息的渠道；学会辨别什么时候收集信息
任务 5 网络市场调研	了解网络市场调研的步骤，掌握调研问卷的主要内容	学会设计网络调研问卷，掌握基本的网络调研方法	掌握网络市场调研的技巧，学会发布网络调研问卷	学会使用 SPSS 进行简单的数据分析，并撰写调研报告

任务4 产品信息收集

情境设计

王丽丽开始收集校园网上商城相关产品信息，为后期实施营销推广做准备。她通过中国电子商务研究中心了解到产品信息收集的常用渠道，具体内容如下。

一、资讯

1. 科技媒体

36氪：36kr.com

极客公园：www.geekpark.net

爱范儿：www.ifanr.com

2. 专业网站

人人都是产品经理：www.woshipm.com

互联网早读课：zaodula.com

PMCAFF：www.pmcaff.com/site/selection

产品100：www.chanpin100.com

互联网的一些事：www.yixieshi.com

优觅网：uyoumi.com

产品中国：www.pmtoo.com

艾欧交互设计：iamue.com

优设网：www.uisdc.com

花瓣网：huaban.com

最美应用：zuimeia.com

还有爱范儿的AppSolution、评测、产品等栏目，一起发现、体验、玩转新应用。

3. 问答社区

知乎：www.zhihu.com

Quora：https://www.quora.com

二、数据

百度指数：index.baidu.com

阿里指数：index.1688.com

易观智库：www.analysys.cn

艾瑞网：www.iresearch.cn

经济管家（原人大经济论坛）：bbs.pinggu.org

中国统计网：www.itongji.cn/cms/article/index

互联网沙龙分析：www.techxue.com

三、在线视频学习平台

网易云课堂：study.163.com

网易公开课：open.163.com

百度传课：www.chuanke.com

慕课网：www.imooc.com

爱课程：www.icourses.cn/home/

多贝公开课：www.duobei.com

四、搜索

百度：https://www.baidu.com

Google：www.google.com

搜狗：https://www.sogou.com

360 搜索：https://www.so.com

必应：cn.bing.com

搜网：www.sowang.com

雅虎：https://www.yahoo.com

有道：www.youdao.com

中搜：www.zhongsou.com

1. 文件类型搜索

在搜索关键词后面加上“filetype: 文件后缀名”，文件后缀名可以是 doc、xls、ppt、pdf 等。例如：需求文档 filetype:doc，注意：这里的冒号必须是英文状态下的冒号。

2. 精确匹配搜索

给搜索的关键词加双引号，“关键词”，得到精确匹配的搜索结果。搜索内容时，经常由于搜索引擎自动分词，导致搜索结果不精确，找不到自己满意的答案，使用这种方法可以有效避免此类情况。

3. 定位于某个网站上搜索

使用“关键词 site: 网址”，如果网站本身的搜索功能不太好用，可以直接用此方法。例如：金字塔原理 site:woshipm.com，注意：关键词后有空格，冒号为英文状态下的冒号，网址不用带 www。

另：

搜狗微信搜索：weixin.sogou.com

新浪微博搜索：s.weibo.com

五、共享文库

百度文库：wenku.baidu.com

豆丁网：www.docin.com

道客巴巴：www.doc88.com

智库文档：doc.mbalib.com

文库大全：www.wenkudaquan.com

IT168 文库：wenku.it168.com

CSDN 下载：http://download.csdn.net

任务分解

教学内容	课时安排	
	中职	高职
活动一　用户需求信息收集	2	2
活动二　竞品信息收集	2	4
活动三　品牌信息收集	2	4

活动一　用户需求信息收集

必备知识

一、用户需求收集方法

（一）客户访谈

客户访谈是通过面对面的交流方式了解具体客户对产品、流程的需求、观点和看法。客户访谈的内容包括：

（1）了解哪些需求对客户比较重要。

（2）就了解到的一些需求请客户协助进行优先排序。

（3）就问题改进建议的初步想法与客户进行讨论，确认是否能够满足客户需求。

客户访谈的优点包括：

（1）由于是面对面的交流，因此在调查内容上更加灵活，可以随时根据问答状况就一些内容进行深入讨论，获得更多的客户感受。

（2）客户可以在调查人的协助下，进行一些较为复杂的问卷调查。

（3）客户访谈方式的适用面广，可以覆盖所有类型的人群，尤其是可以覆盖一些其他方法很难或无法覆盖的人群。例如，对于一些专业人士，我们可以通过调查问卷的方式征集客户需求，而对于一些非专业人士，他们可能对一些深入调查内容不甚了解，使用问卷调查无法获得正确的客户需求。但是，通过客户访谈方式与客户深入沟通和交流，就能获取这些客户的需求。

但是，客户访谈也具有一些无法回避的缺陷，在使用的时候需要多加注意，这些问题主要包括：

（1）由于是面对面的交流，因此获取客户需求的成本较高。

（2）在访谈过程中，调查人的一些观点有可能影响或误导客户的观点。因此，在访谈时应多注意倾听外部客户之声，尽量减少或避免发表对需求的看法。

（3）由于面对面的交流是一项非常耗时的调查方式，很可能由于样本量不足，导致难以形成可量化的优化需求证据。因此，尽量使用多种调查方式采集客户需求，相互印证、补充，是正确的客户需求调查方式。

（二）焦点小组讨论

焦点小组是从客户群中挑选出一组具有代表性的客户，通过集体座谈的方式收集整理所反映的意见。焦点小组可以作为客户访谈的后续步骤、问卷调查的预备步骤，通过集体的力量，对前期收集的客户需求进行澄清、确认，对需求的优先排序进行更深入的了解。

使用焦点小组讨论时，主持人要把握讨论的节奏，并且要使参与者在一种轻松、开放、自然的氛围中进行讨论。进行焦点小组讨论的注意事项包括：

（1）参与讨论人员不宜过多，一般在 7 ～ 13 人。

（2）就座谈话题而言，参与者应当具有相同的特征。

（3）讨论的时间一般控制在 2 ～ 4 小时。

（4）为确保就话题能够进行深入的讨论，事先准备的问题不宜过多。

（三）问卷调查

通过问卷可以调查客户的需求、拟改进需求的重要程度，以及拟改进需求能否满足客户要求等问题。当然，也可以通过问卷调查客户对现有状况的满意度。

问卷调查的首要特点是调查的客户数量大。问卷调查通过大量的数据来佐证客户需求的准确性，因此不会出现像客户访谈那样的观点误导，从这个角度讲，问卷调查属于定量分析，而客户访谈和焦点小组讨论属于定性分析。其次是问卷调查具有低成本的特点。当然，问卷调查也会因客户不积极配合，出现回应率低或回答草率等问题，在这种情况下，可以在调查时适当配发一些小礼品、电子货币等来调动客户的参与积极性。

就网站分析而言，问卷调查可以是线上调查，也可以是线下调查，还可以通过发送邮件的方式进行调查。

（四）头脑风暴

头脑风暴又称畅谈法、集思广益法、智力激励法，是采用会议的方式收集人们对有关议题的想法和观点，是一种利用集体智慧的创造性思维方法。

头脑风暴通常用于内部用户的需求征集、分析。此外，该方法在网站优化过程中还广泛应用于分析原因和查找问题解决方案。

头脑风暴法是通过一定的讨论程序和规则来保证创造性讨论的有效性，因此，讨论程序成了头脑风暴法能否有效实施的关键因素。组织讨论程序的关键环节如下所示：

确定议题—会前准备—确定人选—明确分工—规定记录—掌握时间—归纳整理。

1. 确定议题

首先要有一个对问题的准确阐述，使与会者明确通过这次会议需要解决什么问题，同时不要限制解决方案的范围。一般而言，比较具体的议题能使与会者较快产生设想，主持人也较容易掌握；比较抽象和宏观的议题引发设想的时间较长，但设想的创造性也较强。

2. 会前准备

为了提高头脑风暴会议的效率，可收集一些资料预先给大家参考，以便与会者了解与议题有关的背景材料和外界动态。就参与者而言，要一定对解决的问题有所了解。会场可做适当布置，座位排成圆环形的环境往往比教室式的环境更为有利。在头脑风暴正式开始前可以出一些创造力测验题，供大家思考，以便活跃气氛，促进思维。

3. 确定人选

一般以 8 ～ 12 人为宜，人数太少不利于交流信息、激发思维，人数太多则不容易掌握，并且每个人的发言机会相对减少。

4. 明确分工

要推定一名主持人，1 ～ 2 名记录员。主持人非常关键，必须有丰富的经验，能够烘托现场气氛，及时归纳某些发言的核心内容，引导参会者进行主动思考，积极参与讨论；记录员应将与会者的所有设想都及时编号，简要记录，最好写在黑板等醒目处，让与会者能够看清。

5. 规定记录

根据头脑风暴的原则，与会者应积极投入，不消极旁观；不要私下议论，以免影响他人的思考；发言要针对目标，开门见山，不要客套；与会者之间相互尊重，平等相待，切忌相互褒贬。

6. 掌握时间

会议时间由主持人掌握（一般由 PM 主持），不宜在会前定死。一般来说，以几十分钟为宜。时间太短与会者难以畅所欲言，太长则容易产生疲劳感，影响会议效果。经验表明，创造性较强的设想一般会在会议开始 10 ～ 15 分钟后逐渐产生。

7. 归纳整理

在会议最后，应把所有观点宣读一遍，保证每个与会者的意见都被充分表达；对见解进行整理，相同观点只保留一个，删除无关意见；讨论各个见解的科学性、实用性和可行性；对所有见解进行归纳和分类。

二、调查方法的选择

（1）当没有掌握需求时，可选择的调查方法：客户访谈、焦点小组讨论、头脑风暴。

调查结果：初步了解客户的需求，但是尚未对需求进行澄清，也未确定需求的优先级，仅仅是知道了需要关注哪些方面。

（2）已预先了解客户需求，可选择的调查方法：客户访谈、焦点小组讨论、问卷调查、头脑风暴。

调查结果：已经澄清需求，并对需求的优先级进行了初步排序，此阶段应了解需要重点解决哪些需求。

（3）已区分优先级的客户需求，可选择的调查方法：问卷调查。

调查结果：通过大量的问卷，用数据说话，得到被客户普遍认可的客户需求的优先级。

必备技能

一、用户需求收集方法

王丽丽在做好市场调研准备后，开始收集用户需求，具体方法如表 2-1 所示。

表 2-1 用户需求收集表

定性沟通：用户访谈、分组讨论	定性行为：（以了解为目的） 可用性测试（用户想用、能用、不用的） 跟踪记录
定量沟通：人数对比沟通和记录、调查问卷	定量行为：（以验证为目的） 产品数据分析（流量或日志等）、AB 试用测试

二、用户需求收集内容

王丽丽选择 3 ～ 5 个用户收集需求信息，具体收集内容如表 2-2 所示。

表 2-2　用户需求内容

需求名称		
需求编号		
需求收集时间		
需求参考材料		
需求采集人		
需求采集方式		
需求类型		
需求来源		
需求场景		
需求时间		
需求原因		
需求确认人		

活动二　竞品信息收集

必备知识

一、竞品分析的原因

（1）为企业制定行业产品战略规划、产品各条子产品线布局、市场占有率提供一种相对客观的参考依据。

（2）随时了解竞争对手的产品和市场动态，如果挖掘数据渠道可靠稳定，根据相关数据信息可判断出对方的战略意图和最新调整方向。

（3）可掌握竞争对手资本背景、市场用户细分群体的需求满足和空缺市场，包括产品运营策略。

（4）自我快速调整、以保持自身产品在市场的稳定性或者快速提升市场占有率。

（5）新立项的产品、拍脑袋想出来的（很危险，指的是对新接触的行业没有积累和沉淀），没有形成较为有效完整的系统化思维和客观准确方向。

二、竞品分析的做法

1. 确定哪些是你的竞争对手

（1）产品直接竞争者：包括市场目标方向一致、客户群体针对性极强、产品功能和用户需求相似度极高的竞争者。

（2）间接竞争者：市场客户群体目标不一致、在功能需求方面互补了我们的产品优势（又或者是我们互补别人产品的），但又不是主要靠该产品价值盈利的。

（3）同行业不同模式的企业：比如B/S互联网模式和行业解决方案及单机C/S客户端，一锤子买卖和长期靠服务收费的。

（4）资本雄厚概念炒作的：观察到各大媒体平台经常炒作概念和具备行业前瞻性的一些团队人才背景、资质和规模非常有潜力的企业。

2. 从哪里获得竞争对手信息

（1）从内部市场、运营部门、管理层等收集信息。

（2）行业媒体平台新闻、论坛及QQ群，搜索引擎。

（3）建立持续的产品市场信息收集小组。

（4）调查核心用户、活跃用户、普通用户不同需求弥补和间接代替的产品。

（5）竞争对手官方网站、交流互动平台、动态新闻、产品历史更新版本、促销活动。

（6）季度/年度财报。

（7）各大人才网站同行业人才简历更新；对方的博客及联系方式；对手官方网站招聘信息。

（8）通过Google搜索引擎找到国外同行业的官方网站及行业信息订阅（市场直接竞争者概率不大，但盈利模式和功能定义用户群体具备一定的前瞻性和市场趋势导向性）。

（9）试用对方产品、客服咨询、技术问答等。

3. 需要获取的信息

（1）公司技术、市场、产品、运营团队规模及核心目标和行业品牌影响力。

（2）实际季度年度盈利数值，及各条产品线资金重点投入信息；占据公司主盈利的产品线。

（3）用户群体覆盖面、市场占有率、运营盈利模式；尽可能了解到固定周期的总注册用户量/装机量/有效转化率。

（4）产品功能细分及对比；稳定性、易用性、用户体验交互、视觉设计实力、技术实现框架优劣势。

（5）产品平台及官方的排名和关键字及外链数量。

4. 常用的分析方法

（1）SWOT分析法。实际上是将对企业内外部条件各方面内容进行综合和概括，进而分析组织的优劣势、面临的机会和威胁的一种方法（较为宏观和主观），也可作为竞品分析的一种方法。

对产品的优势与劣势有客观的认识；产品的现状与前景必须考虑全面；必须与竞争对手进行比较，比如优于或是劣于你的竞争对手；简洁化，避免复杂化与过度分析。

（2）客户满意度模型（Kano模型）。Kano模型定义了三个层次的顾客需求：基本型需求、期望型需求和兴奋型需求。这三种需求根据绩效指标分类就是基本因素、绩效因素和激励因素。

基本型需求：用户认为产品“必须有”的属性或功能。当其特性不充足（不满足用户需求）时，用户很不满意；当其特性充足（满足用户需求）时，无所谓满意不满意，用户充其量是满意。

期望型需求：要求提供的产品或服务比较优秀，但并不是“必须”的产品属性或服务行为，有些期望型需求连用户都不太清楚，但是他们希望得到的；在市场调查中，用户谈论的通常是期望型需求，期望型需求在产品中实现的越多，用户就越满意；当没有满足这些需求时，用户就不满意。

兴奋型需求：要求提供给用户一些完全出乎意料的产品属性或服务行为，使用户产生惊喜。当其特性不充足时，并且是无关紧要的特性，则用户无所谓，当产品提供了这类需求中的服务时，用户就会对产品非常满意，从而提高用户的忠诚度。

（3）波士顿矩阵。问题型产品：处在这个领域中的是一些投机性产品，带有较大的风险。这些产品可能利润率很高，但占有的市场份额很小。这往往是一个公司的新业务。

明星型产品：这个领域中的产品处于快速增长的市场中并且占有支配地位的市场份额，但也许会或也许不会产生正现金流量；也可理解为暴增式用户量和装机量。

现金牛型产品：处在这个领域中的产品产生大量的现金，但未来的增长前景是有限的。这是成熟市场中的领导者，它是企业现金的来源。

瘦狗型业务：这个剩下的领域中的产品既不能产生大量的现金，也不需要投入大量现金，这些产品没有希望改进其绩效。一般情况下，这类业务常常是微利甚至是亏损的。

（4）信息对比

产品基本信息：产品名称、产品类型、语言版本、网址、微博。

公司背景：公司资本、产品技术、市场、运营团队情况。

用户定位：不同形式和行业用户，但对产品都有诉求。

用户需求：功能、视觉设计、交互体验、用户满足期望值。

产品详情：产品定位、是否跨行业目标、产品模式。

产品功能：大小功能模块对比，如表2-3所示。

5. 盈利模式

运营策略及数据排名：周期活动、运营规则及行业排名外链关键字相关数据。

表 2-3 竞争对手分析表

功能列表	竞争对手一	竞争对手二	竞争对手三
A1 功能	√	√	√
A2 功能	√	√	√
A3 功能	√	√	√

表 2-4 盈利模式分析

竞争对手一	竞争对手二	竞争对手三
盈利模式 A	盈利模式 B	盈利模式 C

必备技能

王丽丽确定校园网上商城主要产品类目和清单后，以周为单位进行多个横向、纵向竞品的产品跟踪，对竞品每个版本做 feature，再思考竞品为什么做、解决了什么问题、有什么长远考虑；带入自己的产品中审查自己的产品是否有问题、是否做得更好、是否可借鉴；潜入竞品用户群、论坛、线下活动，确定各种试用 / 内测邀请，做各个社交媒体的舆情监控，用竞品的得失来反查自己的产品。

《孙子兵法》有云“知己知彼，百战不殆”，作为一个网络营销部门负责人，不光要对自己的产品有足够的了解，还需要随时掌握市场和竞争对手、竞品的各种信息。以网上商城水果类目——丑橘为例。

一、对于产品来说，需要收集哪些信息

根据工作职责的不同，收集的信息各不相同。同时因为团队运营等各方面的原因，收集的内容和信息多少各有不同：

产品信息：竞品的更新迭代时间（新版上架时间）、核心功能变更等信息。

渠道信息：包括新增渠道、渠道活动变化、渠道费用变化、渠道市场份额变化等信息。

推广及运营信息：广告投放、宣传活动、模式变更等信息。

市场信息：目标用户变化、用户需求的变化等信息。

口碑信息：包括产品点评（各排行榜评分及评论），微博、论坛反馈及处理情况，核心利益与用户痛点等信息。

二、什么时候需要重点收集信息

收集信息是一个长期和日常化的工作，并不局限于某一段时间，但是，在以下情况下，

需要额外收集更多更准确的信息。

产品迭代：准备新功能的时候，需要发掘需求。需求有可能是 Boss 直接下达，也有可能是平时使用其他产品获得的灵感；有可能是直接从需求池中获取，也有可能是从用户反馈中发现。

市场变化：热点事件（需要营销手段跟进）、竞争对手有较大的变化等多种情况。当出现了火热的产品时，要收集产品的数据以便于团队研究；想要抢用户的时候，需要分析竞争对手的目标人群。

三、收集信息的工具及平台

1. Web 类

百度新闻：news.baidu.com，订阅对手的产品为关键词，定期整理。

百度指数：index.baidu.com，查看市场状态和目标市场研究以及热点跟踪。

百度风云榜：top.baidu.com，热点跟踪，市场分析等。

淘宝指数：shu.taobao.com，电商用得比较多，分析产品品类、销售及市场等。

新浪微指数：http://data.weibo.com/index?leftnav=1，定期人工分析与记录，一般而言每个峰值都代表一次宣传。

梅花网广告监测：adm.meihua.info，获得竞品广告投放渠道等相关信息。

2. 搜索类

百度搜索、谷歌搜索、360 搜索、微博搜索、搜狗微信号搜索等各大搜索引擎，定期查一次竞品状态。

3. 工具类

友盟

站长工具：包括百度站长、站长工具、谷歌站长等平台。

排行榜：包括豌豆荚设计奖、应用商店排行榜等平台。

行业分析网站

行业资讯类网站

开放平台：包括腾讯、百度、微博、淘宝、360 等各大公司开放平台。

36 氪

知乎

IT 桔子

AppAnnie

贴吧

QQ 群

4. 收集信息后的对比项（表 2–5）

表 2–5　收集竞争者信息后对比结果

对比项	竞争 1	竞争 2	竞争 3	竞争 4
产品类型				
用户定位				
市场宣传				
收集评估				
商业模式				
内容				
产品功能				
运营方式				

活动三

品牌信息收集

必备知识

一、制定品牌收集的项目表格

根据所需要的信息以及对品牌的初步了解，可将调研表分为六个部分，分别为品牌、营销、产品、公司信息、相关品牌、备注等。

二、获取品牌信息的渠道

信息收集的关键，即网络信息、实地勘测、书本资料、工作洽商，需将在不同方式下收集的信息进行交叉重叠，从而得到准确翔实的品牌资讯。在这四种渠道的使用上，没有明确的前后顺序，是相互依托的关系。

1. 网络信息

网络信息的真实性是一个很大的挑战。通过行业网站，可以知道大量的品牌以及初步的信息。还可以从网站上查到公司的联系方式，但是有一些是不准确的，即使是该品牌的官方网站。在前瞻性方面，网络具有明显优势，可以从网络上获得许多趋势性信息。另外，招聘网站也是获取品牌信息的重要途径。为了吸引有识之士的加入，管理者会把自己所代理的品牌、其销售的业绩、商店的位置等重要信息通过招聘网站对外加以公布。

2. 实地勘测

实地勘测以隐蔽的调研方式为主。为何用隐蔽一词，主要是因为，我们不便进店就询问他们的公司电话，并将一切所关注的信息记录在纸上。这时，用手机记事是一种极其重要的手段。调研时，最好两个人或更多人，这样容易营造一种购物的氛围，在不断的问答过程中，既可以获得更多的有用信息，也可以为利用手机记录所关心的信息争取到足够长的时间。

3. 书本资料

以服装为例，书本资料多以时尚杂志的资讯为主，例如，时尚芭莎、瑞丽、VOGUE等。有关品牌的信息大多集中在购物指南栏目，通常这一栏目中会列举大量的品牌，如VOGUE。在购物指南下就列出了两百多个时尚、潮流品牌，但是只有联系电话。瑞丽上的导购品牌尤以店面位置信息为主。时尚芭莎中的品牌有联系电话及地址，但以上这三本杂志多以介绍中高档品牌为主。另外，还可以从这些时尚杂志的广告中获取品牌较全的店铺地址信息。由于在这类杂志上刊登广告的费用很高，因此其介绍的品牌多为世界知名的顶尖奢侈品品牌。

4. 工作洽商

工作洽商是指通过电话、走访的形式与品牌公司或其代理进行沟通并确认品牌信息。由于品牌公司的实力不同，所以在沟通中会明显感觉到其中的差异。

情形一：如与实力相对较弱的品牌公司交谈，对方会很乐意与我们分享很多资源，并将自己所经营的品牌产品、定位、特色、店铺分布、收益额、租赁形式、同类品牌、竞争对手等非常具体的信息告知我们，希望能让其品牌在商场里经营。

情形二：如与实力相对较强的品牌公司沟通，对方会向我们索取很多信息，而我们很难了解到所需内容。在打电话询问是否有意向时，对方会提出先发一份商场平面图和招商计划，这样一来，我们就很难在短时间内获得该公司及其相应品牌的信息。

必备技能

王丽丽为公司产品——丑橘，填写品牌信息收集表，如表2-6所示。

表2-6　品牌信息收集表

<table>
<tr><td>收集人</td><td colspan="2"></td><td>职务</td><td></td></tr>
<tr><td colspan="5">备注：
1. 本表旨在收集市场信息，了解市场动态，知己知彼
2. 新品牌指除本公司以外的新品牌和竞争对手品牌
3. 本表每月1号前由品牌负责人提交（遇节假日顺延）到新品牌开发部，延期与绩效挂钩</td></tr>
<tr><td rowspan="2">新品牌信息栏</td><td>新品牌名称</td><td></td><td>卖场位置</td><td></td></tr>
<tr><td colspan="4">新品牌属性及价格带</td></tr>
</table>

续表

新品牌信息栏	新品牌所属公司和被代理 / 托管公司			
老品牌信息动态栏	品牌名称		卖场位置	
	品牌当月销售总额及商场排名			
	品牌营销动态情况			
新品牌开发部签收	品牌开发部综合分析： 综合评分：			

任务5 网络市场调研

情境设计

王丽丽想为网上商城水果——丑橘做网络市场需求调研。

丑橘，学名“不知火”，又称“凸顶柑”“丑柑”和“丑八怪”等，由日本农水省园艺试验场于1972年以清见与中野3号椪柑杂交育成。采用高接换种技术嫁接后，“不知火”杂柑在川西盆地表现为果实大，平均果重200克，最大400克以上。果实呈倒卵形，多有突起短颈；果皮黄橙色，10月上旬开始着色，12月上旬完全着色；果面稍粗，易剥皮，果汁糖度在13%以上，最高达17%，味极甜；次年2～3月成熟，风味极好。其果肉富含维生素C及人体所需的微量元素。营养素含量（每100克）热量（大卡）36.89、碳水化合物（克）9.02、脂肪（克）0.00、蛋白质（克）0.82、纤维素（克）1.64。营养价值比同类水果高出很多。

可以生津止渴，化痰理气，具有高营养值，高药用价值，是一种不错的具有平民价位的水果。丑橘的皮晒干后可以入药，放在冰箱里可以除臭。

任务分解

教学内容	课时安排	
	中职	高职
活动一　了解网络市场调研	2	2
活动二　网络调研问卷的设计	2	4
活动三　网络调研报告的撰写	2	4

活动一　了解网络市场调研

必备知识

网络市场调研是指利用互联网系统收集、整理、分析和研究各种营销信息，为企业开展营销活动提供依据。网络市场调研的目的是收集网上的购物者和潜在顾客的信息，充分利用网络调研的优势，加强与消费者的沟通、理解并建立友谊，改善营销并服务于顾客。而要达到这一目的的前提是让更多的顾客访问企业的站点，这样市场营销调研人员可以有针对性地制作网上调研表单，顾客可以发回反馈并参加联机、交互调查和竞赛或者信息征询，市场营销调研人员才能掌握更多更翔实的市场信息。

一、网络市场调研的步骤

网络市场调研与传统的市场调研一样，应遵循一定的方法与步骤，以保证调研过程的质量。网络市场调研一般包括以下几个步骤，如图 2–2 所示。

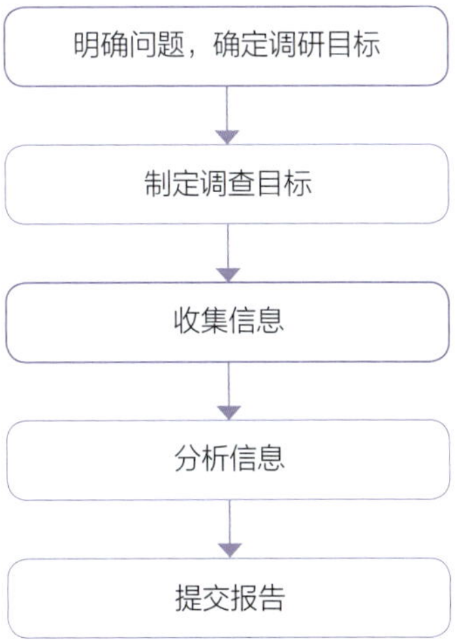

图 2–2　网络市场调研的步骤

二、网络市场调研的技巧

一个成功的网站，除了有一个比较容易记忆的域名和与 Internet 有足够的宽带连接等条件外，其规划还应遵循以下原则：

（1）明确网站的定位与用户的需求。

（2）信息内容永远是网站的生命线。

（3）内容检索结构合理是网站的保证。

（4）美工是网站的门面。

（5）注重网站信息的交互能力。

（6）宣传推广网站链接地址。

（7）选择专业的市场调研公司。

三、网络调研方法

（一）网络直接调研

根据调研采用技术的不同，网络调研可以分为网上问卷调查法、网上讨论法、网上观察法和网络信息检索法等，常用的是网上问卷调查法。

（1）网上问卷调查法是将问卷在网上发布，被调查对象通过 Internet 完成问卷调查。网上问卷调查一般有两种途径：一种是将问卷放置在 WWW 站点上，等待访问者访问时填写问卷；另一种是通过 E-mail 方式将问卷发送给被调查者，被调查者完成后将结果通过 E-mail 返回。

（2）网上讨论法是一种定性调研法，实质上是小组讨论法在互联网上的应用。网上讨论法可通过多种途径实现，如 QQ、飞信、微博和微信等。

（3）网上观察法是通过对网站的访问情况和网民的网上行为进行观察和监测的网络调研方法。

（4）网络信息检索法是利用各种网络信息检索工具直接从网上查找、收集调研问题所需信息资料的方法。

（二）网络间接调研

网络间接调研是利用互联网收集与企业营销相关的市场、竞争者、消费者以及宏观环境等信息，这是从互联网收集二手资料的调研方式。企业用得最多的还是网络间接调研方法，因为它信息广泛，能满足企业管理决策需要，而网络直接调研一般只适合于针对特定问题进行专项调查。网络间接调研渠道主要有搜索引擎、电子公告牌、新闻组和 E-mail 等。网络间接调研的方法有以下几种。

1. 利用搜索引擎收集资料

通过搜索引擎搜索有关站点的网址，然后访问想查找信息的网站或网页。选择搜索引擎时，首先要区分的是查中文信息还是外文信息。如果是中文信息，使用较多的搜索引擎有百度和 360 等，如果是外文信息，用得较多的搜索引擎有 Google 等。

2. 利用电子公告牌收集资料

电子公告牌就是在网上提供一个公开“场地”，任何人都可以在上面留言回答问题或发表意见。电子公告牌软件系统有两大类：一类是基于 Telnet 方式的文本方式，查看阅览不是很方便；另一类是基于 WWW 方式，使用方法如同浏览 WWW 网页。利用电子公告牌收集资料主要是到相关主题电子公告牌网站去了解相关资讯。

3. 利用新闻组收集资料

新闻组就是一个基于网络的计算机组合，这些计算机可以交换以一个或多个可识别标签标识的文章（或称之为消息），一般称作 Usenet 或 Newsgroup。

4. 利用 E-mail 收集资料

E-mail 是 Internet 使用最广的通信方式，它不但费用低廉，而且使用方便快捷，很受用户的欢迎。目前许多 ICP 和传统媒体以及一些企业都利用 E-mail 收集信息。

必备技能

一、确定“丑橘”调研目标

表 2-7　调研内容

技能一：网络市场调研目标的确定	
步骤一：网络市场调研的目标	1. 谁有可能想在网上使用你的产品或服务 2. 谁是最有可能买你提供的产品或服务的客户 3. 在这个行业，谁已经上网？他们在干什么 4. 你的客户对你竞争者的印象如何 5. 在公司日常的运作中，可能要受到哪些法律、法规的约束
步骤二：本次网络市场调研的目标	1. 通过本次调研，了解哪些人可能使用我公司产品 2. 通过本次调研，了解哪些人最有可能购买本公司家具 3. 通过本次调研，了解丑橘行业经营者的上网情况 4. 通过本次调研，了解客户对竞争者的印象情况 5. 通过本次调研，了解网上丑橘销售要遵守的法律法规等相关条款及相应的规避措施
步骤三：各小组相互提出修改意见	
步骤四：确定最终的网络市场调研的目标	
技能二：网络市场调研内容的确定	
步骤一：网络市场调研的内容	1. 市场需求调查。市场需求调查的目的在于市场需求量、市场规模、市场占有率，以及如何运用有效的经营策略和手段 2. 消费者购买行为调查。具体包括：消费者的家庭、地区、经济等基本情况；消费者的购买动机；消费者喜欢在何时何地购买

续表

步骤二：确定本次网络市场调研的内容	1. 市场需求调查 （1）丑橘市场需求量、市场规模、市场占有率 （2）如何运用有效的经营策略和手段 2. 消费者购买行为调查 （1）丑橘消费者的家庭、地区、经济等基本情况 （2）丑橘消费者的购买动机 （3）丑橘消费者喜欢在何时何地购买
步骤三：各小组相互提出修改意见	
步骤四：本组最终确定的网络市场调研的内容	
技能三：网络市场调研对象的确定	
步骤一：网络市场调研的对象	1. 企业产品的购买者或潜在客户 企业可以在客户购买其产品时建立客户信息数据库，收集商品购买者的信息，以跟踪了解这些客户对企业产品的功能、价格、售后服务等方面的反馈信息。另外，对潜在客户的调研也很重要。企业可通过网上购买方式来访问企业站点，定位潜在客户，通过多种方式了解他们对企业产品及服务的反馈信息 2. 企业的合作者和中立者 企业的合作者和中立者也会给企业提供一些极有价值的信息和评估分析报告 3. 企业的竞争者 企业不仅要了解客户和合作者的情况，更需要了解其竞争者的情况。企业可以通过网络进入竞争对手的站点，查询需要的信息，以准确把握自身的优势和劣势，及时调整营销策略
步骤二：确定本次网络市场调研的对象	1. 企业产品的购买者或潜在客户 2. 企业的合作者和中立者 3. 企业的竞争者

二、收集“丑橘”相关信息

1. 丑橘被称为柑橘皇后

丑橘是季节性水果，春节前后开始上市，被称为柑橘皇后，世界第一柑；学名：不知火；原产地：日本；现产地：四川、广东、云南。

在市场上正在销售的丑橘多为四川种植，而四川也是目前国内最大的丑橘产区。一般皮薄嫩、里面松软的甜度大，皮粗糙、里面硬实的酸度大，所以身价也不同，如图 2-3 所示。

这个地球上原本没有丑橘，当然也不是转基因食物，丑橘是由葡萄柚和红橘杂交出来的新品种，丑橘的表面粗糙、凹凸不平、皱皱巴巴，顶端有一小块凸起，有的形状甚至像梨。

2. 丑橘的高药用价值

丑橘可以生津止渴，化痰理气，具有高营养价值，高药用价值，是一种不错的具有平民价位的水果。丑橘的皮晒干后可以入药，放在冰箱里可以除臭。

图 2-3 丑橘

3. 丑橘不为人知的好处

有助于防止心血管疾病：丑橘含有丰富的维生素 C，维生素 C 还可以有效降低血压，从而有利于预防心血管疾病危害健康，如心脏病发作和动脉硬化。

保护胃肠道：由于橙子纤维含量高，可以帮助保护胃肠道，缓解便秘和腹泻。研究还表明，丑橘的抗氧化性与膳食纤维可以帮助预防结肠癌和减少口腔、食管疾病的风险。

4. 丑橘的营养价值

维生素：加强人体免疫系统，使人体免受普通感冒和流感的困扰。维生素 C 也是一种强力抗氧化剂，可以帮助保护视力和心血管健康。

维生素 B_1：又称硫胺素，是心脏、肌肉和神经系统不可或缺的营养成分。能与烟酸发生反应，有助于将食物转化为能量。

叶酸：是孕妇和婴儿非常重要的营养素，因为它有助于细胞的生长。丑橘是叶酸摄入量的一个很好来源。

维生素 A：通常与胡萝卜素紧密相连，能有效地保护视力。

钙：众所周知，钙可以强健骨骼和牙齿。

钾：在体内保持人体电解质平衡，以及确保肌肉的正常生长。

维生素 B_2：又叫核黄素，可以代谢脂肪，碳水化合物和蛋白质。

维生素 B_3：又称烟酸，这种维生素是皮肤、消化系统和神经系统不可或缺的重要成分，研究表明它有助于预防老年痴呆症，帮助食物转化为能量，促进皮肤修复。

维生素 B_6：这种维生素有助于蛋白质和红细胞的新陈代谢，并可预防心脏疾病。

镁：这个超级矿物具有多种配套功能，包括维持健康的免疫系统，血压正常和强健筋骨。

活动二
网络调研问卷的设计

必备知识

一、网络调研问卷概述

网络调研是指运用各种市场调研技术和方法，通过网络对消费群体进行调研。网络调研问卷通常以调查问卷的形式开展，是指调查者事先根据调查的目的和要求所设计的，由一系列问题、说明以及备选答案组成的调查项目表格，又称调查表。

1. 调查问卷包含的内容

（1）问卷标题、问卷说明词，简要说明调查目的和填写说明、要求等内容。

（2）被询问者的基本情况，如性别、年龄、职业、收入、学历等情况。

（3）调查内容，即调查的具体项目。

（4）结束语，再次表达谢意。

（5）编号。对问卷进行编号。

2. 调查问卷题型的选择

（1）是非题。一般设有两个相互对立的选项，回答者选其一即可。这种设计只用于简单真实的具体问题调查。

（2）单项或多项选择题。一般预先给出三个或更多的备选答案，让被调查者从中选择一个或多个答案。设计时应注意，答案应包括所有的可能情况，各答案之间要互斥，避免答案交叉重复。

（3）自由问答题。是指直接提出问题而不列备选答案，让被调查者自由发表自己的看法，不加以任何限制。当问题答案较多，不能一一列举时可采用这种题型。

3. 设计调查表时应注意的问题

（1）主题要明确，力戒面面俱到。

（2）题目的安排要合理有序，先易后难。

（3）题目要简单明确，避免一般性和笼统性的提问。

（4）要避免使用“通常”“一般”等多意语。

（5）要避免引导性问题。

（6）问卷题目要避免枯燥乏味，内容应在 1 ～ 2 页纸内。

二、网络调研问卷的设计与发布

设计一份理想的在线问卷，首先必须融合传统问卷的设计原则，同时要考虑互联网的特殊环境。

1. 问题的结构安排

以一定原则安排问题的先后顺序，如先易后难、先熟悉后陌生、先客观后主观等。

2. 要做测试工作

在问卷上网前，应先找几个与调查对象特征相同的受访者做预测试，以便了解问卷的内容是否适宜、排列次序是否符合逻辑等。问卷测试可采用焦点小组和一对一询问的方式，前者是找 8 ～ 10 位具有相同特征的人为一组，一起讨论特定的主题；后者是设计者与测试者一对一地交谈。

3. 对象的过滤

对象的过滤是通过对期望样本特征的配额，来限制一些自我挑选的不具代表性的样本。许多上网的人可能会凭着心情填写问卷，而这些人并不符合调查对象的目标要求。因此，网上问卷应在开始时设置几个过滤性问题。利用网络优势，也可以根据过滤性问题实现即时的市场分类，使受访者按其所确认的类别进入适当的问卷页面填写问卷。

4. 提高问卷的参与度和完成率

一般而言，网上问卷应比传统问卷要短，常规调查应尽量把篇幅控制在 10 ～ 15 道选择题，在 3 ～ 5 分钟内答完为宜。如果要完成较长问卷，可以采取奖励的办法。

必备技能

一、了解网络市场调研的工具——问卷星

登录问卷星网站（https://www.sojump.com/），注册账号并登录，了解问卷星的各项应用。问卷星是一个专业的在线问卷调查、测评、投票平台，专注于为用户提供功能强大、人性化的在线设计问卷、采集数据、自定义报表、调查结果分析系列服务。与传统调查方式和其他调查网站或调查系统相比，问卷星具有快捷、易用、低成本的明显优势，已经被大量企业和个人广泛使用。

二、撰写问卷文本

查看问卷调查模板，选择“手机市场需求调查问卷”，按照模板撰写“丑橘”需求调研问卷，如图 2-4 所示。

图 2-4　问卷星模板

三、将问卷发布到问卷星

（1）选择创建问卷类型为调查，如图 2-5 所示。

图 2-5　问卷星模块

（2）导入设计好的问卷文本。

（3）预览后，单击发布问卷即完成问卷发布，如图 2-6 所示。

图 2-6　导入问卷模板

四、寻找合适的客户填写问卷

通过微信、QQ 和公司网站等手段寻找合适的客户 50 ～ 100 人填写问卷。

活动三

网络调研报告的撰写

必备知识

网络营销调研作为一种研究手段，已经被广泛地应用到各行各业，如何将调研结果清晰明了地表现出来，就要求撰写的调研报告有明确的主题，清晰的条理，简捷的表现形式。调研报告是整个调查工作，包括计划、实施、收集、整理等一系列过程的总结，是调查研究人员劳动与智慧的结晶，也是客户需要的重要的书面结果之一。

一、调研报告的结构

一份相对比较完整的调研报告的结构主要包括以下内容。

1. 题页

题页点明报告的主题，包括委托客户的单位名称、调研的单位名称和报告日期。

2. 目录表

为了方便读者阅读，应当使用目录或索引形式列出报告所分的主要章节和附录，并注明有关章节号码及页码。

3. 调研结果和有关建议的概要

概要是整个报告的核心，要简短，切中要害，使阅读者既可以从中大致了解调查的结果，又可以从后面的内容中获取更多的信息。

4. 正文（主体部分）

正文包括整个市场调研的详细内容，含调研时间、调研地点、调研方法、调研程序和调研结果。在本文中相当一部分内容是数字和表格，要用准确、恰当的语句对分析做出描述，结构要严谨，推理要有一定的逻辑性。

5. 结论和建议

应根据调研结果总结结论，并结合企业或客户情况提出所面临的优势与困难，提出解决方法，即建议，对建议要做简要说明，使读者可以参考本文中的信息对建议进行判断、评价。

6. 附件

附件内容包括一些过于复杂、专业性的内容，通常将调研问卷、抽样名单、地址表、地图、统计检验计算结果、表格、制图等作为附件内容，每一内容均需编号，以便查寻。

二、调研报告的内容

调研报告的主要内容如下：

（1）说明调研目的及所要解决的问题。

（2）介绍市场背景资料。

（3）分析的方法，如样本的抽取，资料的收集、整理、分析技术等。

（4）调研数据及其分析。

（5）提出论点，即摆出自己的观点和看法。

（6）提出解决问题可供选择的建议、方案和步骤。

（7）预测可能遇到的风险、对策。

必备技能

一、收集问卷星调研结果

登录问卷星，选择分析与下载—查看下载问卷—下载答卷—按选项序号下载到 Excel，下载并保存。

二、运用 SPSS22.0 软件分析数据

1. 数据导入

打开 SPSS22.0 软件，导入问卷星下载的数据，并修改变量视图。

2. 描述性分析

选择分析—描述统计—频率，选中所有调研题目，打开“描述：选项”对话框，选中“均值”“标准差”“最小值”“最大值”“峰度”“偏度”及显示顺序的“变量列表”等选项，获得各选项输出结果。

3. 探索性分析

探索性分析是一种在对资料的性质、分布特点等完全不清楚的情况下，对变量进行更深入研究的描述性统计方法。

根据调研目的，确定交叉分析列表，如性别和丑橘的爱好的关系等。

选择“分析—描述统计—探索”，打开“探索”对话框，将“丑橘的爱好”字段移入“因变量列表”，“性别”移入“因子列表”。

打开“统计量”对话框，选中“描述性”；打开“探索：图”对话框，选中“按因子水平分组”“饼图”“带检验的正态图”等选项。打开“探索：选项”，选中“按列表排除个案”选项。

三、撰写调研报告

根据调研分析数据和图表结果，撰写“丑橘”市场需求调研报告。调研报告具体格式为：

关于 ××× 的调查报告

调查时间：

调查地点：

调查对象：

问卷回收：×× 份，其中有效问卷 ×× 份

报告正文：

一、背景分析

二、现状分析

三、调查结果分析

四、市场预测

项目合作实训

以小组为单位开展一个企业产品主题市场调研，利用项目综合评分表对小组成员做一个简单的评价。

表 2-8 项目综合评分表

内容	评分标准				评分
	优秀	良好	及格	不及格	
工作态度	积极、认真	比较认真	一般	不认真	
工作能力	超额完成工作任务，并有创新	按时完成	基本完成	不能完成	
工作效果	（1）资料设置十分合理 （2）产品信息收集完善，对后期调研提供了良好的支撑 （3）小组调查报告各项完整，数据分析到位	（1）资料设置合理 （2）产品信息收集较完善，对后期调研提供了一定的支撑 （3）小组调查报告各项基本完整，数据分析基本到位	（1）资料设置基本合理 （2）产品信息收集不完善，对后期调研提供了部分支撑 （3）小组调查报告部分完整，数据分析部分到位	（1）资料设置不合理 （2）产品信息收集不完善，对后期调研不能提供良好的支撑 （3）小组调查报告各项不完整，数据分析不到位	

项目总结

网络市场调研过程中，为了确保市场调查能够按计划、按要求同步进行，市场调查负责人必须在工作开展前按区域计划做好所负责地区的市场调查计划，明确地区的行程安排计划，落实每个人的工作内容和工作责任，汇总有方，分析有力。真正做到事事有人做，人人有事做，且按时、按量、按质正确地完成调研任务。在数据汇总和分析时，必须严格规范信息的汇总格式，规范数据的分析方法，同时用统一的格式和方式来表现各个地区市场的调研结果，这样不仅方便信息和数据的最后使用者，而且大大提高了整个数据汇总和分析的效率，同时保证了信息的真实性和准确性。

项目自测

（1）企业为什么要做竞品分析？具体做法有哪些？

（2）网络调研方法主要有哪些？

（3）调研问卷的主要内容包含哪几部分？

项目三

网络营销项目策划

情境引入

回顾国内电影市场，《泰囧》《北京遇上西雅图》《101 次求婚》和《致我们终将逝去的青春》等电影，都不同程度地创造了票房奇迹。仔细观察，这些电影有一个共同点：都借助微博等网络社交媒体进行营销，并取得了显著的效果。

不经意间发现，作为曾经电影营销的“三驾马车”：海报、预告片、电视广告，如今正在逐渐沦为配角。随着数字时代的来临，越来越多的电影开始依赖互联网进行营销。因为看上去，它们更廉价，也更有效。

一、这样一组数据或许更能说明事实

《泰囧》，总成本约 5000 万元，营销成本约 2500 万元，票房 12.66 亿元；

《失恋 33 天》，总成本 800 万元，票房 3.6 亿元；

《北京遇上西雅图》，总成本 3000 万元，票房 5 亿元；

《鬼影实录》，总成本 1.5 万美元，票房 1.5 亿美元；

《饥饿游戏》，总成本 7800 万美元，营销成本约 4500 万美元，票房 6.84 亿美元；

《致我们终将逝去的青春》，制作营销成本 6000 万元，票房 7.26 亿元。

这些电影，都无一例外地大肆借助互联网进行宣传。那么，电影该如何在数字时代寻求营销的突破口呢?

二、制作电影之外的小短片

央视《第10放映室》曾表示：“《失恋33天》对中国电影的意义在于，它第一次挖掘了一个可以复制的市场营销模式。它把电影当成一个产品来卖，走完一整套的营销路线，并且运用了很多新招数。”

《失恋33天》的营销团队以《失恋物语》为主题，让来自全国不同城市的年轻人讲述自己的失恋经历，然后通过各种社交平台扩散，引起了巨大的反响和共鸣，让“失恋”成为一个影响一大批年轻网民的流行话题，进而带动大家对电影的关注。

《101次求婚》，让前国足运动员李毅拍摄宣传片，并推出明星、儿童、金婚老人等多版“全民告白”视频和三里屯“快闪求婚”视频。据透露，单是李毅的宣传片，百度贴吧的预告帖就有超过一亿次的点击量。

《泰囧》，分别针对徐峥、王宝强、黄渤三位主演以及“电梯人妖”做了5分钟左右的视频特辑，讲述了电影拍摄的台前幕后，并选取电影精华，半遮半掩地“剧透”一下，从而点燃了全民观看《泰囧》的热情。

三、让观众主动要求电影上映

《鬼影实录》正是这种策略的完美体现。这部电影制作成本仅为1.5万美元，却获得了超过1.5亿美元的票房。其中，电影发行方派拉蒙影业功不可没。

《鬼影实录》预告片的手法独具一格，将影院观众恐惧的现场反应捕捉下来。尖叫、逃避、捂嘴、闭上眼睛这类惊悚的表情本身，要比真正的电影画面更有说服力，让人充满了好奇和期待。

然而，最为重要的是，派拉蒙大规模地使用Facebook对电影进行推广，并在网上进行调查，收集影迷的意见，根据反馈制订放映计划，并让影迷投票来决定他们希望影片在什么地区上映，并宣称如果有超过100万人希望看到这部电影，就会扩大上映范围。

这一举措反响惊人，派拉蒙第一周就收到了来自美国各地影迷的请求，公司根据各地发送请求的人数逐步扩大院线规模。看过影片的人越多，上网投票的人也就随之增长，这种滚雪球式的效应一发不可收拾，很快《鬼影实录》便扩展到全美159家影院上映。

事实证明，这种策略最有效的地方在于，它让影迷们产生了一种电影主人翁的意识。同时，它所产生的认知程度和关联，是无法从广播和电视节目中获得的。

四、病毒式营销

《饥饿游戏》可以看作新营销方式的一次探索。《饥饿游戏》的故事情节没有特别创新之处，演员阵容也一般，但上映以来，却连破多项票房纪录，达到了6亿美元，风头甚至盖过了《暮光之城》。

《纽约时报》认为，《饥饿游戏》的票房成绩大部分要归功于狮门影业公司精密策划的营销方案。除了发放海报、投放横幅广告之外，该公司把全部的资金和人力都用在了Facebook、Twitter、YouTube、雅虎以及移动游戏等平台上。

狮门影业在电影上映前的一年内，联合知名平台，持续推出线上活动，赚足了眼球，堪称电影病毒式营销的经典之作。

五、移动应用的力量不能忽视

应用程序的发展为人们利用间隙时间进行娱乐提供了一种新的方式。对制片公司而言，移动应用也提供了一条吸引观众的途径，甚至可以直接出售电影票。

《创：战纪》在Facebook上制作了一款名为TRONiVerse的应用程序。这个应用程序将与电影相关的评论、视频和图片上传到社交网络上，向更多的用户展现这部电影。

此外，迪斯尼为《玩具总动员3》开发了售票程序，而通过Facebook等平台卖电影票的一大好处就是你可以邀请朋友与你加入到其中来。

放眼国内，《致我们终将逝去的青春》已和游戏公司热酷达成协议，在热门游戏《找你妹》中打造“致青春”特殊关卡，增设了电影中几位主角的漫画头像，融入年轻人生活的方方面面，使这部电影达到了全民普及的程度。

这就是网络营销策划的强悍之处。

项目任务及目标

项目任务	岗位等级及目标			
	L1	L2	L3	L4
任务6 网络营销平台选择	掌握B2B、B2C和C2C电子商务平台的概念	了解掌握B2B、B2C和C2C电子商务平台的特点	掌握B2B、B2C和C2C电子商务平台的选择方法	能够根据实际情况选择B2B、B2C和C2C电子商务平台
任务7 网络营销策略选择	了解网络营销产品、价格、促销和渠道策略的概念	掌握网络营销产品、价格、促销和渠道策略的特征和影响因素	能够掌握网络营销产品、价格、促销和渠道策略的主要形式	能够选择合适的网络营销产品、价格、促销和渠道策略

任务 6 网络营销平台选择

情境设计

王丽丽所在创业团队有一支很好的营销团队，团队一直致力于企业客户的销售。“丑橘”可以作为员工福利、公司礼品和出游佳品等，既实用也上档次，很受客户的欢迎。所以，企业和家庭十亿人都是“丑橘”的重要客户群体。王丽丽一直在考虑如何在网络营销上帮助公司开发更多的企业客户。经过思考，她准备学习 B2B 电子商务平台、B2C 电子商务平台和 C2C 电子商务平台，然后选择最合适的电子商务平台开拓新的网络营销渠道。

任务分解

教学内容	课时安排	
	中职	高职
活动一　B2B 电子商务平台	2	4
活动二　B2C 电子商务平台	2	4
活动三　C2C 电子商务平台	2	4

活动一 B2B 电子商务平台

必备知识

一、B2B 电子商务平台

B2B 是电子商务的一种模式，是英文 Business-to-Business 的缩写，即商业对商业，或者说是企业间的电子商务，即企业与企业之间通过互联网进行产品、服务及信息的交换。企业进行 B2B 电子商务可以有两种选择：一种是自己建立网站，直接与上游和下游企业进行电子商务（如企业内部网络的在线采购、在线订货等）；另一种是借助第三方网络平台进行电子商务。B2B 电子商务平台就是这种为实现企业与企业之间进行产品、服务和信息交换的第三方网络平台。

目前，国内知名的 B2B 电子商务平台如图 3-1 所示。

图 3-1　国内 B2B 电子商务平台

这些平台中，有综合型的也有行业型的，有的专注于提供在线交易服务，有的仅仅专注于提供行业资讯服务，也有的专门提供商机信息服务。

二、选择合适的 B2B 电子商务平台

选择平台从以下几个方面考虑。

1. 知名度高

在网络里，吸引眼球才是王道。用户活跃、访问量大、市场旺才能带来商机。可以利用站长工具（http://tool.chinaz.com）进行综合 SEO 查询（关于 SEO 的知识请看相关章节），确认该网站的排名是否靠前。在国内，主要看百度权重、反链数，这些越高越好。

2. 目标用户集中

一般情况下，如果企业所在行业有一个较权威的行业型 B2B 平台，则在行业型的平台中比在综合型的平台中能获得更好的网络营销效果。因为行业平台面向的用户更集中，指

向性更明确。所以，应首选行业权威平台进行网络营销。如何确定行业权威呢？一个简单的方法是，在搜索引擎中搜索产品的关键词，如“丑橘”，看看出现在最前面的平台有哪些。然后结合 SEO 综合查询，排名靠前则可以作为备选平台。

3. 注重用户体验

选择出来的平台还要考虑用户体验是否良好。有些 SEO 排名相当靠前的平台实际上是靠联盟广告生存的网站，页面中会有大量的广告，而且广告质量参差不齐，会影响企业形象。因此，选择广告少的平台才能有良好的用户体验。

必备技能

第一步：国内主要的 B2B 电子商务平台有哪些？完成表 3-1。

表 3-1 国内主要的 B2B 电子商务平台

网站名称	域名	网站简介	百度权重	反链数

第二步：根据任务背景，为“丑橘”选择 B2B 电子商务平台。

（1）为了找到行业权威，或者目标用户更集中的 B2B 平台，应该首先通过搜索引擎搜索本企业产品的关键词，如针对本次任务，可考虑搜索“丑橘”等关键词。

（2）把通过搜索收集到的 B2B 平台加入备选平台，也可以同时在线下打听同行们都是在哪个平台进行营销，再利用站长工具进行综合 SEO 查询、试用，看看该网站的页面广告是否多、资讯是否丰富、更新是否快等。

第三步：根据企业要求，选择平台，完成表 3-2。

表 3-2 选择平台

所选平台名称	
域名	
百度权重	
反链数	
优势	
劣势	
选择理由	

第四步：了解所选平台站内营销手段，以备日后使用。

以选择阿里巴巴平台为例，阿里巴巴向用户提供的网络营销方法有很多，并且还在不断更新中。基本可以分为免费类和付费类，其中免费类是大家推广的主要手段，较常用的有以下八种：博客营销，论坛签名营销，博客友情链接，保持阿里旺旺在线，重发信息，购买广告位，旺铺优化、装修，参与活动。根据对这些手段的认识，完成表 3-3。

表 3-3　营销手段

手段	具体操作方法	作用

活动二

B2C 电子商务平台

必备知识

一、B2C 电子商务平台

B2C 是企业对消费者直接开展商业活动的一种电子商务模式。企业借助互联网开展在线销售活动，实现产品的直销。B2C 模式是我国最早产生的电子商务模式，以 8848 网上商城正式运营为标志。

B2C 的分类如下。

1. 百货商店型 B2C

商品种类丰富，自有仓库，甚至自有物流，类似于传统的超市或者大型的零售商店，如卓越亚马逊、当当网、京东商城等。

2. 商城型 B2C

综合商城就如我们平时进入现实生活中的大商场一样，有很多不同品牌的店铺在商场内经营。商城本身并不经营商品，只提供一个平台让企业展示商品，客户实现在线购买，如天猫、拍拍网、百度有啊等。

3. 直销商店型 B2C

企业自建网站，有独立的域名，不借助任何平台独立运营。同时自建销售配套服务，如在线订购系统、支付系统、订单处理系统等。所以，费用也会相当高，同时也需要专业人员对网站进行维护和推广。

二、自建网站

有条件的企业可以选择自建网站进行 B2C 业务，然后开展网络营销推广。可以根据以下四个步骤进行：

第一步：提高流量。通过各种推广手段，尽可能多地带来潜在客户。常用的推广方法有：搜索引擎优化、关键词广告、联盟推广、友情链接、活动推广等。

第二步：提高转化率。转化率是指让登录网站的用户转化为购买者。要提高转化率，就要让登录用户尽可能购买产品。

首先，网页打开速度一定要快。网页打开速度慢了，会让用户心情烦躁，直接关掉网站。那么，我们可以从优化硬件设施、优化网页代码、优化页面排版等方面着手。

其次，让用户愉快浏览。如果用户在浏览自己感兴趣的网页时感觉愉快，你的生意就好做了。所以在用户浏览的时候，一定要根据用户浏览的情况，自动地判断用户的喜好，提示购买过这个产品的其他用户浏览过什么，让用户在不知不觉中继续浏览。

最后，购物过程一定要便捷。如果能让用户在冲动的一瞬间完成订购，就能大大提高用户的冲动购买。

第三步：提高网站黏度和口碑。用户购买一次之后，还要想办法让他进行二次消费、三次消费甚至不断地回头消费，要黏住他，让他想到买这种产品的时候就来你的网站买。并且，还要让他主动帮助我们去进行口碑宣传。只有这样，你网站的生意才能越做越好。

第四步：网络营销效果检测。方法都用了，效果好不好就要检测了，所以你的网站非常有必要安装一套网络营销分析系统，这样网站的营销状况就一目了然了。然后根据分析出来的数据调整相应的营销策略。循序渐进，越做越好。

必备技能

第一步：学习 B2C 电子商务平台的类型，并分析其优缺点，完成表 3-4。

表 3-4 B2C 电子商务平台分析

平台	代表站点	优点	缺点
百货商店型			
商城型			
直销商店型			

第二步：了解京东商城、天猫、企业自建网站的站内推广手段，并选择其中一个推广手段做详细的介绍，完成表 3-5。

表 3-5　站内推广方法

站点	站点推广方法

第三步：小组讨论，根据任务背景，应选择哪种 B2C 电子商务平台类型（百货商店型、商城型、直销商店型）？为什么？完成表 3-6。

表 3-6　选择电子商务平台的理由

所选平台名称	
域名	
优势	
劣势	
选择理由	

活动三

C2C 电子商务平台

必备知识

一、C2C 电子商务平台

C2C 模式，即 Consumer to Consumer，译为顾客对顾客，指直接为客户间提供电子商务活动平台的网站，是个人与个人之间的电子商务，是现代电子商务的一种。C2C 网站就是为买卖双方交易提供的互联网平台，卖家可以在网站上登出其想出售商品的信息，买家可以从中选择并购买自己需要的物品。

二、常见 C2C 电子商务平台

1. 淘宝网

淘宝网是亚太地区较大的网络零售商圈，由阿里巴巴集团在 2003 年 5 月创立。淘宝网是中国深受欢迎的网购零售平台，拥有近 5 亿的注册用户数，每天有超过 6000 万的固定访客，同时每天的在线商品数已经超过了 8 亿件，平均每分钟售出 4.8 万件商品。

随着淘宝网规模的扩大和用户数量的增加，淘宝也从单一的 C2C 网络集市变成了包括 B2C、C2C、分销、拍卖、直供、众筹、定制等多种电子商务模式在内的综合性零售商圈。

另外，闲鱼网作为一个新兴的二手商品交易平台，独立的 C2C 闲置物品交易平台，依托于淘宝巨大的用户群体，发展也相当迅速。

2. 易趣网

1999 年 8 月，易趣在上海创立，主营电子商务，由邵亦波及谭海音所创立，两人同为上海人，毕业于美国哈佛商学院。2000 年 2 月，在全国首创 24 小时无间断热线服务，2000 年 3 月至 5 月，与新浪结成战略联盟，并于 2000 年 5 月并购 5291 手机直销网，开展网上手机销售，使该业务成为易趣特色之一。易趣目前有 350 万注册用户。2002 年，易趣与 eBay 结盟，更名为 eBay 易趣，并迅速发展成国内最大的在线交易社区。秉承帮助几乎任何人在任何地方能实现任何交易的宗旨，不仅为卖家提供了一个网上创业、实现自我价值的舞台，品种繁多、价廉物美的商品资源，也给广大买家带来了全新的购物体验。

2010 年 2 月，易趣正式推出海外代购业务，为买家提供代购美国购物网站商品的服务。

2012 年 4 月，易趣不再是 eBay 在中国的相关网站，易趣为 TOM 集团的全资子公司，易趣网站提供的各项服务均不受影响，易趣所有的业务从 eBay 剥离，独立运营。

必备技能

一、开设淘宝店铺

淘宝店铺（Taobao shop）是指所有淘宝卖家在淘宝所使用的旺铺或者店铺，淘宝旺铺是相对普通店铺而诞生的，每个在淘宝新开店的都是系统默认产生的店铺界面，就是常说的普通店铺。而淘宝旺铺（个性化店铺）服务是由淘宝提供给淘宝卖家，允许卖家使用淘宝提供的计算机和网络技术，实现区别于淘宝一般店铺展现形式的个性化店铺页面展现功能的服务，简单来说，就是花钱向淘宝买一个有个性、全新的店铺门面。

第一步：登录淘宝网（https://www.taobao.com/），按照提示注册账号，如图 3-2 所示。

图 3-2 淘宝用户注册

第二步：开店类型选择（个人店铺，企业店铺）。

第三步：支付宝实名认证。

第四步：淘宝开店认证。

第五步：创建店铺。

注册完成后，点击卖家中心 — 免费开店，按照流程开设网上店铺，具体可参照淘宝大学 — 新手专区 — 免费开店流程。

二、注意事项

1. 标题优化 9 大点

（1）写满 30 个关键字。

（2）定期优化更新关键字。

（3）不使用特殊符号。

（4）关键词不重复。

（5）关注淘宝规则，避免被处罚。

（6）切忌关键词过分堆砌。

（7）不要滥用品牌词与敏感词。

（8）标题中斜杠等同于空格，合理使用空格。

（9）更有效的关键词组合。

2. 标题编写公式

标题 = 商品属性关键词 + 商品商业关键词 + 商品价值关键词

（1）属性关键词：商品分类、名称、型号、功能、特性的关键词。

（2）商业关键词：经营手段或者促销行为的词语，如包邮等。

（3）价值关键词：商品给买家带来的价值，关键是提炼价值让这个价值超越产品功能本身。

3. 宝贝黄金上架布局注意事项

（1）延后原则，即在宝贝上架黄金时间选择时稍稍延后上架时间。

（2）在刷新时不必纠结于每分每秒。

（3）竞争透视参考即可，因为竞争对手总是不可避免的。

（4）天猫店在所有宝贝综合排名中也受上下架影响。

（5）天猫店在天猫排名中不受上下架影响。

（6）数据魔方与生 e 经数据意义不同。

4. 合理安排宝贝上下架的三种策略

（1）平均分配，打散原则（适用于宝贝较多的状况）。

（2）流量高峰，平均布局（针对主推产品）。

（3）分析数据，最佳卡位（适用于刚上架或者销量一般的宝贝）。

工具：数据魔方或生 e 经，避免最激烈的下架时间段，选择最适合宝贝切入的时间段，从而在下架的时候获取免费流量。

5. 找出最佳上架时间

（1）大盘分析整体流量高峰时段。

数据魔方，查看路径：行业分析 —— 买家信息分析。

（2）店铺分析自身流量高峰时段。

生意参谋，查看路径：流量分析 —— 按小时流量分析。

6. 店铺流量来源构成

（1）新时期：免费流量比较少，主要以付费流量为主。

建议：调整下架时间，优化宝贝标题。

（2）成长期：前期付费流量占比多，免费流量少，后期暴款后免费流量占比明显提升。

（3）成熟期：自主访问占比高，主要受品牌知名度影响。

7. 网店装修中运用色彩

在色盘之中，45 度内是邻近色，120 度是对比色，180 度是互补色。根据个人喜好、主营产品、Logo 或 VI、季节、活动、客户感知等来设计主色，主色调确定后，用明度、邻近色、同类色来协调，对比色用来强调重点。Logo 颜色和导航颜色以及产品分类的颜色要协调。

任务 7 网络营销策略选择

情境设计

网络营销策略是企业根据自身所在市场中所处地位不同而采取的一些网络营销组合，它包括产品策略、价格策略、促销策略和渠道策略。网络营销策略是以国际互联网络为基础，利用数字化的信息和网络媒体的交互性来辅助营销目标实现的一种新型的市场营销方式。简单地说，网络营销就是以互联网为主要手段进行的，为达到一定营销目的的营销活动。

由于不同行业之间的产品特性和用户行为存在一定差异，因此不同行业的企业网络营销策略也存在一定差异。

王丽丽带领网络营销团队选择了合适的校园网上商城平台后，开始筹划为商城选择合适的网络营销策略。

任务分解

教学内容	课时安排	
	中职	高职
活动一 网络营销产品策略	2	2
活动二 网络营销价格策略	2	4
活动三 网络营销促销策略	2	4
活动四 网络营销渠道策略	2	4

活动一 网络营销产品策略

必备知识

一、网络营销产品的概念

网络营销作为一种创新的营销方式为企业带来了无穷的商机与广阔的市场空间。但网络营销策略具有其独特的属性与要求，企业只有充分认识到这些特点与要求才能在网络营销活动中有效利用网络营销机会，在网络市场竞争中立于不败之地。网络营销产品策略是企业最基本的营销策略，也是企业网络营销组合策略的核心。因此，对网络营销产品的深入理解与认识，便是企业实施网络营销策略的首要问题。

根据网络营销产品在满足消费者需求中的重要性，可以将网络营销产品整体划分为五个层次，即核心利益或服务层次、有形产品层次、期望产品层次、延伸产品层次和潜在产品层次，相应地有不同的策略。

1. 核心利益或服务层次

企业在设计和开发产品核心利益时要从顾客的角度出发，要根据上次营销效果来制定本次产品设计开发。要注意的是网络营销的全球性，企业在提供核心利益和服务时要针对全球性市场提供，如医疗服务可以借助网络实现网络远程医疗。

2. 有形产品层次

对于物质产品来说，必须保障品质、注重产品的品牌、注意产品的包装。在式样和特征方面要根据不同地区的文化来进行针对性加工。

3. 期望产品层次

在网络营销中，顾客处于主导地位，消费呈现个性化特征，不同的消费者可能对产品的要求不一样，因此，产品的设计和开发必须满足顾客这种个性化的消费需求。

4. 延伸产品层次

在网络营销中，对于物质产品来说，延伸产品层次要注意提供满意的售后服务、送货、质量保证等。

5. 潜在产品层次

在延伸产品层次之外，由企业提供能满足顾客潜在需求的产品。

二、网络营销产品的主要特征

1. 产品形式

通过互联网可以营销任何形式的产品，但最适合网上营销的产品是那些易于数字化、信息化的产品。

2. 产品性质

适合在网上营销的产品一般属于质量差异不大的同质产品或非选购品。这类产品消费者可以从网上获得信息，根据这些信息就能确定和评价其产品质量，如书籍、计算机、手机、机票、名牌产品等。

3. 产品品牌

比较适合网络营销的产品一般是那些名牌企业的产品、知名网站经销的产品或名牌产品，这些产品虽然属于质量差异比较大的异质产品，但已经被众多消费者的购物实践证明货真价实、质量可靠，消费者认牌购物即可，而不必再花费太多的精力和时间去比较选择。因此，这些产品尽管不属于挑选性的同质产品，但也可以实现网上营销。

4. 产品顾客群

网络营销产品的顾客群一般容量大、覆盖范围广、配送容易。网上市场是以网络用户为主要目标的市场，因此适合在网上销售或能发挥网络营销优势的产品一般能覆盖较大的市场范围。如果产品的目标市场比较狭窄，虽然也能实施网络营销，但营销效益不佳，不能充分发挥出网络营销的优势。

5. 产品价格

网络营销产品一般要有低价优势。互联网作为信息传递工具，在初期是采用共享和免费策略发展起来的，网络用户比较认同网上产品免费或价低的特性。另外，通过互联网络销售的产品成本低于其他渠道销售的产品，其一般采用低价定位。

6. 产品利益

网络营销产品最好有不可替代的垄断性。企业的营销渠道通常有三种模式：一是单一的网下营销；二是单一的网上营销；三是网上渠道与网下渠道的整合运用。如果企业选择单一的网上营销渠道，一般应选择那些替代性不大的、具有较强垄断性的产品，或者选择那些不太容易在网下设店经营的特殊品。如果经营那些消费者随处可得或极易替代的产品，很难形成网络营销优势。

三、适合网络营销的产品分类

在网络销售的产品，按照产品形态的不同可以分为两大类，即实体产品和虚拟产品。

1. 实体产品

实体产品是指具有物理形状的物质产品。消费者或顾客通过卖方的网络页面考察其产品，通过填写表格表达自己对品种、质量、价格、数量的选择，而卖方则将面对面的交货改为邮寄产品或送货上门。

2. 虚拟产品

用非物质性的形式来满足人们需要的产品称为虚拟产品。虚拟产品与实体产品的本质区别是虚拟产品一般是无形的，但产品本身的性质和性能是通过非物质性状表现出来的。

（1）服务产品。服务产品可以分为普通服务和信息咨询服务两大类。普通服务包括远程医疗、远程教育、飞机和火车订票、入场券预订、饭店旅游服务预约、医院预约挂号、网络交友等。信息咨询服务则包括法律咨询、医药咨询、股市行情分析、金融咨询等。

（2）软件产品。软件产品是一种十分特殊的产品，其内容是一些数字编码，在网络营销方式下，企业可以直接通过网络来传递一种软件，从而帮助用户省去因制作和包装磁盘或光盘所产生的费用。

必备技能

王丽丽带领网络营销与推广团队在校园网上商城制定“丑橘”产品策略。

一、了解网上商城一级类目

根据校园网上商城调研结果，了解到共有以下产品类目，主要包括手机数码、运动户外、美容洗护、家庭清洁、粮油副食、家用电器、图书音像、进口商品、家具用品和食品饮料等。丑橘属于食品饮料类，如图 3-3 所示。

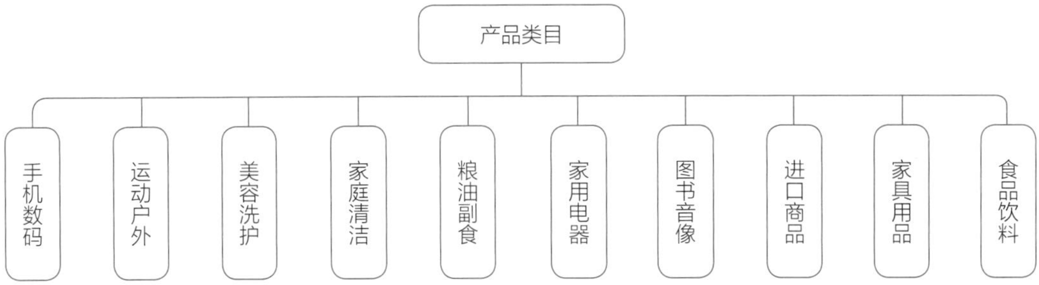

图 3-3　校园网上商城产品类目

二、了解丑橘所属二级类目

食品饮料包括牛奶乳品、糖果巧克力、饼干膨化、坚果炒货、蜜饯果干、肉类豆制品、茶 / 冲饮品、咖啡奶茶、饮料 / 水、酒类、保健品、新鲜水果。丑橘属于新鲜水果类，具体的商品类目如表 3-7 所示。

表 3-7 校园网上商城商品食品饮料具体类目

食品饮料	牛奶乳品	常温奶、乳饮料、酸奶、豆奶
	糖果巧克力	口香糖、果冻、糖果、巧克力
	饼干膨化	饼干、糕点、薯片、膨化
	坚果炒货	瓜子、花生、开心果、杏仁、核桃
	蜜饯果干	蓝莓 / 橄榄、葡萄 / 提子、干梅类 / 加应子、山楂干 / 卷、芒果干
	肉类豆制品	牛肉干、鸡鸭禽类猪肉类、豆干制品
	茶 / 冲饮品	红茶、绿茶、乌龙茶、花草茶
	咖啡奶茶	早餐麦片、咖啡、奶茶、芝麻糊 / 粉食品、柚子茶 / 果味茶
	饮料 / 水	果蔬饮料、茶饮料、碳酸饮料、功能饮料、咖啡饮料
	酒类	葡萄酒、黄酒、啤酒、白酒
	保健品	蜂蜜、枸杞、其他保健品
	新鲜水果	苹果、西瓜、猕猴桃、香蕉、桃、橙、梨、丑橘、其他水果

三、为丑橘选择合适的产品策略

序号	具体策略	具体实施内容
1	品牌策略	
2	新产品策略	

活动二

网络营销价格策略

必备知识

一、网络营销价格策略的概念

网络营销定价是指给网上营销的产品和服务制定价格。网络营销价格的形成过程较为复杂，受诸多因素的影响和制约，如传统营销因素和网络自身对价格的影响因素。在网络营销战略中，可以从降低采购成本、降低库存、控制生产成本几个方面来分析网络营销对企业成本的控制。

二、影响网络营销定价的因素

1. 定价目标

针对不同的目标市场，企业会根据产品的质量档次、品牌知名度以及成本等变量，来制定不同的价格。各类网络营销企业应根据自己的实际情况选择适合自己的定价目标。

2. 产品成本

成本是网络营销定价的最低界限，对企业网络营销价格有很大的影响。一个产品的最高价格取决于市场需求，最低价格则取决于这种产品的成本费用。

3. 供求状况

供求状况是影响企业网络营销定价的基本因素之一。一般而言，当商品供小于求时，企业产品的营销价格可能会高一些；反之，则可能低一些。

4. 竞争者的价格策略

竞争因素对价格的影响主要考虑商品的供求关系及变化趋势。在实际营销过程中，以竞争对手为目标的定价方法主要有三种：低于竞争对手的价格、与竞争对手同价和高于竞争对手的价格。

5. 其他因素

除上述因素外，网络营销的其他组合因素，如产品、营销渠道、促销手段、消费者心理、企业本身规模、财务状况和国家政策等，均会对企业的网络营销产品的定价产生不同程度的影响。

三、网络营销定价的策略

1. 免费定价策略

免费定价策略主要用于促销和推广产品，这种策略一般是短期的和临时的。具体地说，免费定价策略就是将企业的产品和服务以零价格形式提供给顾客使用，满足顾客的需求。免费定价形式分四类：第一类是产品和服务完全免费，即产品（服务）从购买、使用和售后服务所有环节都实行免费服务；第二类是对产品和服务实行限制免费，即产品（服务）可以被有限使用，超过一定期限或次数后，取消这种免费服务；第三类是对产品和服务实行部分免费，如一些著名研究公司的网站公布的研究成果，如果要获取全部成果必须付款成为公司客户；第四类是对产品和服务实行捆绑式免费，如购买某产品或者服务时赠送其他产品和服务。

2. 拍卖定价策略

网上拍卖是指商品所有者或某些权益所有人利用网络传输技术，有偿或无偿使用网络服务提供者提供的互联网技术平台，展示所有商品或所具有的使用权益，通过不断变化的标价，向网上竞买人（包括自然人和法人）销售商品或有偿转让权益，竞买人通过上网竞买，购买商品或某些权益的一种商业贸易形式。

网络拍卖者在制定定价策略时首先必须明确定价目标，应以追求最大利润、一定的投资利润、稳定价格以及保持和提高拍卖市场占有率为目标，并根据不同拍卖物品的特性采取不同的定价策略，实现最终目标。通过了解拍卖者的定价目标，研究卖家定价的备选方案，制定合理的定价组合策略。

3. 折扣定价策略

折扣价格策略是指销售者为回报或鼓励购买者的某些行为，如批量购买、提前付款、淡季购买等，将其产品基本价格调低，给购买者一定比例的价格优惠。具体办法有：数量折扣、现金折扣、功能折扣和季节性折扣等。在网上市场中这也是经常采用的一种价格策略。

除此之外，还有多种网络定价策略，可以参考其他资料进一步了解。

必备技能

王丽丽带领网络营销与推广团队为丑橘制定相应的价格策略。

校园网上商城的商品价格取决于供货商方面，以麦德龙、家乐福等大型超市作为供应商，商品的价格可能会偏贵一点。价格一旦贵了，作为学生这样一种纯消费者来说是很可能会因为价格问题而放弃某种商品，所以价格因素是很重要的一部分。对于价格偏贵这样一个问题，首先提醒买家网上商城内的商品质量是绝对有保证的，消费者选择商品不会有后顾之忧。

1. 折扣定价策略

如果消费者还是觉得价格有点偏贵，商城可以采用每日特价或者是借用学校的各种活动、国家法定节假日进行促销，并且经常性更换其中的一些商品。这样的话，一些商品的价格就会降低一些，如图 3-4 所示。

图 3-4 校园网上商城每日特价专区

2. 免费定价策略

免费定价策略之所以在互联网上流行，是有其深刻的背景的。企业在网络营销中采用免费策略，一个目的是让用户免费使用形成习惯后，再开始收费；另一个目的是想发掘后续商业价值，从战略发展的需要来制定定价策略，主要目的是先占领市场，然后再在市场上获取收益。

王丽丽计划在商城运营初期，结合丑橘产品的使用特性，选择价廉物美的餐巾纸实施免费定价策略，买满 3 斤丑橘送优质餐巾纸包。

活动三

网络营销促销策略

必备知识

一、网络营销促销的含义

网络促销是指企业充分利用互联网的媒体功能、互动功能、体验功能、交易功能，沟通企业和网上消费者之间的信息，引发、刺激网上消费者的消费欲望和兴趣，使其产生购买行为的活动。

网络促销实质上是一种沟通活动，即营销者（信息提供者或发送者）通过网络发出作为刺激物的各种信息，并把信息传递到一个或更多的目标对象（即信息接收者），以影响其态度和行为。

二、网络营销促销的形式

一般而言，网络营销促销主要有以下形式。

1. 网上折价促销

由于网上销售的商品不能给人全面、直观的印象，也不能试用、触摸等，再加上配送成本和付款方式的复杂性，造成消费者网上购物和订货的积极性下降。而比较大的折扣可以促使消费者进行网上购物的尝试并做出购买决定。目前大部分网上销售的商品都有不同程度的价格折扣，如京东商城、当当网等。

2. 网上变相折价促销

变相折价促销是指在不提高或稍微增加价格的前提下，提高产品或服务的质量或较大幅度地增加产品或服务的附加值，让消费者感到物有所值。由于网上直接价格折扣容易造成消费者对产品品质的怀疑，利用增加商品附加值的促销方法会更容易获得消费者的信任。

3. 网上抽奖促销

抽奖促销是以一个人或数人获得一定奖品为手段进行商品或服务的促销。网上抽奖活动主要附加于市场调查、产品销售、扩大用户群、庆典、推广某项活动等。消费者或访问者通过填写问卷、注册、购买产品或参加网上活动等方式获得抽奖机会。

4. 网上赠品促销

目前国内出现的试用网站就主要采用赠送样品的方式促销。在试用网站上，任何人只要提出申请，就有机会得到企业提供的试用产品，从化妆品到食品、日用品，试用产品五花八门，琳琅满目。

5. 网上积分促销

网上积分促销一般设置价值较高的奖品，消费者通过多次购买或多次参加某项活动来增加积分以获得奖品。积分促销可以吸引更多的网上消费者访问网站；可以增加已有访问者访问网站和参加某项活动的次数；可以增加上网者对网站的忠诚度；可以提高企业网站、品牌的知名度等。

6. 网上优惠券

网上优惠券作为直接价格打折的一种变化形式，是企业在网络上为消费者提供的一种优惠措施。企业可以规定该优惠券用于网上购物，也可以允许消费者下载后在传统的购物场所使用。网上优惠券可以刺激顾客增加消费，提高网站的访问量。

必备技能

王丽丽带领网络营销与推广团队为校园网上商城制定相应的促销策略。

一、案例分析

1. 网上折扣促销策略：一元促销

淘宝有一家网店 A，生意一直比较红火。是 A 店的价格吗？不是，你要问它卖的价格和别人都是一样，是所卖产品的质量比别人好很多吗？也不是，质量差不多，很多东西估计和别人在同一个地方进货；是有买赠促销手段吗？更不是，小本生意不可能有这么大的利润。原来只有一个非常简单的原因：这个店主无论顾客买什么东西都主动地支付宝返现顾客 1 元钱。就这小小的 1 元钱让他获得了顾客的信赖，使他的生意越来越红火。

2. 网上赠品促销策略：旅行社赠品促销

目前网上很多旅行社顺应时势，对游客发送各类赠品。如陈小姐报名参加“十一”期间的西藏游，旅行社没有送她传统的旅行袋、帽子，而是送了天目山一日登山游，以及 100 张数码照片网上免费冲印卡。登山游可为进藏前做些锻炼，至于免费冲印，还有比这更实用且实惠的吗？可以说，国内部分旅行社正是瞅准了顾客的需求来翻新旅行用品的。海岛游送美容券（因为更易晒黑）；去自然风光特别漂亮的地方就送数码照片冲洗；老人出游送斜挎包，方便安全；孩子出游送双肩包，美观实用，帽子也有鸭舌帽、渔夫帽等可供选择。

3. 网上抽奖促销活动：消费满 1000 元可参与抽奖苹果 8

以大家电、建材家居等单价高的商家为例，它们在网上商城设置不同的促销方式，有参与条件，以超值的大礼为噱头，吸引顾客消费，吸引更多的顾客为中大奖来店消费。

参与条件：消费满 1000 元。

一等奖：苹果 8 一部；中奖概率 0.5%；奖品数量：1 个。

二等奖：微波炉一台；中奖概率 1%；奖品数量：5 个。

三等奖：电风扇一台；中奖概率 5%；奖品数量：20 个。

四等奖：168 元代金券一张；中奖概率 50%；奖品数量：1000 个。

4. 积分促销策略：中国移动积分行动

目前很多网上商城都提供众多的礼品来吸引消费者。凡是在中国移动充值消费的顾客，都有积分卡，卡上写明积分的规则，比如 50 元为 1 分，累积多少可得到相应的礼品或同等价值的礼品，床上用品、家用电器等，顾客每次消费时，就会在顾客的积分卡上注明消费额及累计积分。

二、制定网上商城促销策略

为网上商城制定合理的促销策略。

活动四

网络营销渠道策略

必备知识

一、网络营销渠道的概念

网络营销渠道是指互联网上与提供产品或服务有关的一整套相互依存的机构，它涉及信息沟通、资金转移和实物转移等。网络营销渠道一方面要为消费者提供产品和服务信息，方便消费者进行选择；另一方面，在消费者选择产品后要完成一手交钱一手交货的交易手续。因此，一个完善的网络营销渠道应有三大功能：订货功能、结算功能和配送功能。

二、网络营销渠道建设

在具体建设网络营销渠道时，要考虑以下几个方面：

首先，从消费者角度设计渠道。只有采用消费者比较放心、容易接受的方式才有可能吸引消费者在网上购物。目前国内一些著名购物网站纷纷选择为消费者提供免费送货服务，这正是从消费者角度出发对渠道做出的一项安排。

其次，设计订货系统时，要简单明了，不要让消费者填写太多信息，而应该采用现在流行的“购物车”方式模拟超市，让消费者一边看物品，一边进行选购。在购物结束后一次性进行结算。

再次，在选择结算方式时，应考虑到目前实际发展状况，尽量提供多种结算方式以方便消费者选择；同时还要考虑网上结算的安全性，应把不安全的直接结算方式换成安全结算方式。

最后，关键是建立完善的配送系统。消费者只有看到购买的商品到家后，才真正觉得踏实，因此建设快速有效的配送服务系统是非常重要的。目前网上销售的商品大多是便于配送的、不易损坏的商品，如图书、化妆品、小件消费品和电子产品等。

三、网上营销渠道的选择

网上营销渠道一共有六种，网上直接渠道，网上间接渠道，网上宽渠道，网上窄渠道，网上短渠道，网上长渠道，一般我们经常用的是下面两种。

（一）网上直接渠道

网上直接渠道，是指通过互联网实现的从生产者直接到达消费者的网络渠道。网上直接渠道的优势主要有：第一，促成了产需直接见面，企业可以从网上收集到真实的一手资料，针对性地安排生产。第二，给买卖双方带来了直接的利益，由于网上直销降低了企业的成本，企业能以低价销售自己的商品，消费者买到的商品也是低于传统市场的。第三，营销人员可以利用网络营销工具，如电子邮件、公告牌等了解顾客的需要，继而开展各种促销活动，满足消费者，并且提高市场占有率。第四，企业能及时了解用户对商品的意见，并且针对这些意见提供相关服务，解决问题，提高商品质量，完善经营管理。第五，营销渠道的高效性，可以减少过去传统分销渠道中的流通环节，有效降低成本。对于网上直接营销渠道，生产者可以根据顾客的订单按需生产，做到零库存。同时网上直接销售还可以减少过去那种依靠推销员来推销商品的高费用，节省了企业的成本。对于网上间接营销渠道，以网络为媒介利用中间商，可以提高信息全面性，控制了库存，降低了物流成本。另外，对于这种一对一的经营模式，企业与消费者之间建立了良好的关系。

（二）网上间接渠道

网上间接渠道是把商品经由融入互联网技术后的中间商销售给消费者或使用者的营销渠道。传统中间商由于融合了互联网技术，大大提高了交易效率、专业化程度和规模经济，从而比网络直销更有效率。例如，网上商店利用互联网的虚拟性，可以低成本地扩大目标市场范围。

电子中间商主要包括目录服务商、搜索服务商、虚拟商业街、网上商城（网上超市）、电子支付服务商、淘宝网购物服务商。

网上间接销售渠道的主要优势有：第一，简化了市场交易过程。利用中间机构，发挥商品交易机构集中，平衡和扩散三大功能，每个生产者与消费者只需通过中间机构取得联系，使消费者和生产者都方便，提高了买卖效率。第二，有利于平均订货量的规模化。对于企业而言，大规模的生产性质决定了企业必须追求平均订货的规模扩大。这是生产者与消费者之间的纽带，一方面能以最快的渠道销售商品，满足客户需要；另一方面能通过计算机计算订货数量，满足生产者大规模生产的需求。第三，实现了网上交易活动的常规化。传统商业活动中影响交易的因素很多，有价格，购买数量，支付方式，交货地点，运送方式等。而网络商品交易消除了时间和时差上的限制，有固定的配送团队，买卖双方的意愿通过固定的交易表格规范，大大避免了买卖双方的纠纷。第四，便利了买卖双方的信息收集过程。传统交易中买卖双方都有一个双向收集信息的过程，这种信息收集既要付出成本，又要承担风险。信息的局限性使生产者不能确定消费者的需要，网络商品交易中介机构就是一个数据平台，从不同的角度检索商品。如阿里巴巴，买卖双方可以在中介结构的撮合下，沟通交流，匹配需求的商品。

必备技能

王丽丽带领网络营销与推广团队为校园网上商城制定相应的渠道策略。

一、案例学习

1. 网上直接营销渠道

（1）登录戴尔官方网站（www.dell.com）。

（2）登录瑞丽电子杂志网站（http://emag.rayli.com.cn/）。

2. 网上间接销售渠道

（1）登录雅虎官方网站（https://www.yahoo.com/）和搜狐官方网站（http://www.sohu.com/）。

（2）登录百度（https://www.baidu.com）和谷歌（http://www.google.cn/）。

（3）登录京东网上南京路官方旗舰店（http://mall.jd.com/index-115729.html）和飞牛网大润发网上商城（http://www.feiniu.com）。

（4）登录三星网上商城（https://www.samsungshop.com.cn/）。

（5）登录淘宝网（https://www.taobao.com/）。

二、为校园网上商城制定相应的渠道策略

项目合作实训

以小组为单位创建一个项目，选择合适的网络营销平台和网络营销策略，利用项目综合评分表3-8对小组成员做一个简单的评价。

表3-8 项目综合评分表

内容	评分标准				评分
	优秀	良好	及格	不及格	
工作态度	积极、认真	比较认真	一般	不认真	
工作能力	超额完成工作任务，并有创新	按时完成	基本完成	不能完成	
工作效果	（1）资料设置十分合理 （2）小组选择了最适合的网络营销平台 （3）小组制定了最适合的网络营销策略，能取得明显的营销效果	（1）资料设置合理 （2）小组选择了较适合的网络营销平台 （3）小组制定了较适合的网络营销策略，能取得一定的营销效果	（1）资料设置基本合理 （2）小组选择了能使用的网络营销平台 （3）小组制定了一般的网络营销策略，能取得部分营销效果	（1）资料设置不合理 （2）小组选择了不适合的网络营销平台 （3）小组制定了不适合的网络营销策略，不能取得相应营销效果	

项目总结

随着传统营销模式向网络营销模式的深度转化，越来越多的企业开始开展网络营销工作，但也有不少企业在进行网络营销前还没有弄清楚什么是网络营销，甚至很多人以为就是单一的建个网站，在网上推销商品而已。其实，传统营销也罢，网络营销也罢，都是一个营销系统，而不是单一的某些方面。企业在做网络营销前就应该明白要达到什么目的，根据自身实际情况选择一个合适的网络营销平台和策略。

项目自测

（1）企业应如何选择合适的 B2B 电子商务平台？

（2）企业应如何制定网络营销策略？

项目四

网络营销推广方式

情境引入

在网络营销中，“推广”是一种常见的营销方法，它的基本原理是通过一种或几种营销方式免费将产品或企业介绍给消费者，以此作为吸引消费者、推广品牌的方式。不管是在线下，还是在线上，都是比较容易受人关注、吸引用户注意力、建立品牌、取得客户信任的方法。

网络营销推广，不管采用什么方法，首先都是为了吸引潜在消费者的注意力，然后潜移默化地影响潜在消费者的行为，最后要么建立自己的品牌，要么实现销售的目的。下面各任务的内容以此为主要脉络，选择多种经典的推广方法。最后从网络营销者的角度出发，将这些推广策略灵活地运用到自己的营销推广中，以便达到最后的销售目的。

项目任务及目标

项目任务	岗位等级及目标			
	L1	L2	L3	L4
任务 8 问答营销	了解问答营销的概念	掌握问答营销的常用平台	能根据免费问答营销的流程开展营销工作	能根据付费问答营销的流程开展营销工作
任务 9 论坛营销	掌握论坛营销的概念和特点	掌握论坛营销的实施技巧	能够根据特定情境进行论坛营销的策划	能够根据特定情境进行论坛营销的实施

续表

项目任务	岗位等级及目标			
	L1	L2	L3	L4
任务 10 微博、博客营销	了解何为微博营销，何为博客营销	学会建立基本的个人博客和微博，并掌握两者营销的基本原则	了解博客营销和微博营销的目的	学会利用博客和微博开展营销，并取得一定的营销效果
任务 11 E-mail 营销	掌握 E-mail 营销的概念和特点	掌握 E-mail 营销的实施技巧	能够根据特定情境进行 E-mail 营销的策划	能够根据特定情境进行 E-mail 营销的实施
任务 12 SEO 营销	掌握搜索引擎的概念、分类、原理和重要性	掌握关键词优化的概念和方法	能够确定网站 / 页面关键词并优化	能够熟练使用常规的搜索引擎语句和 SEO 工具并监控效果
任务 13 APP 营销	掌握 APP 和 APP 营销的定义、功能	掌握 APP 营销的基本模式	能够知晓国内外各知名 APP 平台的优劣势	能够开展 APP 营销推广，了解其盈利模式及未来发展趋势
任务 14 视频营销	掌握视频营销概念和模式	掌握视频营销的策略	能够将企业营销活动与网络视频结合起来进行创意策划	能够掌握在视频交互网站上监控视频播放效果的操作方法
任务 15 微信营销	了解何为微信营销	了解微信营销的目的	学会基本的微信营销，并掌握微信营销的基本原则	学会利用微信开展营销，并取得一定的营销效果

任务 8　问答营销

情境设计

问答营销是网络推广中最为常见，也是效果最好的平台，需要一个长期坚持的过程，广告的营销必须要变得更加软性，不形成明显的生硬的广告词，这都有利于网站的营销，从而提升问答的营销效果。

问答平台是一个基于搜索的互动式知识问答分享平台，一般的问答推广平台有百度、360、搜狗、天涯、知乎等，身边也有很多网友都在无时无刻地帮助别人，解决问题。对于企业来说，问答营销的重要性毋庸置疑，到底要如何做好问答推广，通过问答推广给公司带来最大的效益？在此简述问答推广的推广技巧。

任务分解

教学内容	课时安排	
	中职	高职
活动一　免费问答营销	2	2
活动二　付费问答营销	2	4

活动一 免费问答营销

必备知识

问答营销属于互动营销新型营销方式，是互动营销介于第三方口碑而创建的网络营销方式之一，营销方式既能与潜在消费者产生互动，又能植入商家广告，是做品牌口碑、互动营销不错的营销方式之一。遵守问答站点（百度，天涯等）的发问或回答规则，然后巧妙地运用软文，让自己的产品、服务植入问答里面，达到第三方口碑效应。

一、问答平台

问答平台，提问和回答的平台，即供用户通过提问来寻求网友答案的交流平台，是一个发布问题、回答问题、获得答案的过程。问答平台问题按照答案开放性维度可以分为以下两种。

知识性问题：这类问题的解答，往往具有普遍性和闭合性，回答要求准确或者正确即可。如，什么叫网络营销？

实用性问题：对回答者的经验、地域等条件有一定要求，没有唯一准确的答案，对于提问者而言，希望得到一种经验的分享，回答是比较开放的。如，怎么提高自我学习能力？

常用的问答平台有两个。百度知道，得益于强大的搜索用户群。搜搜问问，得益于庞大的 QQ 用户群。它们的特点是：分类明细、人气旺、内容更新快、管理机制与激励机制完善、技术成熟。问答天生和搜索具有强相关性，百度作为国内 70% 以上的搜索入口，使得百度知道营销价值远在搜搜问问之上。

二、问答营销

问答营销，指利用问答网站平台，以回答用户问题或模拟用户问答的形式进行宣传，从而达到提升品牌知名度、促进产品销售等目的的活动。回答用户提出的问题，又叫“他问我答”；模拟用户回答自己提出的问题，又叫“自问自答”。

（1）SEO 效果好。由于问答类平台权重比较高，往往能在搜索引擎中获取非常好的排名，而且问答类网站是搜索引擎优化（SEO）的重要辅助手段之一。

（2）精准。通过问答类网站寻求帮助和找答案的用户，往往都是对相关问题涉及领域感兴趣或有需求的。所以通过问答推广吸引来的用户，精准度比较高，精准度高就意味着转化率高、效果好。

（3）可信度高，口碑效果好。在问答平台中，给人感觉是用户与用户之间相互问答与互助，其中很少夹杂利益关系，基本是普通用户之间的观点与经验交流，所以里面产生的信息可信度高，也更容易在用户中间形成口碑效应。

三、问答平台的作用

（1）高效网络客服。通过搜索或者关注相关关键词，来解答问答平台上网友提出的提问。这些提问，如果优化得比较好，也能很容易被其他有同样问题的用户搜索得到。

（2）精准品牌营销。通过问答互动的形式回答与产品和服务相关的用户问题，或自问自答，在回答问题的过程中，软性植入产品或服务品牌，达到影响用户思想和行为的目的，提高品牌知名度。

（3）给网站带来流量。网站外链能带来流量，针对没有外链的问答，如果能在搜索引擎中获得好的排名，也能通过检索带来持续的流量。

（4）申请成为专家，获得特权。百度知道专家有很多特权，如免费推广机会、百度搜索优先收录、彰显个人品牌、亿万网友认可提升自身知名度、权威专家展现、寻找潜在客源、与用户一对一沟通等。

必备技能

王丽丽带领团队成员一起为校园网上商城开展问答营销，每人每天回答 5 个相关问题，设置 5 个相关问题。

首先在百度知道注册 3 ～ 5 个账号，并设置兴趣领域、加入团队、更换头像。能做任务、插入图片地图、提问、追问、采纳和删除回答。

完成技能操作时注意以下几点。

一、注册的账号要区分角色

提问的账号：观望者、咨询者、比较者。

回答的账号：行业专家、产品工程师、产品使用者、粉丝。

注意用一个 IP 地址不要在同一天注册多个 ID、注册账号的邮箱最好要用自己独立的邮箱。

二、设置问题

1. 根据关键词设置

①根据目标关键词：品牌、产品、服务等。

②根据长尾关键词：当前热点、行业相关、竞争对手等。

2. 根据消费者购买决策设置

①问题认知。②寻求信息。③比较评价。④决定购买。⑤购后评价。

3. 技巧与注意事项

①口吻要个人化。②有针对性地提问。③设计合适的悬赏值。

三、设置的问题类型

1. 推荐类问题

①回答问题要切题。②尽量模拟真实用户的口吻。

2. 评价类问题

①从提问者角度出发，不使用绝对的语气。

②从个人角度出发，强调真实感。

③回答要具体、详尽、有层次。

④多角度、多方面展现产品。

3. 比较类问题

①给出明确答案。②尽量忌“单边倒”。

4. 放入链接

①放入博客链接，通过率比较高。

②提交回答时，先不要放入链接，修改答案时再放上链接。

③在百度上放链接一天之内不要超过 2 个。

④间接地引导用户进入网址。

在实施问答营销时，切记不能忽视主题，营销内容整合的要自然，不要用户一看就明显是做广告，那样的话问答营销做的就没有意义了。

活动二

付费问答营销

必备知识

一、付费问答的类型

付费问答是一种通过付费的形式，获得自己想要的信息的问答。常见类型如下。

1. 财富值 + 经验值型

通过财富值 + 经验值悬赏，调动用户的积极性，让自己提供的答案获取更多的财富值 + 经验值，以便自己有提问需求的时候，能够有足够的财富值 + 经验值吸引更多人的注意，以便更好、更快地获得回答。

2. C2C 的知识分享讨论型

根据兴趣、爱好将不同人分类，通过个人兴趣和爱好调动起用户自发的积极性，发表自己的观点，获得同类人群的认可。

二、付费问答类营销的优势

一是通过问答引入有效的，高质量的定位流量。

二是进行网站或者产品的品牌推广，实现口碑营销。

三是通过合理的链接增加网站外链，间接提升网站的权重和排名。

三、付费问答推广技巧

一般的问答平台有 10 ~ 15 天不等的问题结束时间，因此每个问题从提问开始到问答结束需要大概 10 ~ 15 天时间，切莫急功近利，需要仔细认真耐心，日积月累，问答营销的功能才能体现出来。

（1）标题提问，回答内容为之前选取的长尾关键字和目标关键字。

（2）提问问题要有条理和逻辑性。避免别人一看就知道是广告信息；要选择关键词所属的分类。

（3）当天的提问隔天回答，回答后隔天设为最佳答案。

（4）选用多个 ID 轮流提问、回答，同一个 ID 不去重复提相同的问题，避免平台视为恶意提问，造成信息被删的恶果。

（5）提问与回答不要用同一 IP，轻则封号，重则删除所有相关信息。回答问题时一定要换 IP。

（6）新申请“马甲”后，尽量去回答一些别人的问题来提高积分或者等级后再去使用。

必备技能

以百度问答为例，了解百度付费问答营销。

百度问答营销是知道频道，针对中小企业主，通过“自定义问题+品牌/产品/通用词”触发的互动问答广告。客户可根据自身需求，设定问题情境并结合品牌/产品/通用词的触发，获得更为精准的人群，促进最终购买。竞价依据是出价和质量度，质量度与所绑定的搜索推广单元的质量度一致。

一、样式

（1）知道搜索页，如图 4–1 所示。

图 4–1 知道搜索页

（2）知道详情页，如图 4–2 所示。

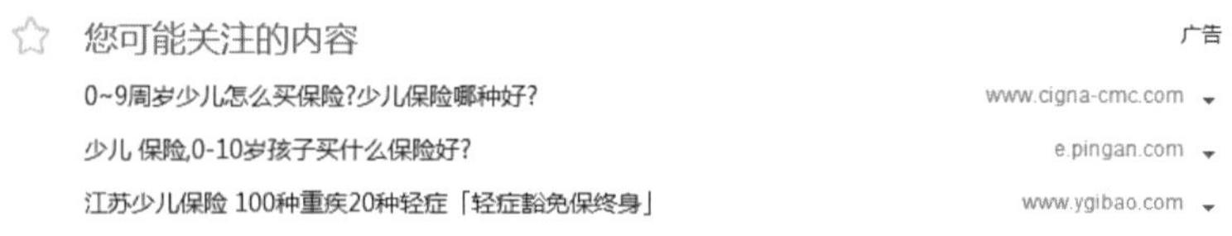

图 4–2 知道详情页

二、优势

（1）企业自己设定的问题和答案，在百度搜索页、知道详情页展现。

（2）根据用户提问情境，展现推广信息，直接引导客户购买。

（3）点击推广进到品牌详细回答页面，关闭浮层图后直接进入品牌官网，一条龙官方通道，塑造品牌优势。

三、付费问答前提

（1）购买条件：凤巢账户客户（同百度账号）。

（2）价格规则：竞价展现，排名及计费规则与搜索推广的规则相同。

（3）购买产品须知：已开通凤巢账户的客户，通过百度推广助手中的问答营销入口，提交问答营销物料即可上线该产品，无须单独注册或申请。

四、付费问答申请流程

1. 登录系统

登录百度推广客户端，如图 4-3 所示。

图 4-3　百度推广客户端

2. 进入问答营销

点击客户端账户中心的问答营销，进入问答营销投放界面。

3. 新建 Logo

点击“问答营销”，进入产品投放界面，在账户层级操作上传 Logo，Logo 的尺寸为 80 像素 ×80 像素，没有 k 数限制（Logo 为非必填项），如图 4-4 所示。

图 4-4　编辑 Logo

4. 新建问答计划、单元

在“推广计划”层级点击“添加”，设置计划名、预算、创意展现形式、推广时段、推广地域、否定关键词、IP 排除，设置单元名、出价等，如图 4-5 所示。

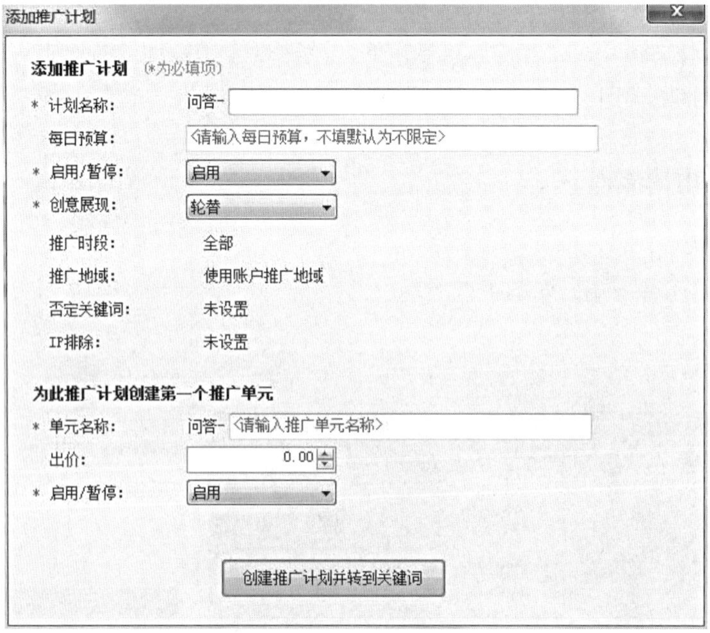

图 4-5 添加推广计划

或选择导航栏上的“快速新建计划”，按提示填写，快速新建问答计划，如图 4-6 所示。

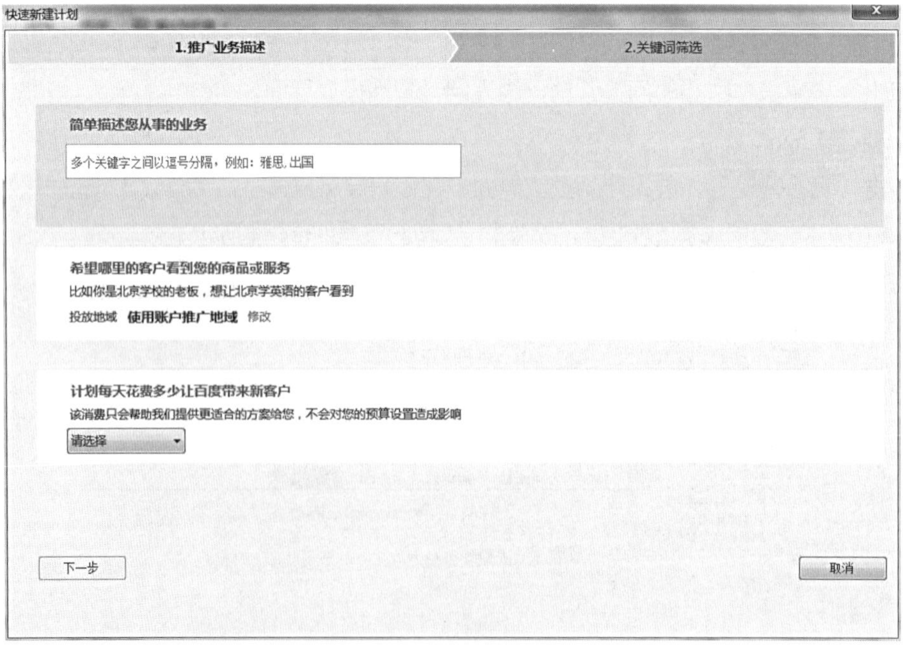

图 4-6 快速新建问答计划

5. 上传问答关键词

新建计划、单元后，跳转到关键词层级。在关键词层级选择“添加”或“批量添加关键词”，如图 4-7 所示。

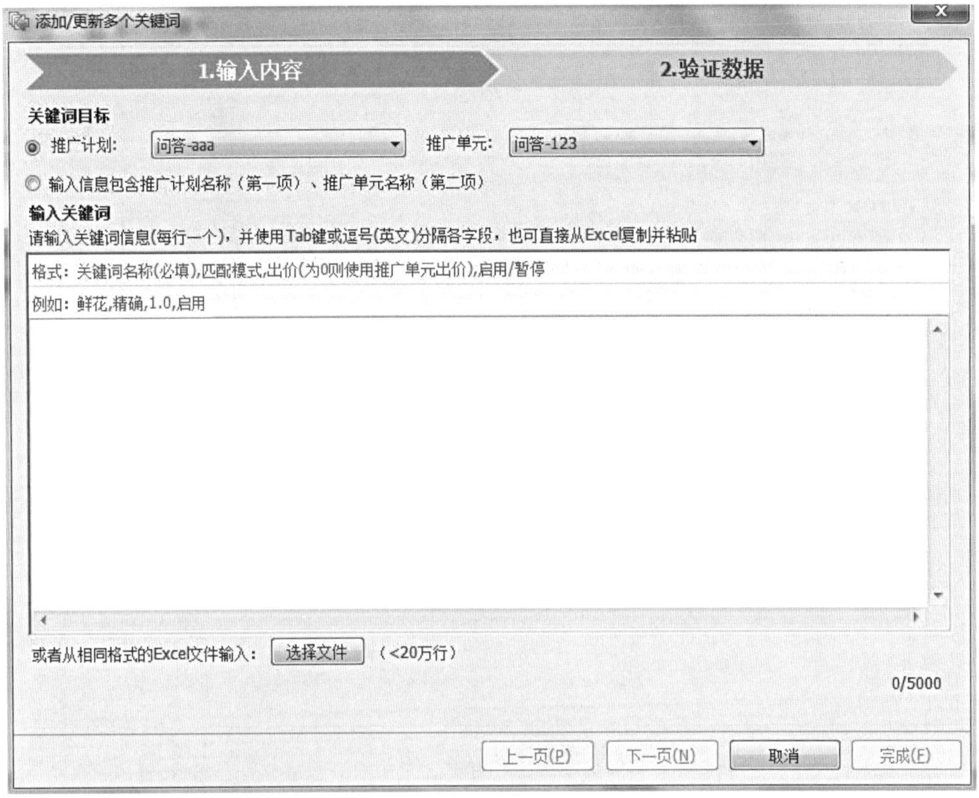

图 4-7　上传问答关键词

6. 撰写问答创意

如果选择在左侧账户树中进行投放单元选择，就可以在创意撰写框中直接输入问题、答案、回答者、访问 URL。

如果选择自己撰写，则需要先写入计划、单元，然后再撰写创意。撰写创意请在创意层级点击“添加”或“批量添加”，如图 4-8 所示。

7. 上传更新

问答营销的投放入口以客户端的形式存在于客户的电脑中，所以在客户端中的所有操作都是在本地进行的。

新增或编辑过的计划、单元、关键词、创意，就保存在本地，如果确认无误，请点击导航栏上方的“上传更新”，将物料提交到服务器，完成修改和投放，并等待审核。

当使用新的电脑，或者要查看审核结果时，都可以点击“下载账户”，将服务器中的数据下载到本地中，完成本地内容的覆盖和更新，如图 4-9 所示。

8. 投放效果查看

在百度推广助手账户界面，可以查看昨天 / 最近 7 天 / 上周 / 本月 / 上月的消费、展现、点击，如图 4-10 所示。

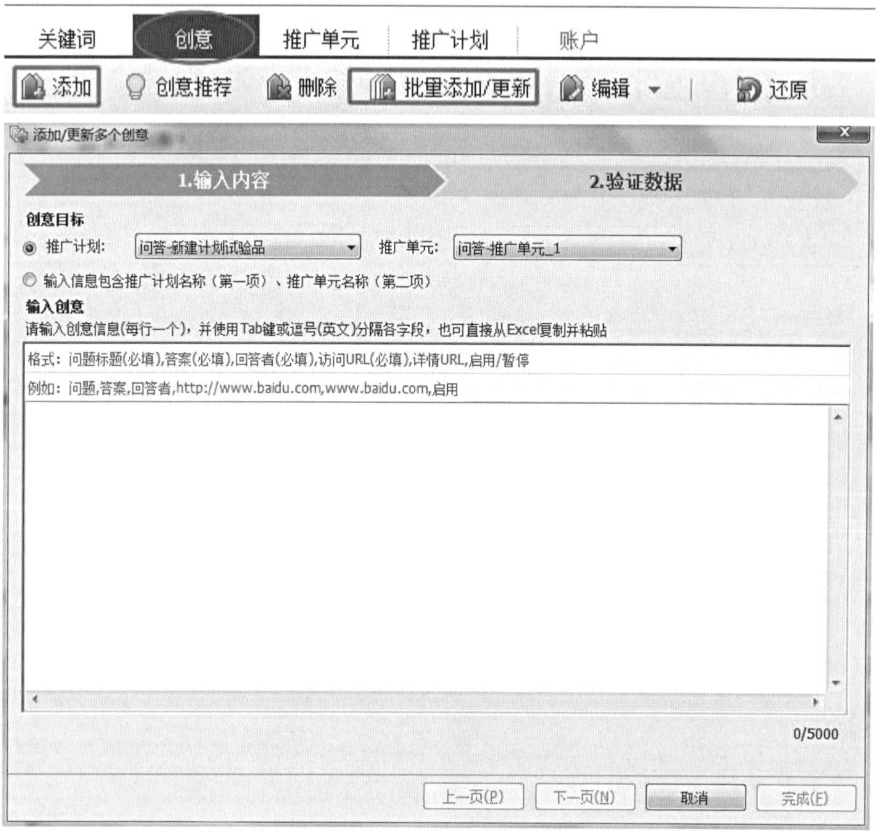

图 4-8 撰写问答创意

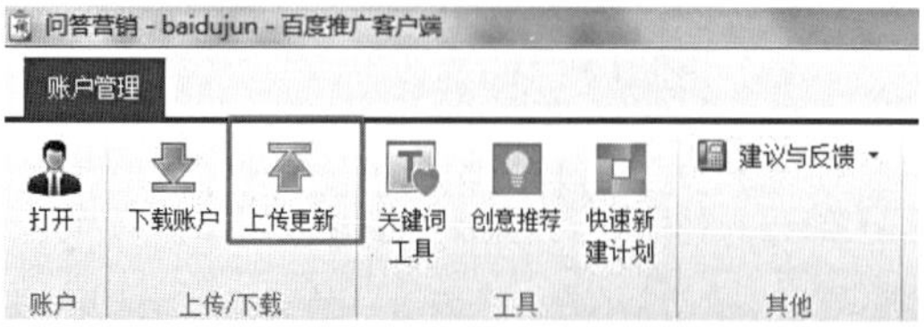

图 4-9 上传更新编辑好的信息

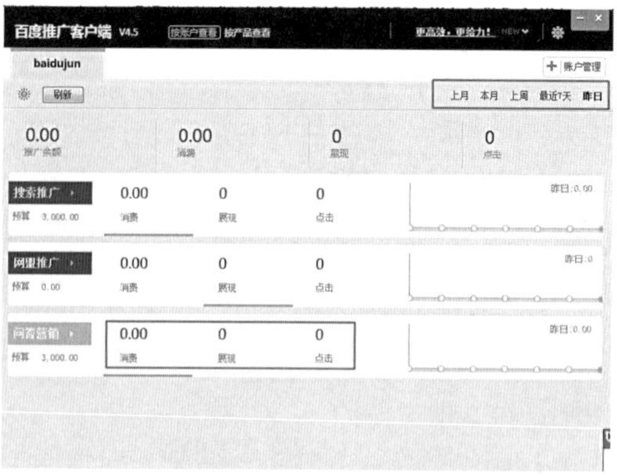

图 4-10 查看投放效果

也可点击百度推广助手 - 问答营销中计划及计划以下层级查看推广报告，如图 4-11 所示。

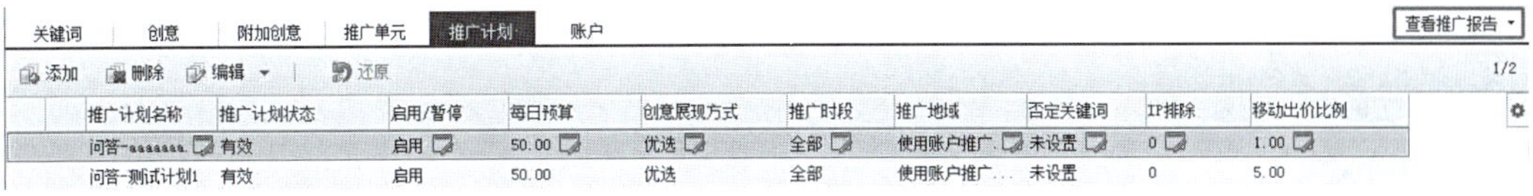

图 4-11　查看推广报告

任务 9　论坛营销

情境设计

网络的普及推动了论坛的迅猛发展，中国互联网的舆论平台已经十分发达，几乎每个门户网站都设有 BBS 论坛，论坛总数已达到 130 万个，位居全球第一。相对于商业媒体而言，论坛可以说是网民心目中的一片“净土”。

论坛营销，就其实质来说，就是品牌基于网络论坛所进行的口碑营销。在网络社区上，网友们的观点成了网民实施购买行为的重要参考依据。但论坛营销绝不只是发布企业产品信息那么简单，一则论坛管理员会删除带有明显广告色彩的帖子，二则网友对广告帖也非常反感。因此，如何不留痕迹地抓住网民的心是论坛营销的关键。

论坛营销强调的是互动，在信息交互中，品牌或者产品得到了传播，形象得到了提升，最终达到了促进市场销售的目的。赵涵是某汽车配件公司营销部的一名营销经理，在多年的工作经历中积累了一定的汽车常识、汽车配件选购经验等，她很想把自己公司开发的汽车配件与众多客户和朋友一起分享，所以拟到各类汽车论坛精准撒网，以求获得一定的传播和好评。

任务分解

教学内容	课时安排	
	中职	高职
活动一　论坛创建	2	2
活动二　论坛营销	2	4

活动一
论坛创建

必备知识

一、初识论坛

1. 论坛的定义

论坛可以简单理解为发帖回帖讨论的平台，是 Internet 上的一种电子信息服务系统。它提供一块公共电子白板，每个用户都可以在上面书写，可发布信息或提出看法。

用户在站点上可以获得各种信息服务、发布信息、进行讨论、聊天等。论坛有的时候也被称作“社区”。

2. 论坛管理人员的权限

论坛一般由站长或者创始人创建，并设立各级管理人员对论坛进行管理，包括论坛管理员、超级版主、版主（俗称“斑竹”）。超级版主是低于站长的第二权限（不过站长本身也是超级版主，超级管理员），一般来说超级版主可以管理所有的论坛板块（普通版主只能管理特定的版块）。

二、论坛参与者的角色

论坛平台有以下四大角色。

1. 论坛平台提供商

简单来说，论坛平台提供商就是指网站主人。

2. 帖子发布者

简单地说就是论坛的主要搭建人，论坛的人气冷热与否与帖子发布者的数量多少基本成正比。

3. 游客

即没有注册账号或者登录论坛的人，只是作为浏览者而存在，通常无法进行互动。当帖子的作者在帖子中设置了权限才能下载或者观看的内容，游客通常无法看到。

4. 论坛平台赞助商

论坛平台赞助商是指为了实现自己的目的向论坛平台提供资金支持的企业或个人。

必备技能

一、选择合适的论坛平台

论坛平台的选择往往都是采用人气为主，主题辅助的方法。人气很容易理解，就是尽量找些访问量高的论坛平台。

企业可选择“艾瑞网网站排名工具”（http://www.iwebchoice.com/）进行排名查询，尽可能选择排名在前的论坛，如图 4-12 所示，百度贴吧综合排名第一，天涯社区排名第二，凯迪网络排名第三。

社区论坛排名数据　数据更新日期：2016年10月15日

日　周　月　三月　　行业 请选择...　请选择...　查询

排名	变化	网站名称	类型	覆盖数UV	变化	浏览量PV	变化	人均PV	变化	Alexa	官网
1	→	百度贴吧	频道	29526.6	0.00%	2046.22	0.00%	4.47	0.00%		
2	→	天涯社区	网站	2400.0	14.70%	100.00	45.43%	2.70	36.07%		
3	→	凯迪网络	网站	1780.0	31.00%	107.00	26.00%	3.90	3.91%		
4	→	铁血网社区	频道	252.8	0.00%	19.73	0.00%	4.90	8.00%		
5	→	19楼互动空间	网站	210.0	0.90%	43.00	210.00%	13.00	200.00%		
6	→	抽屉网	网站	130.0	11.65%	22.00	7.78%	11.00	4.00%		
7	→	西安论坛	网站	80.0	30.00%	5.90	40.00%	5.00	8.00%		
8	→	搜道美女时钟	网站	80.0	33.49%	17.00	17.23%	14.00	20.00%		
9	→	西祠胡同	网站	70.0	39.03%	2.10	17.52%	2.00	40.00%		
10	→	猫扑	网站	70.0	8.00%	2.00	28.20%	1.90	33.69%		
11	→	今题网	网站	60.0	6.00%	9.70	10.00%	11.00	6.00%		
12	→	宽带山	网站	50.0	65.02%	3.10	77.73%	4.00	36.39%		
13	→	ChinaRen社区论坛	频道	48.6	0.00%	1.09	0.00%	1.80	27.00%		
14	→	强国社区	频道	45.1	0.00%	0.93	0.00%	1.30	51.00%		
15	→	中华网门户	频道	33.5	0.00%	2.25	0.00%	14.91	0.00%		
16	→	时空网	网站	30.0	50.00%	6.60	700.00%	13.00	400.00%		
17	→	化龙巷	网站	20.0	19.33%	0.40	89.92%	1.00	87.50%		
18	→	子陵	网站	20.0	2000.00%	0.40	2000.00%	1.00	0.00%		

图 4-12　论坛网络排名

但是这些都只是综合排名，论坛是一个精准性的社区互动互联网产品。如果没有针对性地只关注综合浏览量或者访问量也是不合理的，这就需要对行业进行筛选，以确保在后期进行营销的过程中不被“和谐”，也不会被版主或者论坛管理员封贴或者封号的情况，如图 4-13 所示。

社区论坛排名数据　数据更新日期：2016年10月15日

日　周　月　三月　　行业 请选择...　请选择...　查询

排名	变化	网站名称	类型	覆盖数UV	变化	浏览量PV	变化	人均PV	变化	Alexa	官网
1	→	百度贴吧	频道	29526.6	0.00%	2046.22			0.00%		
2	→	天涯社区	网站	2400.0	14.70%	100.00			36.07%		
3	→	凯迪网络	网站	1780.0	31.00%	107.00			3.91%		
4	→	铁血网社区	频道	252.8	0.00%	19.73			8.00%		
5	→	19楼互动空间	网站	210.0	0.90%	43.00			200.00%		
6	→	抽屉网	网站	130.0	11.65%	22.00	7.78%	11.00	4.00%		
7	→	西安论坛	网站	80.0	30.00%	5.90	40.00%	5.00	8.00%		
8	→	搜道美女时钟	网站	80.0	33.49%	17.00	17.23%	14.00	20.00%		
9	→	西祠胡同	网站	70.0	39.03%	2.10	17.52%	2.00	40.00%		
10	→	猫扑	网站	70.0	8.00%	2.00	28.20%	1.90	33.69%		
11	→	今题网	网站	60.0	6.00%	9.70	10.00%	11.00	6.00%		
12	→	宽带山	网站	50.0	65.02%	3.10	77.73%	4.00	36.39%		
13	→	ChinaRen社区论坛	频道	48.6	0.00%	1.09	0.00%	1.80	27.00%		

图 4-13　论坛行业选择

二、创建自己的论坛账号

假设我们是做汽车行业配件的，我们找到汽车之家旗下的汽车之家论坛，本活动告诉大家如何创建和维护自己的论坛账号。

（1）选定论坛。首先打开百度：输入汽车之家论坛，进入官网，如图 4-14 所示。

图 4-14 汽车论坛

（2）注册并创建账号。点击右上方注册按钮，注册完成后点击旁边的登录，如图 4-15 所示。

图 4-15 注册汽车之家论坛

（3）输入网站提示的各种信息，直到提示注册成功，如图 4-16 所示。

（4）完善资料，特别是头像，签名等设置，如图 4-17 所示。

（5）可以在不同的板块发布相关的帖子，如图 4-18 所示。

图 4-16　登录汽车之家论坛

图 4-17　个人资料编辑

图 4-18　发帖子

活动二

论坛营销

必备知识

一、论坛营销的优势

1. 提高营销效果，推广成本较低

可以选择比较有优势的公司建立自己的网站，建立后应有专人进行维护，并注意宣传，这一点上节省了原来传统市场营销的很多广告费用，而且搜索引擎的大量使用会增强搜索率，一定程度上对于企业者来说比广告效果要好。

2. 营销费用低，利润提高

论坛营销方法必须明确自己的产品或者服务项目，明确哪些是网络消费者选择的产品，定为目标群体，因为产品网络销售的费用远低于其他销售渠道的销售费用，因此企业如果产品选择得当可以通过论坛营销获得更大的利润。

3. 口碑效应，提升品牌知名度，引导消费者体验企业的产品

由于论坛的有口皆碑的特殊性，某款产品或者服务很容易引起消费者或者潜在消费者的共鸣。如果产品或者服务不佳，就会引起较大负面影响，反之，则会得到大家的一致好评，形成较强的品牌效应和提高转化率的目的。

二、论坛营销的主要类型

（1）利用论坛的超高人气，可以为企业提供有效的营销传播服务。而由于论坛话题的开放性，几乎企业所有论坛营销在现阶段的展现形式的营销诉求都可以通过论坛传播得到有效实现。

（2）专业的论坛帖子策划、撰写、发放、监测、汇报流程，在论坛空间提供高效传播，包括各种置顶帖、普通帖、连环帖、论战帖、多图帖、视频帖等。

（3）论坛活动具有强大的聚众能力，利用论坛作为平台举办各类踩楼、灌水、贴图、视频等活动，调动网友与品牌之间的互动。

（4）事件炒作通过炮制网民感兴趣的活动，将客户的品牌、产品、活动内容植入传播内容，并展开持续的传播效应，引发新闻事件，导致传播的连锁反应。

（5）运用搜索引擎内容编辑技术，不仅使内容能在论坛上有好的表现，在主流搜索引擎上也能够快速寻找到发布的帖子。

（6）适用于商业企业的论坛营销分析，对长期网络投资项目组合应用，精确地预估未来企业投资回报率以及资本价值。

三、论坛营销要注意的问题

（1）首先要有在富有针对性的各大知名专业性网站的注册账号，即马甲账号。根据企业不同产品注册相关论坛账号，更加利于产品的推广营销。

（2）马甲账号每个论坛不低于 2 个，不同产品需求的马甲数量不定。

（3）在各论坛有专门的人员管理账号、发帖，顶帖等。经常发帖、回帖是为了融入论坛核心，只有积累更多的威望，在进行论坛营销时，才会有很多资源辅助开展。

（4）策划的标题要新颖，有一定的创意性才会吸引论坛浏览者。主题比较重要，也是开展论坛营销的关键；策划主题如果比较好，不需费力即可达到预期的效果。最好是我们所谓的“软营销”，而并非直接发广告，如图 4-19 所示。

图 4-19　论坛营销标题设置

（5）策划的题目要有一定的吸引力，即标题要有一定的号召性、吸引读者。标题要有一定的含义或略微夸大，让读者产生疑惑而进一步想得到答案。

图 4-20　主动回复帖子

（6）要积极参加回复，这点很重要，因为论坛的机制是顶帖机制，也就是回复越多排名越靠前，越容易被目标客户发现，也可以用自己的马甲回复。网友的参与是论坛营销的关键环节，如果策划成功，网友的参与度会大大提升。但是要注意不要自己一直重复刷帖，对排名是没有帮助的，如图 4-20 所示。

（7）正确地引导网友回帖，不要让事件朝相反方向发展。具体情况具体分析，有时在论坛产生争论也未必是件坏事。

（8）要监控论坛带来的效果，同时注意改进。这点相当于一个细致的数据分析和用户群体分析。通过一次营销，会总结出很多问题，下次策划时可以借鉴；不同领域用户群体习惯不同，方式方法并不通用。

（9）要及时和论坛管理员沟通交流，熟悉论坛的管理员和版主有助于论坛营销的开展。经常发帖、回帖会与这个圈子近距离接触，论坛营销会开展得更顺利。

四、学习论坛营销经典案例

“贾君鹏”引爆论坛营销

“贾君鹏”事件原貌：百度贴吧－“魔兽世界”吧出现一新帖楼，标题是“贾君鹏你妈妈喊你回家吃饭”，内容只有“RT”二字，如图 4-21 所示。

图 4-21 贾君鹏原帖

四个半小时后（下午三点半），楼盖到 5000。再经过一小时又一刻钟，达到 10000 楼。这时盖楼的速度是 266 楼每分钟。其后速度持续狂飙，从每小时 2500 楼到半夜的每小时 12000 楼。七月十六日这天结束时，楼高已逼近六万。不到一天的时间，事件已经引发各大网站的报道，吸引了海量的网友目光。于是，除了“贾君鹏”的妈妈，他的同学、朋友、邻居、老爷、姑妈、二姨妈……一夜间通通现身，如图 4-22 所示。

在互联网最喧嚣的子夜，盖楼当然不会停止，七月十七日深夜两点，楼高突破 80000，睡了一觉要上班的人，起床看到已经是 100000。这一天工程还是以每小时超过 10000 楼的速度在进行，到这天结束楼高 300000。之后因为系统的限制，电脑的跟帖被禁止，来自手机的跟帖让速度慢了下来。但这股热潮却延烧到百度贴吧之外，引发了各式各样的评论、恶搞图片、歌曲、视频……，如图 4-23 所示。

“贾君鹏”事件目的是希望制造事件：激活贴吧上因为魔兽世界游戏服务器停机而无

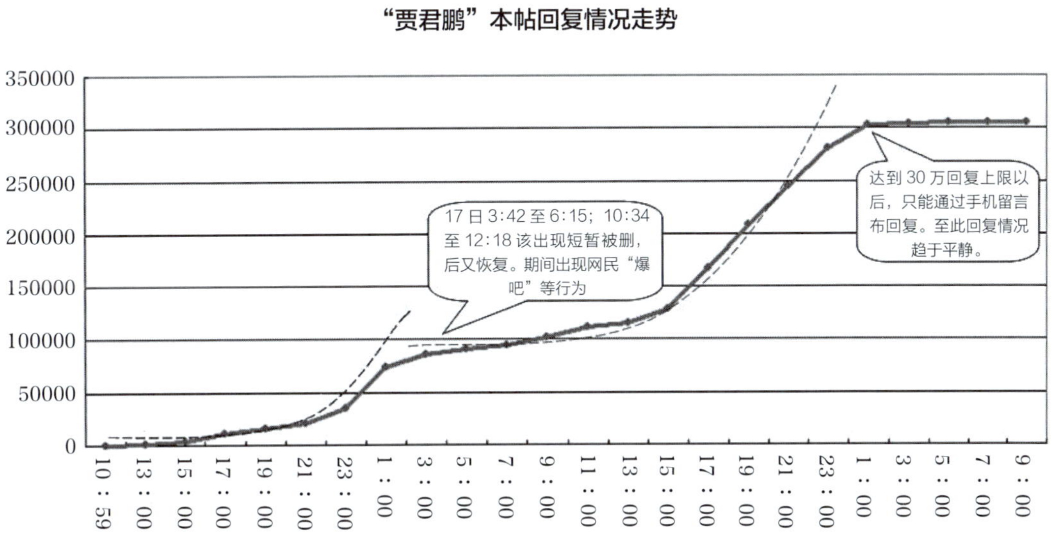

图 4-22 回帖情况

图 4-23 搜索表现

游戏可玩的人们，也吸引了一般大众的目光。“贾君鹏”事件完全可以作为一个经典的社区营销案例，它所释放的影响力，让企业见证了网民强大的舆论力量，也给企业一个新的营销平台和窗口。

必备技能

一、制定论坛推广计划

常规的论坛推广计划大致包含以下内容：

更新节奏：每日更新。

创作数量：每日一到两篇帖子。

发表形式：多以文章为主，辅以视频和音频。

推广方式：在精准的行业性、热门的论坛等。

针对不同的产品和不同的营销目的，上述的论坛推广计划会略有不同，营销者应该根据实际情况制定适合自己的计划。

二、开展常见的论坛推广技巧

想在一个论坛人气旺盛，除了需要精心设计发帖内容以外，还需要进行有效推广，让更多的人可以看到帖子，增加回帖的概率，使得在排名上有优秀表现。

1. 和论坛坛主，版主做朋友

论坛编辑不仅要管理论坛中的每个板块，负责对帖子内容进行严格的审查，同时还要根据论坛投资方要求，定期维护论坛版块内的各类广告，帮助创造收益。论坛编辑会在论坛相关板块置顶位置发布论坛相关公告或者相关活动，我们可以利用加好友或者私信的方式与论坛编辑建立联系并成为好友。营销者也可以通过成员找论坛编辑，在论坛网站中通过浏览官方信息寻找官方论坛编辑，添加为好友，或是写留言给对方，与对方取得联系。

2. 借助他人的帖子宣传自己

一般情况下，能够在论坛平台相关板块的首页显示的帖子通常都是被顶贴较多的帖子或者是新发布的帖子，这些帖子的浏览量都很高。因此，大家可以用这一特性勤发帖，勤回帖。

在论坛平台选择板块类别，单击大家比较关注的板块，在进入的页面中阅读板块版规以及内容，然后在热门帖底部发表评论。由于论坛编辑与版主有权利删除他人撰写的评论，所以不要在评论中直接打广告或发一些与原文无关的内容。可以结合原文表述自己的感受，或者将话题引向自己的帖子或者帖子链接。因为一般情况有些论坛是不允许发站外链接的，但是可以发站内帖子的链接，并且可直达帖子位置。

也可以给人解答，这样可以增加经验值或者得到积分，给人解答有时需要花费我们很多时间，可以根据自己的体会，用另一种省力的方法来进行解答，先在论坛的咨询区中找出一些自己比较熟悉的问题作为解答对象，然后把自己曾经写过的一些文章复制过来作为你的答案，如果你复制的是论坛之内的文章，可以增加你文章的被关注度，如果站外的话也可以为自己的站点引来一些流量。

3. 增加论坛互动性

与网友的交流互动可以提升论坛帖子的访问量，所以要想提高帖子的访问量就可以通过增加论坛的互动性来实现。

（1）开放“好友”与“访客”组件。这一点一般是在论坛设置中，相关添加好友的权限方面，最好都打开这样的设置。

（2）认真回复消息。添加好友后除了要积极地访问好友的帖子外，还应认真及时地回复他人的评论和留言。如，每次登录论坛后，首先应该点击“消息”按钮，然后在其下拉菜单中看看新的评论、留言等信息。

（3）关注新动态。若你在论坛中结识了一定数量的好友，当有新的好友动态后，可查看某一范围中的用户动态，若对博文感兴趣，可以进行“评论”或“顶”。

4. 利用论坛自身技术分析论坛帖子

（1）借助论坛的分析功能。用户在登录自己的论坛后，可以在自己的主页看到帖子的回复和阅读量，这是给我们提供的一个建设性的帮助，可以帮助我们对于帖子的受喜爱或者受关注的程度有个大致的了解。

（2）将帖子的 URL 提交给搜索引擎。通常搜索引擎可以为论坛提供一定的访问量，因此将博文提交给搜索引擎也是提高论坛流量的关键。以百度搜索引擎为例，在 IE 浏览器的地址栏中输入百度网站，登录网址 https://zhanzhang.baidu.com/linksubmit/url，单击“转至”按钮。填写链接地址，并提交，将自己的帖子交到百度搜索引擎中。这样一来当有人在搜索引擎上搜索相关关键词的时候就有机会在这一类网友中展现你的帖子，而你的帖子也将获得更多的访问量。

5. 筛选人气论坛

人们的普遍心理是喜欢凑热闹，越是人多越想去挤。论坛的人气是决定你的帖子能不能火起来的，增加帖子曝光度的首要因素。无论你的文章写得多精彩，如果放在一个冷清的论坛上，就算给你放在最显眼的位置也没有人去看的。那么如何来筛选人气论坛，我们可以通过朋友或网上一些渠道侧面了解哪些论坛比较好，或者可以通过网址导航如 hao123 进行了解，也可以去知名的行业网站去看。不同的文章主题选择的论坛是不一样的，如你是卖衣服的把你的文章发到 A5 论坛，这就没有人看，而阿里巴巴商人社区则更适合你。

目标论坛不一定越多越好，要量力而行，视自身的人力、物力而定。否则太多的论坛，反而应付不过来。最关键的是用户群要精准，行业相关性的论坛，外链的质量会相对更高一些。

6. 注册论坛账号

现在的大多数论坛功能上大同小异，基本上也都整合了 QQ 的一键登录功能。所以我们在注册时可以以 QQ 进行快速登录并进行绑定。多注册一些账号既可以“养号”和赚积分，又可以对自己的文章进行互相点评，加分。

7. 论坛个性签名

介绍几种有营销性质的论坛个性签名方式：

第一个是文本签名档。这个签名档不允许网址，仅允许文字。如：张三汽车配件。

第二个是图片签名档。如果你是做企业宣传的，图片有时比文字更吸引人，让人印象更深刻。

第三个是链接签名档。这个地方是可以加链接的，效果也最好。如：上海通用汽车张三。

链接签名档一般都是在账号签名档处设置，但不是每个论坛都允许签名档处添加链接，因为这样容易导致外链出站过多，降低论坛单个页面的权重，并且有一定的广告嫌疑。所以如果在链接签名档处，论坛系统并未提示不可以添加链接，则可以正常添加链接。一般添加论坛锚文本式样的签名档时并不是直接写上文字或者链接，而是按照一定的代码格式填写。

个性签名要吸引人的眼球，用一些时下比较流行的词汇，但不要用敏感词汇，这样才会有人点击，进入你的网站，达到推广的目的。个性签名根据每一个论坛的级别不同是有功能限制的，有的论坛的等级和积分不够是暂时无法设置的。

8. 论坛新人报到

新注册的账号先到新人区发一个帖子报到一下，不同论坛对新人的发帖是有限制的，有的一天内限发一篇，有的半个小时内不能发帖，有的积分不够需要赚取积分才能发帖，具体看该论坛操作提示。

9. 帖子软文书写

软文的写作一定要兼顾搜索引擎和用户体验两个方面。我们不能为了发帖而发帖，信手转载，直接复制别人的文章，或者随手写几个可读性很差的文章，这是一种很消极的态度。

（1）文章题材。

①系列性专题类的文章，如奥运系列专题。

②归纳总结分享类的文章，如《汽车内饰健康的 5 条参考指标》。

③悬念设疑类的文章，如《轮胎到底选择什么花纹的比较科学》。

④内幕揭秘类的文章，如《揭露网上流行的汽车保养黑幕》。

⑤故事索引类的文章，如《年入 100 万元背后的故事》。

⑥专业权威类的文章，如《2017 新能源汽车报告》。

⑦情感为媒类的文章，如《一个酒驾司机的忏悔书》。

⑧日常生活类的文章，如《今天自驾去西藏啦》。

（2）文章标题。文章标题是决定你的帖子是否吸引别人眼球的关键，决定文章成败所在，所以我们要在标题上做足功夫，否则就算你的文章写得再好，也会石沉海底，无人问津。

① 标题要紧扣文章内容，准确反映文章的主要内容，标题用词应当尊重客观，避免在标题中出现主观色彩浓厚或夸张的字眼，如“惊现”“惊爆”等。

② 抓住浏览者的心理，他们最感兴趣的话题，最想了解的事物，最想获取的知识等，我们应当将文章中的兴奋点提炼出来（兴奋点：即重要的新闻人物，离奇的新闻事件，重大或者是新奇的事件本身等），靠兴奋点来吸引浏览者。

③ 注意标题中所含的数字和字母最好使用半角字符，标题中尽可能不使用英文。

④ 新闻标题中尽可能地省略标点符号，以保持页面的清新，避免给人主观感情色彩，防止产生歧义；除表达反讽的含义外，尽可能不使用引号；电影、书籍可用书名号。

⑤ 不做标题党，切忌文不对头，挂羊头卖狗肉，讲一些风马牛不相及的话题，标题内容避免空洞，言之无物。标题中尽量避免出现重复字眼。

⑥ 尽量使用单句式标题，主谓宾结构必须完整，避免出现双谓语，必须有动态词汇，主要为“主体 + 行为 + 客体”；标题中尽可能避免“的”字结构、“是”字结构、“和”字结构等静态句式出现；控制双句式标题、倒装句标题和被动语态标题的数量。

⑦ 标题中不得出现论坛内的敏感词汇，否则你的文章会被屏蔽或不能通过系统的审核。

⑧ 标题中避免使用过于专业或生僻的词语，或引用一些常人不熟知的人名、地名等。

⑨ 掌握标题的字数，做到精简，不能为凑字数而加长标题。尽量控制在 29 个字符以内。因为你的帖子如果被百度收录，最多可以显示 29 个文字，超过 29 个后面就会以 “…” 来显示，所以我们的信息最好控制在 20 ~ 29 个字。

（3）文章内容。文章内容是整个帖子的灵魂所在，我们所要表达的中心思想是什么，我们所要呈现给读者的又是什么？在内容的书写上我们一定要从自己所熟悉的方面入手。

① 列出大纲。书写文章之前，我们先列一个大纲，写出文章内容要点，然后逐一展开思路进行叙述和议论。

② 组织材料。可以通过网上去收集一些同类题材的比较好的文章，参考别人写作的思路，学习别人的优点，然后结合自身的体验，在模仿的基础上加以创新，编写出一篇具有自己风格的文章。

③ 关键词的合理布局。很多人写文章时，随着灵感的奔放，进入创作的自然流露状态，只注重浑然天成，一气呵成，往往忽略了关键词的密度分布，这并非说文章写得不好，但是我们在细节方面也要考虑一下，如果文章的密度太低了，就算文章被搜索引擎收录了，也可能被排在别人的后面，除非你的文章具有唯一性。

④ 图文并茂。在几千字的文章中如果穿插一两篇与内容相关的图片，在整体结构合理和美观度上加以修饰既可增加文章的欣赏性，又不让读者感觉疲劳。

⑤ 段落清晰。文章能够划分成不同的章节，而每一个章节都各有重点，这时候把不同章节分成不同页面就更有利。因为每一个章节都有它的主题相关性。每一个段落都能清晰地告诉浏览者文章要表达的具体意思。

⑥ 相关链接。做好相关链接有利于提高我们文章的被关注度。

⑦ 广告植入。如果你的文章中是为企业宣传专用的广告帖，一定要写得有技术含量，先满足大众再满足自己，无痕巧妙地植入广告才是最高明的手法。

⑧ 注明出处。如果是他人的文章，我们引用时给予注明，算是给原创者劳动成果的一种尊重。还有留下链接有利于我们网站的流传和增加曝光度，又能获得一个高质量的外链。

10. 论坛推广步骤六：掌握发帖时间

一篇帖子能否被关注和发帖的时间也有很大的关系，如果你的文章选择在午夜过后或者节假日来发表，这就大大地削弱了软文推广的效果。因为该时段论坛的在线人数大量减少，自然你的文章就不会被关注。根据体验和观察，提供一些参考：

发帖最佳的时间段：周一至周五 早上：8:30–11:30 下午：14:00–17:00 晚上 19:00–22:30。

11. 申请原创加精

如果你认为自己的文章可读性很高，观点独特，不妨“毛遂自荐”，找版主申请加精，标红点亮等，如果文章能得到版主青睐，说不定给你首页推荐。

12. 拓展人脉关系

在论坛营销之中如果有很多好友在同时关注你，那么你的帖子想不火都不行。我们可以通过论坛站内添加一些好友，或者加入俱乐部等。在平时和一些人交流，混个脸熟。

13. 申请奖章晋级

我们可以根据自己的积分签约申请如美女帅哥徽章，原创先锋，论坛达人，等等。如果你有能力的话也可以申请版主，虽然各类虚拟的头衔在现实之中并不值钱，并不代表你的真正水平，但有些头衔、徽章在论坛之中无形之间给人一种错觉，新手和专家的区别。如果你的积分等级很高，各类奖章一大堆，在一些新手题中就会觉得你是一位“高手”，无形之间会对你产生一种敬重之情。

14. 每日签到汇报

打开论坛的第一件事就是顺手在每日签到处签到一下，可以赚一些积分，积少成多，是一个不错的“养号”方法。

15. 论坛推广注意事项

（1）如果要在同一篇文章进行回答，注意马甲变换，避免使用同一个 IP 进行发帖回帖，以免被封号。

（2）不要用一些论坛群发软件或手动发广告。论坛的管理员和版主当然也不会允许这种广告痕迹的帖的存在，见帖就删是大家一律采取的手段。严重的话甚至会导致禁言、封 ID 和搜索引擎作弊等后果。

（3）注意文明形象，不要对他人进行人身攻击，这是一种不道德的行为。

（4）禁忌发表反党反人民的言论；挑动是非引起暴乱；禁忌非法推广的宣传，如色情，暴力，博彩等。

活动评价

表 4-1 活动评价表

学习目标	评价项目
了解各种论坛平台	熟悉 2 个或 2 个以上的平台
注册论坛	注册论坛，对论坛进行定位
完善论坛的个人资料	能通过个人资料嵌入营销信息，吸引用户
熟练掌握论坛版块的设置	巧妙运用论坛版块功能进行营销
运用论坛营销工具	至少添加 10 个论坛好友
营销效果评价	浏览数、好友数和评论数 100 以上

任务 10 微博客营销

情境设计

随着博客的广泛应用及普及，使得博客成为继平面媒体、门户网站外影响力惊人的新媒体，这一现象引起了社会各界的广泛关注，而博客带来的巨大的眼球效应也使得越来越多的企业青睐利用博客来进行网络营销。王丽丽带领营销团队销售丑橘取得成功后，又辗转加入电器行业。通过一段时间的工作，积累了一定的电器常识、电器选购经验以及技巧等，她很想把自己积累的经验与众多客户和朋友一起分享，所以拟建立一个自己的博客和微博，同时为公司注册一个企业博客和企业微博。

任务分解

教学内容	课时安排	
	中职	高职
活动一　博客创建	2	2
活动二　博客营销	2	4
活动三　微博创建（个人和企业）	2	2
活动四　微博营销	2	4

活动一
博客创建

必备知识

一、初识博客

2002 年，博客的概念被引入中国并得到快速发展；2005 年，博客得到规模性增长；中国互联网络信息中心发布《第 36 次中国互联网络发展状况统计报告》。报告显示，截止到 2015 年 6 月底，我国微博用户规模 2.04 亿，网民使用率 30.6%。其中手机端微博用户数为 1.62 亿，占总体的 79.4%，比 2014 年年底上升了 10.7%。

1. 博客的定义

博客，又译为网络日志、部落格或部落阁等，是一种通常由个人管理、不定期张贴新的文章的网站。博客上的文章通常根据张贴时间，以倒序方式由新到旧排列。许多博客专注在特定的课题上提供评论或新闻，其他则被作为比较个人的日记。博客最初的名称是 Weblog，由 Web 和 Log 两个单词组成，按字面的意义就是网络日志。

2. 博客的要素

博客的定义中包含以下三大要素：

（1）网页主体内容由不断更新的、个人性的众多“帖子”组成。

（2）它们按时间顺序排列，而且是倒序方式，也就是最新的放在最上面，最旧的在最下面。

（3）内容可以是各种主题、各种外观布局和各种写作风格，但是文章内容以“超链接”作为重要的表达方式。

二、博客参与者的角色

博客平台是一个网络媒体平台，具有以下四大角色。

1. 博客平台提供商（BSP）

简单来说，博客平台提供商就是指网站主人，是终极仲裁官。例如新浪博客平台，最终的解释权和是否保留或推荐的权利都在新浪博客的平台下管理。

2. 博文（图）上传者（blogger）

博文上传者是操作博文（Post）这个行为的人，据资料显示：现在接近 80% 的上传者并非是所上传博文的版权拥有人，仅转载者而已。这涉及上传者与版权人的法律责任问题，因此，博客平台提供商有时可能会成为被告或者受指责。

3. 对博文（图）或博客版主进行评论的人

这类人可能也是“上传者”之一，也可能是浏览过客，或者是网站管理者，甚至是匿名者。

4. 博客平台赞助商（Sponsor）

博客平台赞助商是指为了实现自己的目的向博客平台提供资金支持的企业或个人。

三、博客的种类

根据功能、观众、使用者、存在方式的不同，博客大致可以分为以下几种类型。

1. 按博客的功能

（1）基本博客。基本博客是形式最简单的博客，博主可以对相关话题提供资源、发表评论，这些话题广泛，不受限制。

（2）微型博客。微型博客又称“微博”，是一种通过关注机制分享简短即时信息的广播式社交网络平台，字数通常在 140 字以内，以内容简短而著称。

2. 按博客存在的方式

（1）托管博客。这类博客是在博客平台免费注册申请所得的博客，这样免去了注册域名、编制网页等烦琐的过程，是最快捷的方式。

（2）自建独立网站的博客。为了具有更大限度的管理权限和独特的个人风格，可以通过熟练的网页制作知识自建独立网站的博客。

（3）附属博客。将自己的博客作为某个网站的一部分（如一个栏目、一个频道或者一个地址），这样就可以一人兼得多种博客网站。

3. 按博客的使用者

（1）个人博客。亲朋之间的博客：这种类型博客的成员主要是亲属或朋友，他们选择这种更方便的方式联系。

协作式的博客：通常被定义为允许任何人参与、发表言论、讨论问题的博客日志。

公共社区博客：一种公共出版的博客，由于没有持久有效的商业模式，很快被淘汰了。

（2）企业博客。商业、企业、广告型的博客：以公关和营销传播为核心的博客，包括 CEO 博客、企业博客、产品博客、“领袖”博客等。

CEO 博客：公司领导人的博客。

企业高管博客：即以企业的身份而非企业高管或者 CEO 个人名义进行写作的博客，包括服务业、非营利性组织、大学等。

企业产品博客：即专门为了某个品牌的产品进行公关宣传或者以为客户服务为目的所推出的“博客”。

“领袖”博客：在博客群体中，起着意见领袖作用的博客。

知识库博客（K-LOG）：是提供给新闻机构、教育单位、商业企业和个人的一种重要的内部管理工具。企业可以有效地控制和管理知识库博客中的信息资料。

4. 按博客的点击率

（1）名人博客。名人博客是指在文化界、娱乐界、体育界、IT 业、商界等领域的名流的博客，例如大家所熟知的文化界的韩寒、娱乐界的姚晨、体育界的桑兰、IT 业的李开复、商界的牛根生等人的博客都属于名人博客。

（2）一般博客。一般博客是指普通大众的博客，与名人博客相比，一般博客的知名度和博客文章受欢迎的程度都很低。

（3）热门博客。热门博客是指知名度比较高，博客文章比较受大众欢迎的博客。

5. 按博客的存在目的

（1）商业博客。这类博客涵盖了多种博客类型，泛指一些在博客上发布广告来达到盈利目的的博客，例如企业博客、产品博客等。

（2）非商业博客。非商业博客是指不以营利为目的的博客。

四、常见的博客平台

在当今国内网络中，有很多大型的博客平台可以供用户免费申请博客，而且这些平台拥有非常庞大的用户群。目前国内比较出名的第三方博客推广平台主要有新浪、网易、搜狐、腾讯、天涯、和讯和企博等。部分博客如图 4-24，图 4-25，图 4-26 所示。

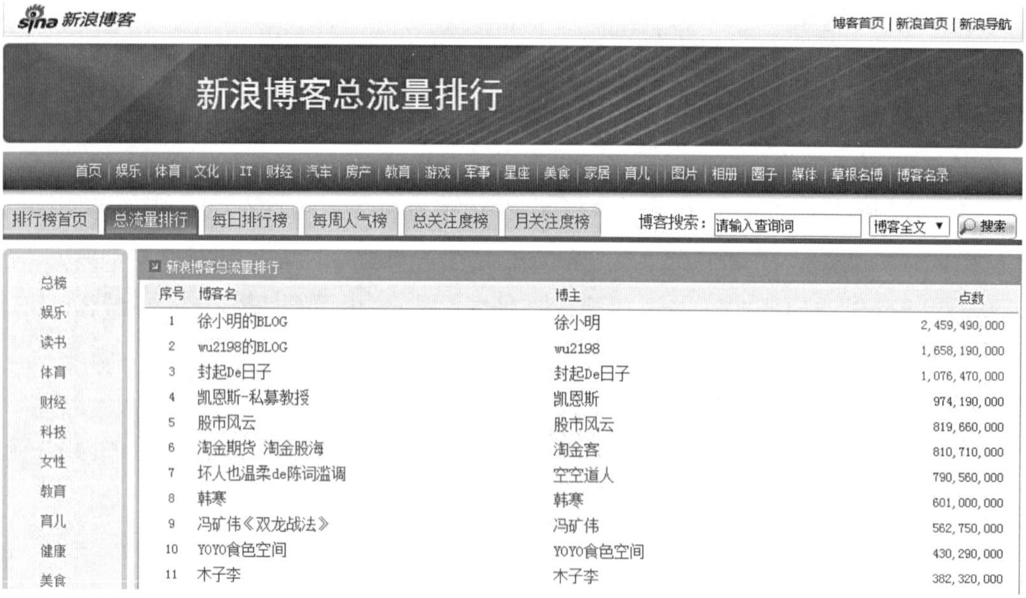

图 4-24 新浪博客

图 4-25　网易博客

图 4-26　搜狐博客

必备技能

一、选择合适的博客平台

博客平台的选择往往都是采用人气为主，主题辅助的方法。人气很容易理解，就是尽量找些访问量高的博客平台。

企业可选择“站长之家”等工具进行查询排名，尽可能选择排名在前的博客，如图 4–27 所示。新浪博客综合排名第一，网易博客排名第二，博客园排名第三。

图 4–27 “站长之家”博客网站综合排行表

也可以利用 Alexa 等工具进行查询具体的访问数，如查询网易博客的访问比例和访问量就可以获得网易博客系统大概的日均访问 IP。通过图 4–28 可以看出，网易博客的访问量占整个网易访问量的 0.88%，网易每天的独立 IP 访问量约为 600 万，则得出网易博客的访问量如下：

6000000 × 0.88%=52800

由此可以大概估算出网易博客平台的日独立 IP 访问数是 5.28 万，如图 4–28 所示。

子站点被访问比例/人均页面浏览量

被访问网址 [76 个]	近月网站访问比例	近月页面访问比例	人均页面浏览量
news.163.com	24.83%	20.90%	4.34
mail.163.com	24.18%	12.51%	2.67
reg.163.com	18.30%	9.48%	2.67
sports.163.com	11.65%	8.11%	3.59
email.163.com	4.05%	0.90%	1.14
war.163.com	1.49%	0.89%	3.1
blog.163.com	3.56%	0.88%	1.27

网站预估流量 根据Alexa排名统计数据估算网站 IP & PV 值，以下数据仅供参考之用、根据网站用户类型和比例不同会产生不同误差率【需要修正数据，请联系我们】。

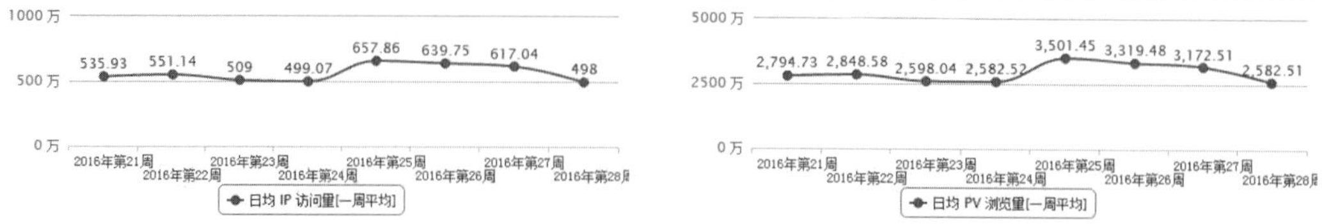

图 4–28 网易博客访问量

企业可根据自身实际情况选择关注更多的网站。因此综合而言，最终选定新浪作为博客平台。

二、创建自己的博客

通过博客这一“零门槛”的交流方式，很多人结交了新朋友，有些企业通过它给产品作推广，有些企业则把自己的博客作为与客户交流的平台。那么，到底怎样才能拥有博客呢？本书将为大家介绍怎样创建自己的博客。

图 4-29　注册博客

（1）选定新浪博客平台之后，就是注册并创建博客。打开新浪博客首页（http://blog.sina.cn），注册新浪通行证，可选择手机注册或邮箱注册，如图 4-29 所示。

（2）登录后，选择右上角头像，选择“登录我的博客”，显示“博客未开通（图 4-30）”。

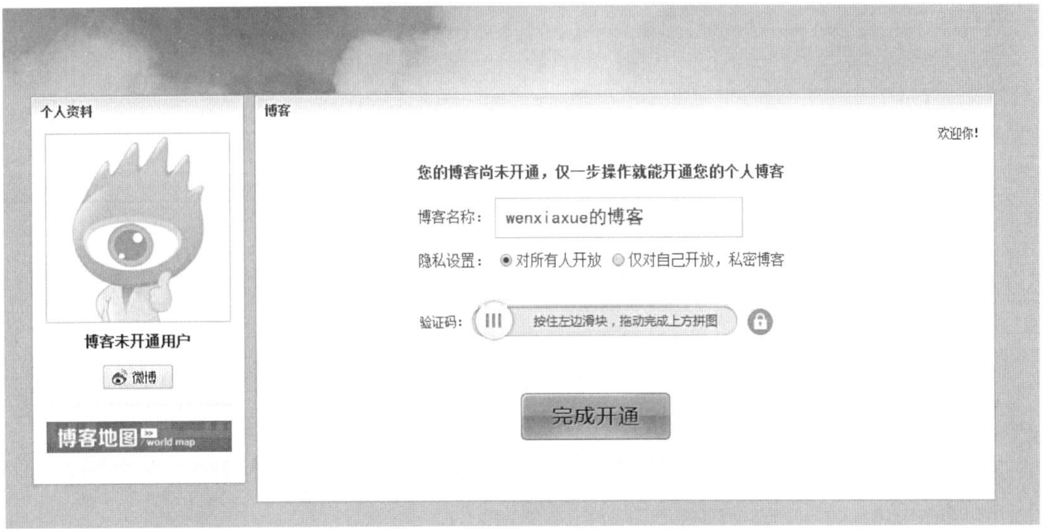

图 4-30　开通博客

（3）为自己的博客设置一个有利于营销的名称，完善博客个人资料，并且在选择博客免费域名的时候也要尽量选择容易记忆的、与公司或产品有关联的域名。学习博客的各个功能，对博客主页板块进行设置，并对页面进行优化。在所选的博客平台上寻找相应的功能介绍，学习博客的设置方法，如浏览新浪博客功能介绍页面。点击“页面设置”，按照企业实际需求选择适合的模板和风格，如图 4-31 所示。

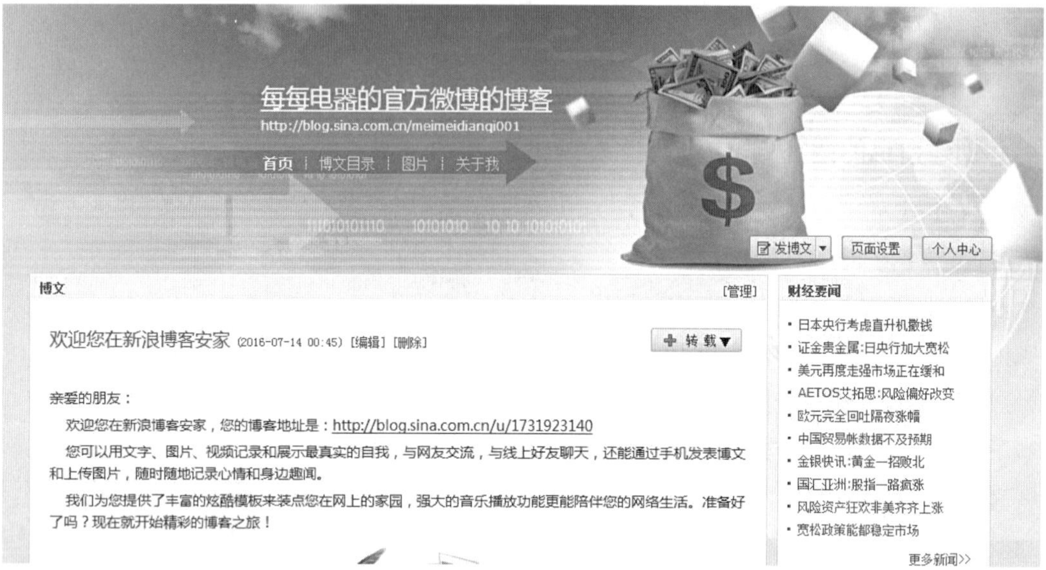

图 4–31 博客首页

活动二 博客营销

必备知识

博客营销从博客出现开始就一直在盛行。在很多情况下，不管是网络营销者，还是企业，在针对自己的产品进行推广和营销策略规划的时候，博客营销都是很不错的方法。

一、初识博客营销

博客营销就是利用博客这种网络应用形式开展网络营销。博客的内容通常是公开的，可以发表自己的网络日记，也可以阅读别人的网络日记，因此可以理解为一种个人思想、观点、知识等在互联网上的共享。开展博客营销就是对某个领域知识的掌握、学习和有效利用，通过对知识的传播达到营销信息传递的目的。

博客营销的目的有：

（1）以营销自己为目的。这类博客，博主的目的是通过博客的写作，给自己带来人气、名气，最终能为自己带来名利。当然，这类博主刚开始写博客的时候并没有目的性，只是随着时间的推移，发现博客有营销自己的功能，也就有心为之了。

（2）以营销公司文化、品牌，建立沟通平台，更好地为公司销售服务为目的。这类博主基本上是公司的老板或者高层管理人员，主要看好博客这种营销手段。这类博客营销要做好，最关键的不是博客文章，而是整体的管理策划和引导。

（3）以营销产品为目的。这类博客目的很简单，就是通过博客文章的写作，达到销售产品和拿到订单的目的。由于这类博主的目的简单明了，博客文章的写作对他们是非常实用的。

二、博客营销的法则

博客营销的最终目的就是为了提升品牌形象、增加产品曝光度，从而完成产品的销售。要想实现这一目的需遵循下列法则。

1. 真实诚信，遵循写作基本法则

企业进行博客营销的主要目的是吸引经销商、代理商或客户的目光和引起共鸣。如果博客内容过于虚假、浮夸，反而会引起客户的反感，所以博客的内容应该真实可信。写作也不要过分拘泥于传统形式，只需遵循拼写和语法这些基本写作法则，让读者轻松阅读即可。

2. 内容简明扼要，做好编辑

虽然博客写作不受文章篇幅的限制，但也不要有冗繁杂乱的内容。因为读者不会浪费太多的时间来阅读你的文章，所以直接说出你的观点，让你的内容尽量简明扼要、具有针对性才有可能吸引他们的眼球。另外，若一篇文章满篇错别字，排版乱七八糟自然会让人感到厌恶，博客也是如此。所以好的编辑至关重要，也只有这样才有可能让别人喜欢阅读你的博客。

3. 有新闻价值

博文要具有新闻价值。此外若再加上点风趣、幽默、有用的内容就更好了。简单点来说，一篇好的博文，要同时具备前沿性、价值性、参考性以及科技性等特性。同时，内容要有参考价值，你的博客内容只有对用户有参考价值才会有长远的发展。人们订阅或者经常看博客的主要原因往往就是因为这些博客对他们的日常生活和工作有帮助。

4. 突出标题，方便浏览

好的标题要求简练并具有吸引力。若没有一个好的标题，你的文章不会有人去看。当然标题也要和文章内容相符合。同时，人们一天通常要阅读大量的博客，所以不会花费太多的时间在一篇文章上。这时，若你的博客便于他们浏览，使他们可以不费时地了解你的主要观点，那么自然可以吸引读者。你可以将系列的文章做相关的推荐或直接放到一个类别中，这样不仅具有针对性，更可以为用户提供舒适的浏览需求。

5. 运用第一人称

在博客上要善于运用第一人称来表达自己的观点。也只有写出自己，那样才能是独一无二的内容，才能让你的博文在上百万的博客中做到特别。同时，第一人称还可以拉近作者和读者的关系，更能凸显博客的真实性与实用性。

6. 更新适度，关注博客

一成不变的博客很难长期吸引客户的关注。所以，博客要定期更新。但要掌握好更新频率，最好以每周 2 ～ 5 篇为佳。主要根据博主写作时间而定，更新频率越高，百度对博客的搜索热情也会越高。同时，关注博客不仅仅是关注和自己话题相近的博客，还要经常去看一些其他类的优秀博客。从中吸取别人的优点，从而超越他人，完善自我。

三、博客营销的价值

博客营销就是利用博客开展网络营销，是一种基于个人知识资源（包括思想、体验等表现形式）的网络信息传递形式。开展博客营销的基础问题是对某个领域知识的掌握、学习和有效利用，并通过对知识的传播达到营销信息传递的目的。

博客产生之后便受到很多网民的关注和投入，尤其是博客运用于营销活动之后，所产生的商业价值更是引起了商家的注意。博客营销的价值具体表现在以下几个方面。

1. 可以直接带来潜在用户

博客内容发布在博客托管网站上，如博客网（ www. Blogger. com ）等，这些网站往往拥有大量的用户群体，有价值的博客内容会吸引大量潜在用户浏览，从而达到向潜在用户传递营销信息的目的，用这种方式开展网络营销是博客营销的基本形式，也是博客营销最直接的价值表现。

2. 降低网站推广费用

网站推广是企业网络营销工作的基本内容，大量的企业网站建成之后都缺乏有效的推广措施，因而网站访问量过低，降低了网站的实际价值。通过博客的方式，在博客内容中适当加入企业网站的信息（如某项热门产品的链接、在线优惠券下载网址链接等）达到网站推广的目的，这样的“博客推广”也是极低成本的网站推广方法，降低了一般付费推广的费用，或者在不增加网站推广费用的情况下，提升了网站的访问量。

3. 为用户通过搜索引擎获取信息提供了机会

多渠道信息传递是网络营销取得成效的保证，通过博客文章，可以增加用户通过搜索引擎发现企业信息的机会，其主要原因在于，一般来说，访问量较大的博客网站比一般企业网站的搜索引擎友好性要好，用户可以比较方便地通过搜索引擎发现这些企业博客内容。这里所谓搜索引擎的可见性，也就是让尽可能多的网页被主要搜索引擎收录，并且当用户利用相关的关键词检索时，这些网页出现的位置和摘要信息更容易引起用户的注意，从而达到利用搜索引擎推广网站的目的。

4. 可以方便地增加企业网站的链接数量

获得其他相关网站的链接是一种常用的网站推广方式，但是当一个企业网站知名度不高且访问量较低时，往往很难找到有价值的网站给自己链接，通过在自己的博客文章为本企业的网站做链接则是顺理成章的事情。拥有博客文章发布的资格增加了网站链接的主动性和灵活性，这样不仅可能为网站带来新的访问量，也增加了网站在搜索引擎排名中的优势，因为这些主要搜索引擎常把一个网站被其他网站链接的数量和质量作为计算其排名的因素之一。

5. 可以实现更低的成本对读者行为进行研究

当博客内容比较受欢迎时，博客网站也成为与用户交流的场所，有什么问题都可以在博客文章中提出，读者可以发表评论，从而可以了解读者对博客文章内容的看法，作者也可以回复读者的评论。当然，也可以在博客文章中设置在线调查表的链接，便于有兴趣的读者参与调查，这样就扩大了网站上在线调查表的投放范围，同时，还可以直接就调查中的问题与读者进行交流，使得在线调查更有交互性，其结果是提高了在线调查的效果，也就意味着降低了调查研究的费用。

6. 进行品牌推广并增进顾客关系

博客的内容通常是公开的，大家可以发表自己的日志，也可以阅读和评论别人的网络日志，这是一种基于个人知识资源（包括思想、体验等表现形式）的网络信息分享。这种对等的交流能为博客带来广泛的信息传播和必要的访问量，尤其对企业博客来说，有助于提升品牌形象和获得公众认知和认可。所以，受欢迎的博客有两个特点是必须具备的：可以 RSS 订阅和进行读者评论。反之，如果博客不能进行对等的交流，也就失去了作为博客的价值。

四、博文写作技巧

做好博客营销是一门学问，必须在内容、形式等方面用尽心思，才能达到理想效果，否则只会是垃圾广告。

1. 内容情节化

虽然是博客营销，但是应尽量做到使文章内容让人看上去不那么死板，也就是说尽量使文章故事性强、有吸引力。如，很多杂志上一些文章看上去就像在叙述一件真实的事情，但是中间会穿插一些广告形式的语言或对话，这就是借助别人的口让产品自己说话。这样的文章既能打动人心也能让观众自然地接受，不会有“王婆卖瓜，自卖自夸”的感觉，所以让博客的内容情节化会给产品带来很好的推销效果。

2. 句子精简

博客营销带有明显的功利性和鲜明的目的。所以，要明确产品的功能、形象及用处，既要做到文章内容丰富，又要使句子精短凝练，做到既能够很好地推广产品又能节省时间。因此，博客的文章句子最好精简且具说服力。

3. 创意新颖独特

目前，博客营销的竞争非常激烈，如果文章不够新颖，主题不够明确，很有可能抓不住观众的眼球。博客文章成千上万，若不找到自己的独特之处，怎能立足？因此，一篇有创意的文章往往可以让读者耳目一新，记忆深刻。

4. 符合消费者的需求

消费者非常重要，产品是为消费者提供的，在推出产品或文章之前，一定要清楚消费者的需求是什么，然后才可能根据他们的需求对症下药，写在点上。

5. 选择合适的博客主题

博客的主题是博客的灵魂。如果一个博客的主题选择不好，那么，博客本身就失去了魅力。因此，在开始博客营销之前，需要慎重地选择主题，将博客紧紧围绕这一主题展开才会有一定的效果。建议选择对手博客主题业绩平平、竞争对手少或没有竞争的主题。

必备技能

一、制定博客推广计划

常规的博客推广计划大致包含以下内容：

更新节奏：每日更新。

创作数量：每日一篇。

发表形式：多以文章为主，辅以视频和音频。

推广方式：圈子推广和互助链接推广等。

针对不同的产品和不同的营销目的，上述的博客推广计划会略有不同，营销者应该根据实际情况制定适合自己的计划。

二、开展常见的博客推广技巧

一个新创建的博客要想人气旺盛，除了需要精心设计博客框架外，还需要进行有效推广，让更多的人知道博客的存在。

1. 和博客编辑做朋友

博客编辑不仅要管理博客中的每个版块，负责对博文内容进行严格的审查，同时还要根据网站的选题规划和发展策略来培养作者，推荐高质量的博文。营销者可以留意小纸条，当博客形成一定的特色，会有博客编辑发来邀请参加活动或加入博客圈的“纸条”消息，用户可以通过回复小纸条与博客编辑建立联系并成为好友。营销者也可以通过成员找博客编辑，在博客网站中通过浏览官方信息寻找官方博客编辑，添加为好友，或是写留言给对方，与对方取得联系。

2. 借助他人的博客宣传自己

一般情况下，能够在博客平台的官方首页显示的博文通常都是被推荐的博文，这些博文的浏览量都较高。因此，大家可以用这些推荐的博文作为载体，宣传自己的博客。下面就以新浪博客为例，谈谈如何借助他人的博客来宣传自己，具体操作步骤如下：

（1）留脚印。在博客平台选择博文类别，单击大家比较关注的博文主题，在进入的页面中阅读博文内容，然后在博文底部发评论。由于博客编辑与博主有权利删除他人撰写的评论，所以不要在评论中直接打广告或发一些与原文无关的内容。可以结合原文表述自己的感受，或者将话题引向自己的博客。

（2）写留言。写留言与留脚印相似，都是通过文字引起其他网友的注意。进入博文页面，在左侧窗格中可以看到博主的个人资料信息，单击图像下方的“写留言”，这样其他网友看到留言后只需点击标题就可以访问你的博客。

3. 增加博客的互动性

与网友的交流互动可以提升博客的访问量，所以要想提高博客的访问量就可以通过增加博客的互动性来实现。

（1）开放“好友”与“访客”组件。开放“好友”与“访客”组件，方便知道有哪些好友访问博客，并及时对来访的好友进行回访，从而促进彼此的交流，增加互动性。首先登录博客首页，然后单击“页面设置”——“组件设置”，选中“好友”与“访客”。这样，以后有好友到访后都会在“好友”组件中留下脚印，而陌生人访问就会在“访客”组件中留下脚印。

（2）认真回复消息。添加好友后除了要积极地访问好友的博客外，还应认真及时地回复他人的评论和留言。如，每次登录博客后，首先应该单击“消息”按钮，然后在其下拉菜单中看看新的评论、留言、纸条等信息。

（3）关注新动态。若你在博客中结识了一定数量的好友，而且都进行了加关注操作，当有新的好友动态后，可查看某一范围中的用户动态，若对博文感兴趣，可以进行“评论”或“喜欢”（“顶”）。

4. 利用网络技术推广博客

（1）借助博客的分析功能。用户在登录自己的博客后，可以在首页中的“个人资料”版块中看到博客的访问量，单击“博客访问”选项右侧的数字，可以打开访问统计页面。该界面显示了博客最近 30 天访问量的走势，并详细显示了今日访问数量、今日被评论次数以及今日被转载次数。用户可以通过对访问量走势图的分析总结出博客访问量变化的规律，再结合这一时期发表博文的情况总结博客流量变化的原因。在走势图的下方就是“来源分析”版块，这里提供了“访问来源”和“分析”选项卡。“访问来源”选项卡为博主提供了最近 10 次访问来源以及 10 个热门来源。“分析”选项卡下将会显示出系统对博客访问来源的分析结论，博主可以通过这些分析找出网友访问自己博客的常用途径。

（2）将博文提交给搜索引擎。通常搜索引擎可以为博客提供一定的访问量，因此将博文提交给搜索引擎也是提高博客流量的关键。以百度搜索引擎为例，在 IE 浏览器的地址栏中输入百度网站，登录网址 https://zhanzhang.baidu.com/linksubmit/url，单击“转至”按钮。填写链接地址，并提交，将自己的博文交到百度搜索引擎中。

（3）通过互踩网站提升博客人气。用户可以通过登录“爱互踩”网站提升博客人气，网址为 http://www.aihucai.com/。在互踩执行过程中，浏览器将自动运行，无须手动操作。

5. 利用工具软件推广博客

（1）借助基于 p2p 原理的流量软件提升博客的访问量。很多博客用户因为博文访问量低而逐渐丧失了坚持写博文的信心。为此，用户可以使用“流量精灵”软件来帮助自己提升访问量。“流量精灵”是一款针对网站站长、个人博客、网络写手以及网站推广、网络营销、网店推广等从业人员的软件，用于提高网站流量。

首先下载流量精灵程序，双击“流量精灵”，即可打开该程序界面。在“我的网址”文本框中输入自己的博客地址，单击“添加”按钮，博客网址添加到软件中，就会被传递出去，其他使用这款软件的用户将会收到你的博客网址，使点击率增加，从而提升博客流量。

（2）使用新浪博客推广软件。以使用新浪博客推广软件——博客蜘蛛软件为例，介绍推广博客的方法。首先下载博客蜘蛛软件，并双击安装程序，安装成功后接着启动该程序。在第一次使用时需要先注册，启动“博客蜘蛛”程序，并在打开的窗口中切换到“软件注册”选项卡。输入联系方式，并单击“提交信息”按钮。接着切换到“读博”选项卡，单击“手工登录博客”链接，输入博客的登录名和密码，点击“登录”按钮。登录成功后，在“我的账户”选项卡下可以管理博客。

活动评价

表 4-2 活动评价表

学习目标	评价项目
了解各种博客平台	熟悉 2 个或 2 个以上的平台
注册博客	注册博客，对博客进行定位
完善博客的个人资料	能通过个人资料嵌入营销信息，吸引用户
熟练掌握博客版块的设置	巧妙运用博客版块功能进行营销，首页版面合理美观
运用博客营销工具	至少添加 10 个博客好友
营销效果评价	浏览数、好友数和评论数 10 个以上

活动三 微博创建（个人和企业）

必备知识

微博作为一个新兴的沟通交流平台，读者用一句话随意记录生活，用手机随时随地就能发微博，不受地域和时间限制。而浏览者则可以通过微博迅速获取最热、最火、最快、最酷、最新的资讯，这些特点使微博成为新的营销手段。

一、初识微博

微博是“微型博客（micro-blogging）”，它是一种非正式的迷你型博客，是兴起的一种 Web2.0 表现，是一种可以即时发布消息的类似于博客的系统。它较大的特点就是集成化和开放化，用户可以通过手机、IM 软件（Google Talk、MSN、QQ、Skype）和外部 API 接口等途径向微博中发布消息。微博另一个特点在于这个“微”字，一般发布的消息只能是只言片语，以 140 字左右的文字更新信息，实现即时分享，较早、较著名的微博是美国的 Twitter。

微博类的鼻祖，可以不夸张地说，国内所有的微博都是山寨版的 Twitter。Twitter 英文原意为小鸟的叽叽喳喳声，用户能用如发手机短信的数百种工具更新信息。Twitter 的出现把世人的眼光引入了一个叫微博的小小世界里。Twitter 是一个社交网络及微博客服务。用户可以经由 SMS、即时通信、电邮、Twitter 网站或 Twitter 客户端软件（如 Twitterrific）输入最多 140 字的文字更新，Twitter 被 Alexa 网页流量统计评定为受欢迎的 50 个网络应用之一。

二、著名微博网站简介

之前，著名的微博网站主要有新浪、搜狐、腾讯和网易。目前，尚有新浪微博和腾讯微博。

1. 新浪微博

新浪微博是由新浪网推出的、可提供微型博客服务的网络平台，用户可以通过网页、WAP 页面、手机短信、彩信发布消息或上传图片。由于用户可以通过电脑或者手机将自己看到的、听到的、想到的事情用文字发布，或是发一张图片，随时随地与大家分享、讨论，故而可以把微博理解为“微型博客”或者“一句话博客”，如图 4-32 所示。

图 4-32　新浪微博首页

2. 腾讯微博

腾讯微博是一个由腾讯公司推出，提供微型博客服务的类 Twitter 网站。用户目前可以通过网页、手机、QQ 客户端、QQ 空间以及电子邮箱等途径使用腾讯微博，如图 4-33 所示。

图 4-33　腾讯微博首页

必备技能

一、个人微博创建（以新浪微博为例）

（1）以小组为单位创建一个微博（或使用已有微博），如图 4-34 所示。

图 4-34　新浪个人微博注册界面

（2）注册成功后，输入微博账号和密码，单击“登录”按钮。接着选择微博模版，将鼠标光标移动到“设置”图标上，然后从弹出的菜单中选择“模板设置”命令。在显示的“个性化设置”页面上单击“模板”。选择要使用的模板，单击“保存”按钮。

（3）设置微博的个人资料，了解如何添加图片、视频、音乐、发布和收藏话题、参与和发起投票、@ 功能和发私信功能。

二、企业微博创建

1. 注册企业微博

以小组为单位创建一个企业微博。在弹出的网页中要求用户填写企业认证资料，完成企业微博申请，单击“组织机构认证”按钮，填写企业信息，然后根据提示完成企业微博申请操作即可，如图 4–35 所示。

2. 通过背景装扮企业微博

微博是一个展现个性的平台，即使是企业微博也不能落入俗套。新浪微博为广大用户提供了微博背景图的更换功能。企业微博中，背景图不仅可以展现个性，更可以帮助宣传企业，从而达到营销目的，这是因为一张微博背景图可以包含非常多的宣传内容，如企业 Logo、企业形象设计、产品特点、相关广告语等。

图 4–35　新浪企业微博注册界面

3. 选择企业微博头像

目前，企业微博头像大多采用的是企业本身的Logo，少部分企业微博采用企业杂志封面、报纸封面等图片作为头像。除此之外，也有采取自创或是其他形式的头像图片的企业微博。对于企业微博头像的选择，应该分两步走。

（1）在认证初始阶段，选择企业 Logo 作为企业微博的头像图片。这是因为初期要认证企业微博时，新浪微博规定申请企业微博认证的微博账号使用的微博头像必须包含企业Logo等必要信息。

（2）在通过企业微博认证后，可以根据实际营销情况单击“头像”进行更换。但是要注意不要经常更换，这样容易给大家留下企业形象不稳定的印象，影响推广。

（3）如果企业Logo放置在微博头像上，看起来并不美观，不妨换成其他可代表企业形象的图片，比如公司名称、公司大楼或是公司主打产品等均可。

活动四 微博营销

必备知识

一、初识微博营销

“微博营销（micro-blogging marketing）”是比较新的一种网络营销方式。每一个人都可以在新浪和网易等网站中注册一个微博，然后通过更新自己的微博，就每天更新的内容与大家交流，或者分享大家所感兴趣的话题，从而达到营销的目的。在微博中，信息发布者又称“博主”，阅读和订阅这些信息的访问者又称“粉丝”，“粉丝”越多，说明微博越热，关注度越高。

二、微博营销的分类

微博营销主要分为个人微博营销和企业微博营销两种。

1. 个人微博营销

个人微博营销是指以个人名义建立的微博，然后通过微博开展营销活动。

2. 企业微博营销

企业微博营销是指以企业名义建立的微博，然后通过企业微博开展营销活动。

三、微博营销与博客营销的区别

微博营销与博客营销的本质区别主要可以从三个方面展开比较。

1. 信息源表现形式不同

博客营销以博客文章即信息源的价值为基础，主要模式是展现个人观点，且每篇博客文章都表现为独立的网页。因此，对内容的数量和质量有一定要求。微博内容则短小精练，重点在于表达发生了什么事或是自己的个人观点。例如，新浪微博之前只能发140字，用户每输入一个字符，系统会提示你还可以输入的字符数目。

2. 信息传播模式不同

微博的传播渠道除了相互关注的好友外，还可以通过好友的转发向更多的人传播。

3. 用户获取信息不同

用户可以利用电脑、手机等硬件获取微博信息，而博客信息只能通过电脑来获取。

总的来说，博客营销是以信息源的价值为核心，主要体现信息本身的价值；微博营销以信息源的发布者为核心，主要体现人的核心地位。

四、微博营销的特点

（1）操作简单，信息发布便捷。一条新浪微博之前最多 140 个字，一条网易微博最多输入 163 个字。因此，只需要简单的构思，就可以完成一条信息的发布。

（2）互动性强，能与粉丝即时沟通，及时获得用户反馈。

（3）微博营销的成本要比博客营销或是论坛营销的成本低很多。

（4）微博营销的针对性强。关注企业或者产品的粉丝都是本产品的消费者或者是潜在消费者，企业可以对其进行精准营销。

（5）通过粉丝关注的形式进行病毒式传播，影响范围广。

（6）技术上，微博营销可以同时方便地利用文字、图片和视频等多种展现形式。从人性化的角度上，企业品牌的微博本身就可以将自己拟人化，更具亲和力。

五、微博营销在企业中的作用

随着微博的火爆，越来越多的企业和个人加入到使用微博进行营销的队伍中来。若想更好地开展微博营销，还需要了解微博营销在企业中的作用。

1. 监控度

在微博上发布企业品牌的信息，通过微博评论的内容了解粉丝对品牌的好评度或者差评，这是了解消费者对品牌感受的最直接方式。

2. 亲和力

企业微博无疑是与消费者之间最好的沟通桥梁，与粉丝互动使公司形象人性化，具有亲和力。

3. 维护与客户间的关系

在以客户为核心的商业模式中，无论是 CRM（客户关系管理）还是 CCM（企业客户沟通管理系统）都强调时刻与用户保持和谐的关系，微博可以很好地做到这一点。

4. 作为受众的瞄准镜与放大器

微博可以用尽可能低的成本将信息高效、大范围地传播出去。微博作为受众的放大器，并不是单纯指信息一次性传播的范围大，而是指先锁定一部分人，再将信息一次传播之后的二次、三次传播。

必备技能

一、实施个人微博营销

1. 借助名人和意见领袖的微博营销

利用名人进行微博推广是企业微博营销的一条重要路径。因为在微博中，名人和意见领袖都拥有庞大的粉丝队伍，若能借助他们来推广自己的博客，可以得到高点击率。以下以新浪微博为例。

（1）立即搜索名人。首先打开新浪微博首页，然后向右拖动水平/滚动条，单击“找人”按钮。在弹出的网页中选择要找的好友范围，单击“找到名人明星”选项。输入要搜索的名人，“现在就去找人”按钮，将鼠标光标移动到感兴趣的微博名称上，然后在弹出的提示框中单击“加关注”按钮。在“备注名称”文本框中输入备注名称。返回搜索结果网页，单击刚才关注的微博的名称，打开该微博网页。浏览微博内容，遇到有兴趣的博文，可以转载、收藏，评论。例如要评论博文，可以单击“评论”链接。

（2）进入名人堂查找。如果用户一时想不起名人或明星的姓名，可以在名人堂中进行查找。参考前面方法，打开“找到名人明星”网页，切换到“找到名人明星”选项，单击“进入名人堂”按钮，先选择类别，再选择名人，在弹出的提示框中单击“加关注”按钮，可以关注该名人。若要打开该名人的微博，可以单击其中的名人微博网址链接。

（3）进入风云榜搜索名人。参考前面方法打开“找到名人明星”网页，然后切换到“找到名人明星”选项卡。单击“进入风云榜”按钮。单击“风云人气榜”选项，单击选择名人，这时将会打开名人微博。

2. 利用“分类找人”功能实现目标群体营销

在新浪微博中可以通过分类快速找人，用户利用这些选项卡可以快速找到符合指定条件的目标群体，实现精准营销。

“找同学”选项卡，可以按学校查找在指定院校就读的微友。

“找同事”选项卡，可以按公司查找在指定企业、集团、公司工作的相关行业用户，这样对推广行业产品很有利。同时还可以利用这个功能挖掘同行业的精英。

“查找 MSN 联系人”选项卡，可以按 MSN 地址查找指定的 MSN 好友。

“找邮箱联系人”选项卡，可以按邮箱地址查找指定的邮箱用户。

3. 利用模糊查找功能实现营销

如果通过分类找人功能查找不到需要的微友，可以利用模糊查找功能进行查找。模糊查找功能主要就是借助关键词找到营销对象。若用户在微博中发表的内容中包含模糊查找中设定的关键词，就有可能被搜索出来。如营销人员要在新浪微博中查找含有“笔记本”内容的微博，就可以在模糊查找功能的文本框中输入“笔记本”，然后在下拉菜单中选择“搜笔记本相关微博”选项。单击“搜‘笔记本’相关微博”选项后，进入含有笔记本内容的微博页面，在这里营销人员可以和感兴趣的博主取得联系，实施营销活动。

4. 利用“标签”找人实现营销

（1）添加标签。在默认情况下，微博中的“标签”是隐藏起来的，需要用户手动添加。具体可参考前面方法，登录新浪微博，并打开“账号设置”网页，在“个人资料”选项卡下单击“个人标签”按钮。输入标签名称，单击“添加标签”按钮即可完成。

（2）使用标签进行查找。利用标签搜索微博的操作步骤如下：返回微博首页，在“查找作者、内容或标签”文本框中输入要搜索的标签，再单击搜索图标，这时将会显示出符合条件的搜索结果，选择感兴趣的微博，单击标题即可进入对方的微博。

5. 利用博文对建立的粉丝群体进行营销

微博中最高效、最直接的营销方式就是建立属于自己的粉丝队伍，这样只要发布一条微博，所有在线的粉丝都能在第一时间看到。通常在微博界面中会显示三组数字，即关注、粉丝和微博。其中“关注”中显示了用户所关注的其他博文的总数；“粉丝”显示了关注自己的其他微友总数；“微博”显示了用户所发表的微博文章总数。

6. 通过“转发”和“评论”实现营销

（1）通过“转发”实现营销。转发就是将别人发表的微博转发到自己的微博中，如同转载博客一样。用户要想通过“转发”实现营销就必须提高自己微博的转发率。提高转发率的方法有以下几种：

① 多发原创的精彩帖子，且要注意发帖频率，内容不宜过于唠叨，不要刷屏，微博页面要整洁。

② 形成自己的微博风格，可以吸引有相同想法和兴趣的人关注。

③ 微博的第一句话要精心设计，要能吸引浏览者的眼球。

④ 注意插入图片的视觉效果。

⑤ 要善于利用热门话题。

⑥ 注意标点符号的使用，不可因为微博内容简短就不使用标点符号。

⑦ 精心设计微博的最后一句话。

（2）通过“评论”实现营销。评论就是对他人发表的微博信息发表评论。用户要想通过“评论”实现营销就必须积极地对他人发表的微博信息进行评论，成为微博的活跃分子。可以在评论后留下自己的签名，签名中可以是自己微博的网址链接，或直接是产品的链接等。这样别人看到你的评论同时也可以看到这些链接，感兴趣的网友会直接单击该链接进入相关页面。

首先在 IE 浏览器中找到要评论的微博，然后单击“评论”链接，在评论框中输入评论。单击要使用的表情图标，选中“同时转发到我的微博”复选框，单击“评论”按钮即可。

二、实施企业微博营销

（一）企业微博营销要做的准备

微博作为低成本推广手段，每个企业都希望在微博中分一杯羹。那么，对于这样一个热门的营销基地，做好充足准备是必需的。

1. 有专门的营销团队

在如今的企业微博中，如何建设营销团队，是企业微博营销成功的基础。企业决定做微博营销，需要建设专门的营销团队，用户可以从以下几个方面着手团队建设。

（1）微博营销团队成员组成。微博营销团队应该由两种人组成，一种是会玩草根微博，但不擅长或不会营销：另一种是会营销，但不会玩草根微博。很多企业在组建微博营销团队时，除了要招聘传统的网络人才，也需要特招负责微博维护工作的专业人员。这个人员要求具备资深博客营销经验，要对网络传播方式有敏感性。

（2）微博营销团队组建。微博日常工作主要包含信息采集与发布、活动策划与执行、粉丝互动与推广、数据的分析总结。

定位：根据公司营销战略确定微博营销定位。

倾听：在线上，从相关且有影响力的沟通与交流中发现时效性见解。

分享：为用户分享有价值的信息，而不是直白广告。

互动：参与用户的讨论互动，建立关系。

评估：根据网站分析及社会化媒体矩阵，建立检测、分析、追踪对话的评估目标。

因此，要完成这些工作，可以把微博营销团队细分为营销负责人、文案编辑和活动策划这三个岗位，以下是各岗位具体负责的工作。

营销负责人：主要负责管理微博营销团队，根据公司要求制定营销计划和目标，并根据评估分析及时调整微博营销策略和方向，指导优化其他人员工作，监督考核其他队员工作情况。因此，该岗位员工应熟悉微博的属性和用户特点，同时具备社会化媒体营销思维、数据分析能力、团队管理能力和危机公关的意识。

文案编辑：主要负责采集、制作微博内容，与粉丝互动等工作。该岗位员工要求具备一定的洞察力，能及时发现时尚趣味性的新闻信息，并熟悉网络常用语。

活动策划：主要负责策划微博的各项活动，熟悉微博用户群，了解他们的行为习惯，并能设计出符合微博用户群习惯的活动。该岗位员工要求具备一定的网络推广能力、策划和商务合作文案撰写能力。

（3）微博营销团队工作成绩考核。要想考核微博营销团队的队员工作成绩，就要清楚营销团队负责人的工作划分，了解每个人的工作对营销活动的影响，客观地认识微博的价值，制定出合理的目标。用户可以参考表 4-3 和表 4-4 来制定考核标准。

表 4-3 微博运营日志

日期	粉丝数			发布数量	转发		评论		搜索结果数			订单		流量	
	当前	增长数	增长率		转发总数	平均转发数	评论总数	平均评论数	当前	增长数	增长率	数量	金额 / 元	IP	PV

表 4-4 微博活动报表

微博名称	类型	活动名称	时间	参加人数	转发数	评论数	奖品	价格	名额	状态				本周粉丝增长
AA	有奖转发													
AB	有奖调查													
AC	评论抽奖													

通过上述两个表格，营销负责人可以及时掌握每天微博的粉丝增长、订单、流量等方面的数据；文案编辑人员可以通过每日发布数量、平均转发和评论数量知道自己哪些内容较受欢迎，哪些互动性较好，从而总结出粉丝的偏好，以便制定新的内容策略，调整新内容。

2. 找准定位和方向

在做微博营销之前，我们必须要明确几个事情。首先必须了解微博的本质是什么。微博是一个信息聚合的工具，就像搜索引擎，只不过它们聚合信息的方法不一样，这决定了它们在网络营销活动中担当的角色也会不同。所以，请不要用搜索引擎营销的思维看微博，搜索引擎是被动式营销，而微博的灵魂是互动。

微博定位如同网站定位一样，企业微博要在微博上扮演什么角色，要向目标群传达什么内容。因此，微博定位相当重要，微博定位就是企业做微博营销的策略，而微博发布内容都是围绕微博定位来展开的。

3. 开设众多子品牌微博

开设众多子品牌微博，可以扩大品牌影响力。很多公司都开通了子品牌微博，少则十多个，多则五六十个。

4. 带动员工多开微博

每个员工都开设微博，相当于每个员工都给自己的企业做宣传，这种力量不可小觑。

（二）让企业微博快速“火”起来

对于一个初始的企业微博，如何尽快让自己“火”起来，聚合大量人气呢？用户可以按照以下步骤实施。

1. 多参与热点话题

进入热门话题讨论，可以让较多的人看到企业的微博讨论，曝光率比较高，但是网页刷新比较快，如果讨论的内容能够吸引到别的用户，他们就会转发企业的微博或者添加企业微博为关注。这是提升新建立的微博账号人气最直接、最方便的方法。

2. 借助热门事件进行营销

任何网络热点事件或热点话题，都会引领一段时间内广大网民的认识走向。网络热点事件或热点话题除了可以满足网民猎取新鲜事件的刺激外，企业微博也可以借助这一热点，进一步提升自己的受关注程度。顺着热点去营销，是目前网络营销的重要环节。

3. 时刻注意对微博影响力的分析

一般来说，粉丝数量越多影响力越大，这是一个最直观的比较方式。但是，粉丝数量并不是影响力的全部。如两个企业微博的粉丝数量完全一样，其影响力不一定是相等的。原因是微博的影响力还受粉丝的数量、粉丝的关注数量、粉丝的活跃度、粉丝的互动度、粉丝的层次、微博平台自身影响力、博主自身知名度等因素的影响。

（三）发企业微博的营销内容策略

短小精悍是微博的一大优势，因此一百多个字符的内容非常重要，可以说，内容为王是微博的特色。微博营销不是简单的人气炒作和转发支持，它是一种营销理念的传递、企业文化的深化、产品口碑的升华、品牌信任的历练。不管是何种营销，内容一直都是营销人及受众最为关注、重视的。

关于营销内容如何组织语言有以下几点原则。第一，要有话说，方才说话。第二，有什么话，说什么话；话怎么说，就怎么说。第三，要说我自己的话，别说别人的话。第四，是什么时代的人，说什么时代的话。

（四）判断一条微博质量的好坏

分享博文要有价值，转发博文要给个理由，加粉要给个期望，紧扣主流活跃粉丝特征的内容可以持续发布，加强用户黏性。微博在内容的表现上，140 字的价值更多体现在一个话题的导入和互动，内容的选择就涉及听众的细分和定位。

1. 分析发博文的态度

对于企业微博来说，所发布的每一条博文都应该经过思考，内容策略的底线就是说真话。不要含糊地打官腔，用户对打官腔的企业微博是很排斥的。

2. 分析转发的目的

在企业微博运营过程中，用户不仅可以原创，还可以转发别人的微博。但是不要一味地转发他人的微博，要附带上自己的观点加以评论。企业要注意自己微博的定位，每天去转发评论最多、转发最多的内容固然会引来一批追随者，也会增加粉丝数，但这样极易迷失自己的微博定位。因此，在运营前期就应该确定企业微博的内容定位，日后可逐渐扩充。

3. 注重内容的信息性

注重微博内容的信息性，要言之有物。更新维护的频率不一定要频繁，但是要珍惜每一次与他人交流的机会，千万不要发一些废话。

（五）写企业微博广告的技巧

在微博上，经常有发“广告”的需要。这里说的“广告”不是那种正式的商业广告，而是指推广一些希望大家看到的信息内容。那么，如何写微博“广告”呢？

写“广告”和写普通的微博不同，一定要讲究技巧。因为人们希望通过微博平台看到对他们有价值的个性化内容，是朋友间的真情实感，而不是推送或强塞给他们的、赤裸裸的广告宣传。所以，写微博“广告”时，需要注意以下几点：

（1）刚开始写微博时，不要发“广告”性质的微博。否则，在你的第一批粉丝尚未了解你的时候，你就伤害了他们的感情，从而失去粉丝对你的热情，无法得到更多的粉丝。

（2）偶尔发一点“广告”是可以的，但在措辞上尽量不要太直接，尽量用巧妙的嵌入手法，将广告“植入”到其他对粉丝们更有价值的内容里。

（3）不要太频繁发“广告”，也不要写太多自夸、自恋的内容。最好“广告”本身对大家也是有价值的，或者是大家关注、喜欢看的。

（4）最佳的“广告”就是当你发出大家感兴趣的内容时，看看在不浪费大家时间的前提下，能不能“顺便”推广一下你想推广的东西。

（5）多留意大家的评论，看大家是不是反感你发的“广告”微博。如果是，暂时停发。

任务 11　E-mail 营销

情境设计

来自于美国，被列为世界著名的三大潜能开发、心理学与管理学泰斗的博恩崔西先生亲自参与创建的心灵海国际教育集团，是亚太地区顶尖级的管理培训机构。2002年正式登陆中国内地。心灵海国际教育集团的目标客户是中国大中型企业的总裁、总经理、销售总监、人事经理。如何找到这些目标客户的联系方式（姓名、电话、传真、E-mail地址、公司地址、公司名称等），并通过电子邮件有效地把内容传达给其目标客户，是心灵海国际教育集团在中国市场最希望解决的问题。心灵海国际教育集团想通过电子邮件对企业潜在客户开展营销，把自身的专业经验与众多客户和朋友一起分享，让客户了解自己的集团、品牌、产品并满足客户需求。

任务分解

教学内容	课时安排	
	中职	高职
活动一　认知E-mail营销	1	2
活动二　E-mail营销实践	1	2

活动一 认知E-mail营销

必备知识

一、初识E-mail营销

20世纪90年代初期，E-mail营销诞生。1995年，通过E-mail发送的广告数量已经超过传统邮件，响应率和收益都胜过传统邮件和其他销售形式。1998年，随着几家E-mail服务供应商（ESPs）的成立，E-mail营销成为一种重要的营销方式。美国直销协会（Direct Marketing Association）研究：2008年营销者在E-mail营销上所投资的每1美元的赢利大约是57.25美元。2009年美国E-mail营销1美元的投资回报为43.61美元。研究数据表明，E-mail营销的投资回报远超过任何其他网络营销渠道。

1. E-mail营销的定义

真正的电子邮件营销的定义是：在用户事先许可的前提下，通过电子邮件的方式向E-mail用户传递价值信息的一种网络营销手段。E-mail营销有3个基本因素：用户许可、电子邮件传递信息、信息对用户有价值，三个因素缺少一个，都不能称之为有效的E-mail营销。营销型E-mail是给管理层提供顾客信息和给顾客提供公司、品牌、产品、服务信息的工具，可以通过各种方式运用顾客信息来增加顾客保留度和接受率，这是商业战略的本质。

2. E-mail 营销的分类

（1）按是否经过用户许可分类：许可 E-mail 营销和未经许可 E-mail 营销。

（2）按照 E-mail 地址资源的所有权分类：内部 E-mail 营销和外部 E-mail 营销。一般重视网络营销的企业都有自己的内部列表。

（3）按照营销计划分类：临时性 E-mail 营销和长期 E-mail 营销。

（4）按照 E-mail 营销的功能分类：顾客关系 E-mail 营销、顾客服务 E-mail 营销、在线调查 E-mail 营销和产品促销 E-mail 营销。

（5）按照 E-mail 营销的应用方式分类：经营型 E-mail 营销和非经营型 E-mail 营销。

3. E-mail 营销的优势

（1）覆盖范围广。只要用户有邮箱，就能覆盖到，不管他在世界的哪个角落。

（2）操作简单，效率高。下载一个免费的邮件群发工具，就可以马上进行 EDM，无须掌握复杂的技术或经过烦琐的流程。在群发过程中，也无须人工干预，完全自动化。而且其效率非常高，一天可以发送大量的邮件。

（3）成本低廉，性价比高。如果是使用免费的群发软件自行上网搜集邮件地址，那 EDM 的成本仅限于基本的电费和一点人工费用，非常低廉。

（4）适用性强。几乎任何企业都可以采用这种方法。

（5）精准度高。由于电子邮件是点对点的传播，所以我们可以实现非常有针对性、高精准的传播。比如我们可以针对某一特定的人群发送特定的邮件，也可以根据需要按行业、地域等进行分类，然后针对目标客户进行邮件群发，使宣传一步到位。

二、E mail 营销的主要功能

1. 品牌形象

电子邮件营销对于企业品牌形象的价值是在长期与用户联系的过程中逐步积累起来的，规范的、专业的电子邮件营销对于品牌形象有明显的促进作用。品牌建设不是一朝一夕的事情，不可能通过几封电子邮件就完成这个艰巨的任务。因此，利用企业内部列表开展经常性的电子邮件营销具有更大的价值。

2. 产品 / 服务推广

产品 / 服务推广是电子邮件营销主要的目的之一。因为电子邮件营销具备质优价廉、针对性强、效果好的优势，因此使用电子邮件营销不仅可以一对一地推广到用户终端，有时候还可能直接产生交易，有些企业甚至用直接销售指标来评价电子邮件营销的效果。尽管这样并没有反映出电子邮件营销的全部价值，但也说明营销人员对电子邮件营销的产品较高的期望。

3. 顾客关系

电子邮件首先是一种互动的交流工具，然后才是其营销功能，这种特殊功能使得电子邮件营销在顾客关系方面比其他网络营销手段更有价值。与电子邮件营销对企业品牌的影响一样，顾客关系功能也是需要与用户之间的长期沟通才能充分发挥出来的，内部邮件列表在增强顾客关系方面具有独特的价值。

4. 网站推广

企业通过电子邮件可以主动向用户推广网站，并且推荐方式比较灵活，既可以是简单的广告，也可以通过新闻报道、案例分析等方式出现在客户的邮件内容中，获得读者的高度关注。

5. 资源合作

经过用户许可获得的电子邮件地址是企业宝贵的营销资源，可以长期重复利用，并且在一定范围内还可以与合作伙伴进行资源合作，如相互推广、互换广告空间等。

6. 市场调研

电子邮件营销中的市场调研功能可以从两个方面来说明：一方面，可以通过邮件列表发送在线调查问卷。这种方式在一定程度上可以对用户成分加以选择，并节约被访问者的上网时间。如果调查对象选择适当且调查表设计合理，往往可以获得相对较高的问卷回收率。另一方面，也可以利用邮件列表获得第一手调查资料。

7. 增强市场竞争力

在所有常用的网络营销手段中，电子邮件营销是信息传递最直接、最完整的方式，可以在很短的时间内将信息发送到列表中的所有用户，是前述六大功能必然结果的综合体现。

三、E-mail 营销原则

1. 尊重顾客选择权利

掌握顾客导向这一营销理念，始终尊重用户自由选择的权利。不仅要事先征得顾客授权再发信，而且要在每封邮件中提供方便的退出通道以供顾客选择。

2. 以顾客关系为重点

将电子邮件建设成和客户间的沟通管道，而不是一味推销商品，使用户产生反感。

3. 内容突出个性特征

个性化的邮件因备感亲切而拉近与客户的距离，同时针对不同的客户，设计广告邮件时要不同对待，针对个人时，内容要吸引人，而针对企业客户时，要突出内容的专业性和个性化。

4. 主题突出言简意赅

邮件主题设计要直白明确地表达中心思想，邮件内容宜采用精练规范的文字进行表述。这样的设计风格可以使得目标顾客即便一眼扫过，也能很快了解邮件内容。

5. 慎选 E-mail 文件格式

目前，E-mail 的内容形式主要有纯文本和超 HTML 文件两种形式，两种形式各有侧重。文本格式的 E-mail 下载方便，但信息表达能力有限；超 HTML 文件可以插入多媒体信息，内容更加丰富形象，要根据不同的营销目标和产品特征选择 E-mail 格式。

6. 及时更新 E-mail 地址

不少网络使用者会不定期地更换电子邮箱地址，或因长时间弃用而被 E-mail 服务商冻结账户，因此需要定期维护顾客的 E-mail 地址。

7. 及时反馈改善服务

反馈应该越快越好，并且尽量以个人化的口吻提供有针对性的说明和建议。还应对目标顾客适时回访，因为有时并非客户对服务项目不感兴趣，而是根本没收到或没看到信，或是没时间回信，而回访可以很好地避免此类事件的发生，从而达到提升许可 E-mail 策略的实施效果。

8. 优选发信时机和频率

根据统计，周二到周四是发送营销 E-mail 的最好时机。同时在营销 E-mail 的发送频率上也应适当，保证既能在顾客记忆有效期内重复强化 E-mail 信息，又不致过于频繁而导致骚扰之嫌。

四、常用的 E-mail 营销平台

在当今国内网络中，有很多大型的网站平台可以供用户免费使用邮箱，而且这些平台拥有非常庞大的用户群。目前国内比较出名的第三方邮箱推广网站主要有新浪、网易、腾讯、天涯等。图 4-36 是腾讯邮箱，图 4-37 是网易邮箱，图 4-38 是新浪邮箱。

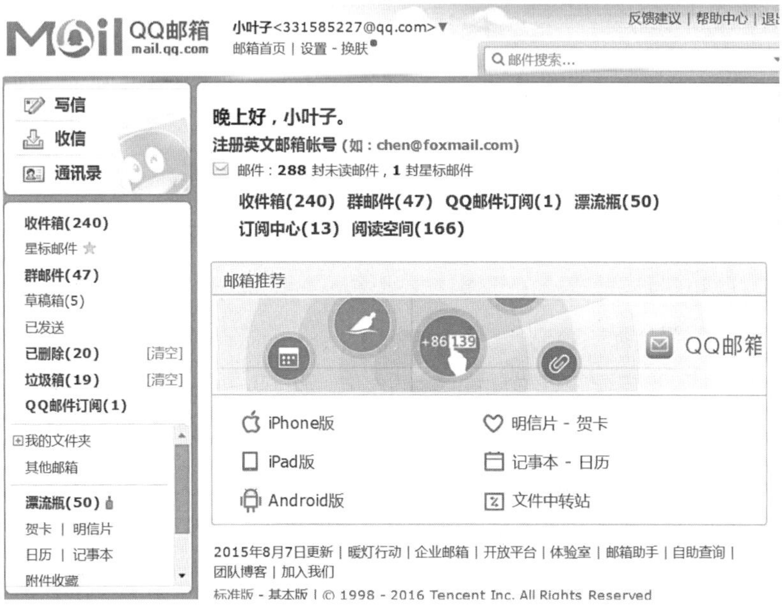

图 4-36 腾讯邮箱

图 4–37 网易邮箱

图 4–38 新浪邮箱

必备技能

一、选择合适的 E-mail 营销平台

现在 QQ 邮箱比较流行，QQ 邮箱有一个很好的功能就是“邮件提醒”功能，每次有新邮件 QQ 客户端都会弹出新邮件提示，大大提高用户实时收件率。这个平台可以收集客户的邮箱地址；可以自定义订阅页面内容；可以免费群发；QQ 订阅的群发系统是采用 QQ 邮箱系统来群发的，免费而且发送成功率高，几乎 100% 进入收件箱；设置了验证可以有效防止有人乱填垃圾邮箱和无效邮箱，提升订阅用户的真实性和质量，所以如果做邮件营销，QQ 邮箱是不错的选择。当然还有大部分白领或高端人群会使用网易 163、雅虎、hotmail 等邮箱，而且许多浏览器现在也有邮件提醒功能，企业可根据自身实际情况选择关注更多的

网站。综合而言，我们今天先用 QQ 邮箱来做说明。

二、注册 QQ 邮箱

电子邮件营销重在营，而不是重在销。个人的 QQ 空间也可以成为有效地结交新朋友，介绍企业产品，与客户交流的平台。本书为大家介绍如何注册 QQ 邮箱，订阅 QQ 邮件，学习其他企业的邮件营销方式。

图 4–39　QQ 邮箱注册

（1）QQ 邮箱注册。登录 https://mail.qq.com/cgi-bin/loginpage?lang=zh_CN，这时连 QQ 号码也有了，和注册邮箱密码一样，如图 4–39 所示。

（2）登录后，进入邮箱，页面左栏为 QQ 邮箱众多使用功能，如图 4–40 所示。

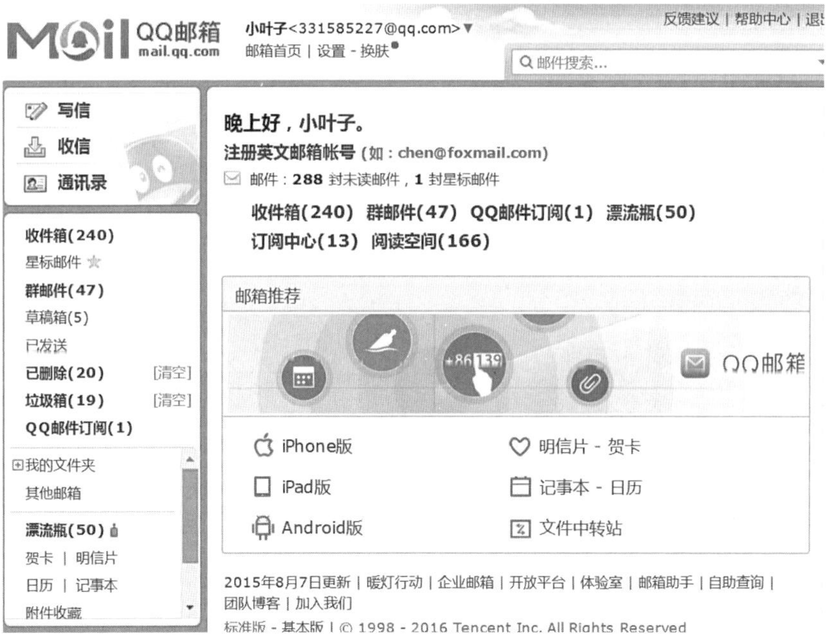

图 4–40　QQ 邮箱界面

（3）点击“QQ 邮件订阅”，可以看到不同类型、不同产品的企业商家借助 QQ 邮箱推广自身形象的主题产品和服务。可设置一个有利于营销的名称，尽量选择容易记忆的、与公司或产品有关联的发件人名称。学习 QQ 邮箱各个功能，了解抄送和密送的区别，学会按企业实际需求编辑不同风格的邮件页面并优化，如图 4–41 所示。

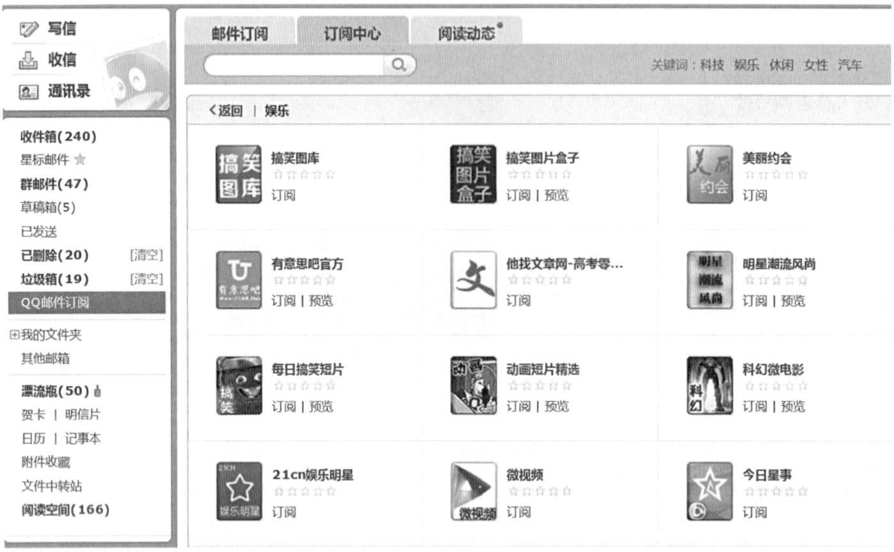

图 4-41 QQ 邮件订阅中心

活动二

E-mail 营销实践

必备知识

一、确定 E-mail 策略目标

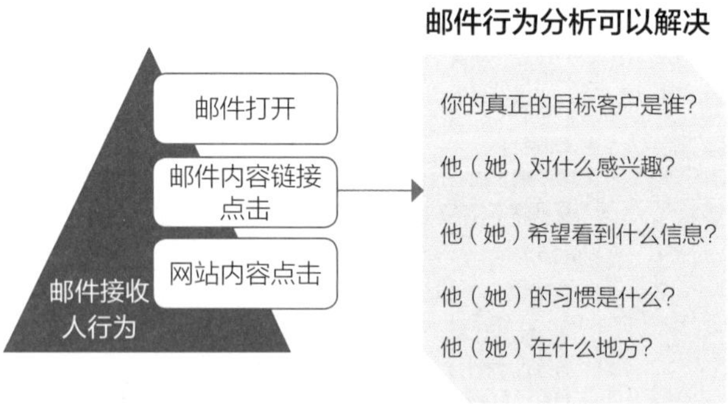

图 4-42 客户行为分析

不是简单地发送普通邮件，而是面向目标客户开始一个长期的、个性化的、一对一的基于许可邮件的营销活动。对于向不同对象发送的一份邮件、一组邮件、一系列邮件、一年或常年邮件，都需有明确的商业目的。

从顾客的观点来看，E-mail 营销应该是能让顾客愉悦的，可以给他们提供认知、服务、友谊和信息，对于这些，他们会以忠诚度、保留度、增加的销售额等来回报你。真正的顾客满意度是符合要求的 E-mail 营销的目的和标志。与直接打广告的网络营销工具不同，E-mail 营销是一种潜移默化的营销工具。营销实践前有必要清晰定位你的客户个性特征和需求，如图 4-42 所示。

二、邮件的撰写

1. 主题设计技巧

（1）主题体现出邮件内容的精华。这样可以增加用户的信心，通过邮件主题让用户感觉到邮件内容的价值，迅速做出打开邮件详细阅读的决定。

（2）主题体现出品牌或者产品信息。有独特价值的产品、信息或者给人印象深刻的品牌出现在邮件主题中，尽可能将重要的营销信息展示出来，这样即使用户不阅读邮件内容也会留下一定印象，这是可以监测到的 E-mail 效果之外获得的意外效果。

（3）主题体现出发件人信息中无法包含的内容，不宜过于简单或过于复杂。保持在一定合理的范围之内，既能反映出比较重要的信息，又不至于在邮件主题栏目的宽度内看不到有价值的信息。一般说来，电子邮件主题保持在 8 ～ 20 个汉字的范围内是比较合适的。

（4）主题避免使用被搜索引擎、邮件垃圾技术处理的关键词。免费赠送、免费促销等词虽然很能吸引用户的眼光，但是这样的邮件发送出去用户几乎不可能接收得到，再有吸引力的主题也失去意义。

立邦公司采用邮件营销的策略，确立了“小鱼带你游星座”为主题的邮件，通过动态 Flash 的形式来表达，伴着轻松愉快的音乐，星空下出现了十二星座的图标，根据个人星座，把鼠标点上去便到个性配色中心的页面，就出现你的幸运色，可以看到有这种色彩搭配的家居效果。如果你觉得好玩有趣，页面下角还设置了发给好朋友的按钮，让你们的好朋友也可以体验一番游星座的乐趣。这封邮件主题设置很有新奇、年轻、时尚的气息，容易抓住收件人打开的欲望，同时不易被当垃圾邮件处理掉。短时间内被多次转发，迅速抓住受众的心理特点，展开有针对性的活动。如今的“80 后”和“90 后”对于星座和个性化的服务都非常感兴趣，因此立邦漆配色中心的宣传广告抓住了这一心理特征，设计了这次的宣传邮件，使得“80 后”和“90 后”非常容易接受这封邮件，并且非常乐于将这封邮件转发出去，立邦漆成功地利用了邮件形式和病毒式营销扩大了品牌知名度。

2. 内容设计技巧

在许可 E-mail 营销设计时，很多企业可能面临这样的问题：“我该向我的现有客户，目标客户发送一样的邮件内容吗”“如何知道我的潜在客户希望看到什么样的邮件内容”“我的内容都在网站上了，我还要向会员发送什么内容”，那么我们该如何进行许可 E-mail 的内容设计呢?

（1）个性化的内容。E-mail 营销区别其他营销方式的很重要的一个特征是一对一的沟通，让用户感觉受到尊重与重视，并让用户感觉到与他建立了专门的沟通方式。当然在各种条件的制约下往往很难彻底实现一对一沟通，但用户的个性化要求企业必须通过一系列的技术手段让用户感觉这个 E- mail 是专门给他发的，而不是群发的。

（2）用户关注的内容。比如，一个通信产品销售企业如果能够获悉某个用户突然几乎每天都在浏览几款手机的评测、报价信息，那么企业就可以做出一个最基本的判断，这个用户近期很有可能有购买这几款手机的意向。在这个判断基础上，企业将该用户列入相应类别，通过数据库营销系统为该用户生成 E-mail，包括这几款手机产品详细的评测信息、评价信息、产品对比信息及促销信息。用户看到了他正希望看到的信息，与企业建立了一个循环型的互动关系，对于销售机会的转化有着非常重要的作用。

（3）用户喜好的内容。有时候用户的喜好与企业的产品重叠度非常高，发现并利用用户喜好信息对企业的销售有着直接的影响；有时候用户的喜好和企业的产品重合度相对比较低，但是通过用户喜好的内容吸引用户注意，随后再辅之以相应的营销措施也是一个不错的选择。比如，某汽车品牌厂商组织了一个车友汽车俱乐部，目的在于与用户建立一种长期的、互动的关系，培养用户的忠诚度。该车友汽车俱乐部每周举办一次活动，通过长期的数据积累并结合用户的基本资料，打算举办一次汽车驾驶技巧挑战赛。驾驶技巧比赛对于那些喜欢驾驶的客户来讲是一件天大的好事，将这些内容制作成 E-mail 发送给喜好的客户，若得到这些用户的热烈反馈，这次营销活动将取得圆满的成功。

3. 邮件制作格式

常用的邮件格式包括纯文本格式、HTML 格式和 Rich Media 格式，或者是这些格式的组合，如纯文本 /HTML 混合格式。一般来说，HTML 格式电子邮件比纯文本格式具有更好的视觉效果，从广告的角度来看，效果会更好，但同时也存在一定的问题，如文件字节数大。绝大部分私人 E-mail 都是采用文本格式撰写的。

三、获取用户邮箱地址

1. 向公司或他人购买

这是最简单的方法，到搜索引擎里搜一下，会有很多人卖的，价格也不贵，这样的缺点就是邮箱的质量不好。也可以通过威客任务等多花点钱去买，购买的最好是别人没有用过的。比较精准的就是向那些提供群发邮件平台的服务商去买，不过价格也比较高。

2. 通过活动收集

一般大公司都是通过活动收集邮箱，这比较精准，成本也比较高，基本步骤是策划网络活动 —— 到相关网站投放此活动广告 —— 用户参加需要填邮箱。前一阵很多的团购网站也是通过这种方法来收集邮箱的。0 元购宝马、1 元购 iPad、注册有就 10 元代金券等，如图 4-43 所示。

3. 通过社会化网络收集

比如像微博里，就有很多类似“转发此微博，并留下你的邮箱，就会得到最新的网络优化技巧资料”等，除了能得到邮箱，还能加粉丝。这种留下邮箱，发免费资料在很多论坛里也有，收集的邮箱也比较精准，但比较累人。

4. 采集用户的邮箱

这个需要用到一些邮箱采集器，有很多免费的并且很好用的软件，操作也都比较简单，可以通过关键字采集网页中的邮箱，或者直接采集 QQ 群里的邮箱。采集 QQ 群里的邮箱是比较精准的，可以按群的名字采集，也可以按地区、年龄、爱好等采集。还可以采集阿里巴巴、淘宝的邮箱，诚信通的用户都是实名认证的，阿里旺旺上面也有邮箱，这些采集起来都比较精准。

图 4–43 抽奖活动收集

QQ 邮件订阅栏目收集邮箱，就是要给用户一个主动注册的理由。可以是，生活信息，健康咨询，行业咨询，优惠券等……总之一切能让顾客感兴趣的东西。随着网站越来越多，垃圾邮件越来越多，让用户留下电子邮件越来越难。没有一些好处，很难让用户主动留下邮件地址。可以做一个定时更新的栏目（只要你用好的内容，哪怕是免费博客甚至 QQ 空间都可以做订阅栏目），定时更新你的目标客户感兴趣的内容，看看腾讯里面丰富的订阅内容，收集精准客户群就是其中的重要功能，如图 4–44 所示。

内容准备好之后，在“QQ 邮件订阅”的右侧，点击“发布栏目”，按提示操作，栏目就可以生效了，如图 4–45 所示。

页面设计好之后，需要绑定一个发送邮箱，用自己的域名作为邮箱域名，这样给用户的感觉更加正规，然后就可以开始收集邮箱地址了。可以收集客户的邮箱地址；可以自定义订阅页面内容；可以免费群发。

图 4–44 QQ 订阅

也可以通过某些软件，找到特定的 QQ 群，加进去，然后把群成员 QQ 号导出来，自然就拿到 QQ 邮箱账号了，如图 4–46 所示。

图 4–45 QQ 邮件订阅

假如我是销售咖啡的，搜索“咖啡”，就可以搜到很多关于咖啡的群，导入 Excel，选择人数 85 以上的，有680个群，共9万多人。然后可以开始加群。加群的QQ号，名称合适，QQ级别低，资料少，很容易被群主剔除。不要大量发群邮件，QQ群邮件被看的概率低。也可以通过拍拍店铺采集目标客户群QQ号，这个最精准，而且客户还有网购经历。

图 4-46 QQ 号码导出

5. 通过文库收集

像百度文库、新浪文库等，搜索时带上邮箱等关键字，再选择 .xls 格式的，可以搜到很多邮箱文件。

6. 现有会员的邮箱

如果自己有个论坛什么的，这些注册会员的邮箱最好，很精准，获得也最简单。为了防止那些随便用个邮箱注册的会员，可以设置成注册后需要激活邮件才能用等。

四、电子邮件发送

1. 通过 E-mail 的 Web 页面

几乎所有的E-mail服务器都提供Web页面登录方式，用户可以在浏览器中打开E-mail的Web页面登录，并完成收发邮件、撰写邮件、管理地址簿等基本操作。因此，用户可以通过发件选项中的抄送与密送设置，来添加多个收件人地址，从而完成群发邮件的操作。但群发邮件的数量与速度，受到E-mail服务器相关设置的制约，这是用户需要提前获知注意的。

2. 使用电子邮件客户端

如果用户使用了诸如Outlook、Foxmail之类的电子邮件客户端程序，那么就充分利用软件功能，快捷便利地实现电子邮件的群发。

3. 使用专业软件

以上两种邮件发送方法，都要受到E-mail服务器功能的限制，如果企业使用的是免费电子邮箱，则受到的限制会更加严格且无法更改，因此，针对这种情况，企业可以选用专业化的E-mail发送软件，克服以上种种不利限制。优先选用免SMTP服务器的群发软件。这种软件可以将发件计算机虚拟成发信服务器，邮件直接送至用户邮箱，不仅可以显示发送成功的数量，而且能够分析邮件发送失败的原因，如亿虎E-mail邮差和WorldCast等。

五、邮件的效果评估

邮件营销效果一般都是以到达率、打开率以及点击率这三个方面来分析评估的。

1. 到达率

影响到达率的主要因素是EDM服务商的技术平台和综合ISP商关系。发送平台技术的处理机制决定发送时间、发送量，综合ISP商关系决定邮件发送的接收时间、接收量、是否当成垃圾邮件处理。

2. 打开率

打开率即电子邮件营销活动中，用户打开邮件的数量占整个送达总数的百分比。

影响打开率的因素主要有：邮件主题、邮件列表数据精准度和发送时间。

（1）邮件主题。代表核心思想的主题，直接影响客户是否打开，一个好的、新颖的标题是吸引客户打开邮件的关键因素，一定要重视。

（2）邮件列表数据精准度。直接关系到发送内容的意义，发送邮件内容给感兴趣的客户即你的会员，才会让这些内容显现出它的价值，所以不要随便到外面去买些数据过来就发，盲目地发送不会带给你任何好处，反倒会让你的品牌受到反面影响。邮件营销是精准营销，如果你的会员很少，那么你可以指定策略来积累会员，这个积累的时间不会很慢，积累到一定程度的时候再开展 EDM 营销，相信效果会超乎你的想象。

（3）发送时间。一般的发送时间在周一、周二发送效果较佳，具体行业应用可根据公司的具体情况再做定夺。发送的周期最好是 2 周发送一次，发送太频繁容易让客户形成视觉疲劳，甚至产生反感。当然如果你是新闻类的性质，你的客户已经形成了一种阅读习惯的话，你可以每周都发或者每天都发。但是如果你是刚开始做，是为了搞活动在做的话，最好 2 周发送一次。

3. 点击率

点击率是一个百分比，是指针对某封邮件的链接被点击的次数与此封邮件所成功送达的邮件总数之比。它可以反映出邮件中的某处的链接所被关注的程度，常常用来衡量此链接受欢迎的程度。影响点击率的因素主要是模板格式的设计和模板内容的设计。

必备技能

王丽丽带领团队成员为校园网上商城开展邮件营销。

一、获取用户邮箱地址

一方面，利用现有校园相关 QQ 群和好友信息，导出邮箱地址；另一方面，加各类本校校园 QQ 群。因为是校园商城，故消费者群体以在校师生为主，输入关键字“无锡科院”“无锡科技”为例，即可搜索到关于本校的很多主题群，申请加入，同意后即可导出 QQ 邮箱号码，如图 4-47 所示。

二、撰写邮件内容

以某一主题命名，如“属于我们师生自己的校园网上商城——科院幸福商城开业啦”，邮件正文要图文并茂，体现网址、开业时间、商品类目、商品来源、商品价格、物流配送

图 4–47 QQ 群搜索

图 4–48 邮件正文

等核心数据，如图 4–48 所示。

三、发送邮件

1. 利用 QQ 发送邮件

（1）写信 —— 普通邮件 —— 分别发送 —— 定时发送，其他选项（需要回执）。

（2）写信 —— 群邮件发送。

2. 利用 Foxmail 发送邮件

下载安装后，设置接收、发送邮件服务器，添加邮箱地址，然后发送。

3. 网上搜索群发邮件软件

如“U-mail 群发邮件软件”或“六台阶邮件群发助手”等，下载安装后群发指定邮件。

任务 12　SEO 营销

情境设计

随着搜索引擎的使用频率越来越高，使得搜索引擎成为互联网第一大流量来源入口，而搜索引擎的巨大的流量效应也使得越来越多的企业青睐利用搜索引擎来进行网络营销。王丽丽考虑将商城的几个主要产品关键词在搜索引擎上展示，以便获取流量，使公司的业务能从单一的线下业务，拓展到线上搜索，转化为互联网流量和客户。

任务分解

教学内容	课时安排	
	中职	高职
活动一　搜索引擎的定义和发展	2	4
活动二　搜索引擎优化的定义和目的	2	4
活动三　搜索引擎有哪些技术	4	8
活动四　搜索引擎优化有哪些方法	12	28
活动五　搜索引擎优化的作弊行为	2	4

活动一

搜索引擎的定义和发展

必备知识

一、什么是搜索引擎

如果非要列举出搜索引擎能做什么，恐怕没有人可以给出完整的答案。因为从字面上理解搜索引擎就是一种提供搜索并且得到搜索人想要得到的搜索结果的一类工具。搜索引擎已经成为广大网民日常生活中不可缺少的重要部分。中国互联网信息中心调查报告显示：搜索引擎以 74.8% 的比率已经成为中国网民最常使用的网络服务之一。详细数据如表 4-5 所示。

表 4-5　搜索引擎网络使用占比

浏览新闻	77.3%
获取信息	76.3%
搜索引擎	74.8%
即时通信	69.8%
网络音乐	68.5%
网络影视	61.1%
收发邮件	55.4%
网络游戏	47.0%
网络购物	25.5%
网络教育	24.0%

二、搜索引擎的定义

给搜索引擎下一个定义是非常困难的。一千个人就有一千个搜索引擎：有人认为搜索引擎就是百度，有人认为搜索引擎就是 Google，有人认为搜索引擎就是 Yahoo。在中国大家普遍认知具有代表性的搜索引擎是百度搜索。

我们先来看看微软大百科全书（MSN Encarta）是怎么定义搜索引擎的：

Search Engine, software program that helps users find information stored on a personal computer, or a network of computers, such as the Internet. A user enters search terms, typically by typing a keyword or phrase, and the search engine retrieves a list of World Wide Web （WWW） sites, personal computer files, or documents, either by scanning the content stored on the computers or computer networks being searched or by parsing （analyzing） an index of their stored data.

搜索引擎是帮助用户查找存储在个人电脑、计算机网络如互联网上的信息的软件程序。用户输入搜索项目，通常是通过录入一个关键词或短语，搜索引擎通过扫描被搜索的计算机和计算机网络，或者分解（分析）它们数据的索引，返回万维网站点、个人电脑文件或文档的列表。

必备技能

随着计算机和互联网应用的普及，大众对搜索的要求也越来越高，人们期望搜索引擎的速度更快、返回结果更准确、可以搜索的内容更丰富、更加智能化和个性化。

一、快速化

速度的提高是现在各个搜索引擎都在努力达到的目标。快不仅仅是指搜索引擎返回结果的速度，更是指搜索引擎获取新信息的速度。现在博客和论坛已经成为信息最重要的来源，一条爆炸性的新闻很可能来自某个人的博客，而不是知名媒体。

二、多样化

多样化主要包括两个方面：内容多样化和搜索途径多样化。

内容多样化：除文字之外还包括图片、音频、视频内容的搜索。

搜索途径多样化：可以通过语音指令、动作指令、甚至是思维指令进行搜索。

三、智能化

语义输入：可以通过输入自然语言来查找结果，就像在问朋友问题。比方说，“第一个登上太空的中国宇航员是谁？”这是很多搜索引擎研究的防线。虽然如 ask.com 一直宣称自己是提问式搜索，但实际上并不能完全做到和用户的自然对话。

互动功能：逐层缩小搜索范围，使用户更快更准地找到所需信息。目前有些搜索引擎已实现了部分互动性。

相关搜索：在用户搜索过程中结合大量其他用户的搜索习惯统计，给出可能用户要查找的内容，引导和启发搜索者找到想要找的内容。

四、社会化

有人把社会化搜索称作“搜索人脑”。搜索引擎借助对大量用户的黏性，提供用户提问的功能，而这一提问的回答者不是搜索引擎本身，而是其他所有看到这一问题的用户。通过大量用户的群策群力，以及对应的专业人士的帮助，这些问题往往能得到比较好的解答。比如新浪的爱问、百度知道等都属于社会化搜索的范畴。

目前，社会化搜索的不足是还不能对回答内容的准确性进行评价，只能依靠提问者自己的判断。另外问题不能及时得到解答也会影响用户的耐心。

五、个性化

因为每个用户的喜好、目的不同，对搜索结果的期待就有很大差异。比如同样是搜索“绿茶”，有人希望查找“绿茶”的商品信息，有人则是要找一部叫《绿茶》的电影。

所以现在很多搜索引擎开始建议用户注册登录，比如 Google 和 Yahoo，这样用户的搜索习惯就会被搜索引擎记录和分析。如果你经常查询电影的相关资料，那你下次输入“绿茶”的时候，返回结果中《绿茶》电影的信息就会出现在靠前的位置了。

个性化搜索对用户搜索习惯的数据收集有很高的要求，不过在某种程度上，又涉及用户的隐私问题。

活动二

搜索引擎优化的定义和目的

必备知识

一、搜索引擎优化的定义

1. 维基百科定义

SEO 翻译成中文就是“搜索引擎优化”，一般可简称为搜索优化。

SEO 的主要工作是通过了解各类搜索引擎如何抓取互联网页面、如何进行索引以及如何确定其对某一特定关键词的搜索结果排名等技术，来对网页进行相关的优化，使其提高搜索引擎排名，从而提高网站访问量，最终提升网站的销售能力或宣传能力的技术。

2. 国内的一些解释

搜索引擎优化是搜索引擎营销的常见形式之一，所谓搜索引擎优化，就是针对各种搜索引擎的检索特点，让网页设计适合搜索引擎的检索原则（即搜索引擎友好），从而获得搜索引擎收录并在排名中靠前的各种行为。如对于基于 META 标签检索的搜索引擎，在 META 标签中设置有效的关键词和网站描述，对于以网页内容相关性为主的蜘蛛搜索引擎，则通过在网页中增加关键词的密度，或者专门为搜索引擎设计一个便于检索的页面（如 sitemap.htm、roberts.txt）。

目前为止，比较权威的定义是：搜索引擎优化，指遵循搜索引擎的搜索原理，对网站结构、网页文字语言和站点间互动外交策略等进行合理规划部署，以改善网站在搜索引擎的搜索表现，进而增加客户发现并访问网站的可能性的这样一个过程。搜索引擎优化也是一种科学的发展观和方法论，它随着搜索引擎的发展而发展，同时也促进了搜索引擎的发展。

二、搜索引擎优化的目标

1. 自然结果商机更大

从搜索习惯来看，用户更倾向于点击查看自然排名的结果。

各大搜索引擎都很好地区分了自然排名结果和广告，比如 Google 仅仅把广告显示在右侧，左侧全是自然排名结果，百度也在广告结果中加入了“推广”的字样。一般用户对广告都有一定的排斥，一旦他们分辨出哪些是广告，就会尽量不去点击。

所以，如果企业的网站出现在自然排名中，就会加大被用户点击的可能性，从而带来更多的商业机会。

2. 节省费用

网站通过实施搜索引擎优化，可以使一些关键词的排名提高。而此前如果希望通过这些关键词带来潜在客户，则需要不断地投放广告。这无疑为企业节省了一定的广告开支。即便企业不去削减广告预算，也大可以把这些费用投放在更多的关键词上。

3. 全面覆盖

随着搜索技术的发展，越来越多的搜索引擎出现了。但是企业不可能在所有的搜索引擎针对所有的相关内容都投放广告，况且还有一些搜索引擎暂时不提供收费的广告业务。因此，只有根据搜索引擎的普遍规律去优化网站，才有可能做到对搜索引擎更多的覆盖。

4. 更好的用户体验

正确的搜索引擎优化并不会为了迎合搜索引擎而把网站改得面目全非，相反，优化会遵循“用户喜欢的才是搜索引擎喜欢的”这一基本观点，去充分考虑用户的体验。

三、SEO 和 SEM 的关系

国外有一些相关的书籍和文章把 SEM 和 SEO 放在并列的位置看待，认为 SEM 就是付费排名，SEO 就是自然排名。这样的提法也无不可，但本书的观点还是把 SEO 看作为 SEM 的一个部分。

作为 SEM 的重要形式，SEO 和 SEM 有着共同的目标，就是使网站出现在搜索结果更靠前的位置，从而带来更多的访问量和潜在客户。

SEO 工作涉及的领域又不仅仅局限 SEM 的范畴。一个好的 SEO 方案及其实施，将不可避免地涉及网站策划、网页设计、程序编写，甚至要考虑用户体验等。

四、SEO 和付费排名的关系

有些 SEO 服务商提出要 SEO 不要付费排名的观点，认为网站只要通过搜索引擎优化，就可以达到从搜索引擎带来访问量和潜在客户的目的，不需要另外花钱购买任何形式的关键词广告了。这种观点很容易让人认为 SEO 和搜索引擎是对立的，好像 SEO 抢了搜索引擎的客户。

搜索引擎的付费广告有一个前提，就是必须事先规划好关键词，并针对这些关键词投放广告。如果对一个网站的访问情况进行分析，我们不难看出，有很多来自搜索引擎的访问是在我们预期之外的。

搜索引擎优化不仅能有目的地针对一些关键词进行优化，使其在搜索结果的排名上升，同时还通过调整网站结构、代码书写规范、文本写作等一系列工作，使得网站在搜索引擎的表现得到改善。网站绝大多数页面都能被搜索引擎收录，网页中绝大多数文字内容都能被搜索引擎索引到，这就意味着出现在网站的任何文字都有可能成为目标关键词。也许一个非预期的关键词带来的访问量是很小的，可能一天一次甚至一个月一次，但是这样的关键词数量巨大，综合起来的整体流量依然是不容小视的。

网站实施 SEO 确实会减少某些关键词的广告投放量，但是因为通过 SEO，网站本身各方面都有了改善，客户转化率提高了，就可能加大企业在其他关键词上的投放量。而且通过 SEO 工作，能够帮助分析出更多的相关关键词，从而开始更多关键词的广告投放。

SEO 和付费排名并不是矛和盾的关系，从事搜索引擎营销，必须把二者有机结合起来，以期从搜索引擎带来尽可能多的目标客户，让搜索引擎带来的价值最大化。

五、搜索引擎营销的价值

如表 4-6 所示，如果你想了解某个关键词的搜索结果中自己网站的排名，最简单的办法就是直接到搜索引擎输入关键词。

表 4-6

浏览搜索结果的方式	比例
看第一页前几个搜索结果	16%
看第一页搜索结果	25%
看前两页搜索结果	27%
看前三页搜索结果	20%
看三页以上的结果	12%

需要注意的是，以上的比例只是表明搜索用户可能会查看的搜索结果页面数量，并不意味着会点击查看这些页面上的所有网站和网页内容。如果网站的信息出现在搜索结果第三页之后，只有 12% 的用户可能会查看这些页面，而查看到某个网站或者网页的概率更是微乎其微了。

因此，让自己的网站在某个关键词的搜索结果中排到靠前的位置，而且是越靠前越好，这样，搜索引擎才可能为你带来更多的关注和点击，同时也带来更多的商业机会。

必备技能

了解网站在搜索引擎中的表现

（一）基础类查询

1. 域名信息查询

域名归属：查看域名所有人、注册时间、到期时间等。

英文域名信息查询：www.whois.com

中文域名信息查询：www.cnnic.cn

一般域名注册商网站也提供此类查询功能。

2. 域名历史查询

有些没在使用也没有被注册的域名，可能是因为作弊被 Google 或者百度处罚过的。在注册新域名的时候，有必要留个心眼，以免捡了别人的垃圾。

http://domain-history.domaintools.com

3. 主机连接速度和 IP 地址查询

开始－运行－输入“cmd”进入命令行窗口。

输入 ping www.timev.net，返回以下内容：

Ping www.timev.net [61.141.5.50] with 32 bytes of Date:

Reply from 61.141.5.50: bytes=32 time=282ms TTL=54

其中 61.141.5.50 就是网站的 IP 地址，time=282ms 这个数值越小表明速度越快。需要注意的是，这个数值仅仅反映相对的速度，比如今天是不是比昨天慢了好多。受到查询者和网站主机所处区域和运营商的限制，会有很大的差异。比如你是电信用户，查询网通的主机可能显示速度比较慢，但是网通用户查询起来就很正常。

可以让不同地区的朋友，特别是网站主要目标用户群体所在地区的朋友帮助你做一些测试，如果普遍反映很慢，就要考虑换主机服务商了。

4. 同 IP 网站查询

用来查询在和你的网站同一个 IP 地址上，还有哪些网站。这往往对于虚拟主机比较有用，你可以看看和你在同一个服务器上有哪些邻居，也可以看看这些邻居是不是都是些安分守己网站，如果发现其中有明显搜索引擎作弊的网站，就要引起注意了，因为你的网站有可能受到牵连。

查询地址：http://tool.chinaz.com/

（二）收录查询

1. 是否被收录

直接在搜索引擎搜索域名。比如在百度搜索，www.timev.net，结果如图 4-49 所示。

浩维互动
首页 关于我们 服务内容 客户案例 知识库 浩维博客 联系方式 互联网战略规划 网站诊断和网站策划 搜索引擎营销和优化 互联网开源计划 行业解决方案 超越客户期望 互联网是增强企业竞争优势的资源，互联网应用应该具有整体性和长期性，并应该融入...
www.timev.net/ 6K 2007-3-6 - 百度快照

图 4-49 百度搜索域名（有收录）

这就说明网站已经被收录了。

如果显示下面的结果，说明网站还没有被收录，如图 4-50 所示。

你可以直接访问：www.timev.net/
百度建议你：
如果网址正确，请点击上面的链接
如果你在寻找包含“www.timev.net/”的所有网页，请点击这里查询

图 4-50 百度搜索域名（无收录）

需要注意的是，有时候你解析的域名是 timev.net 而不是 www.timev.net，那要查询解析的那个。

2. 网页收录数量查询

一般可以通过在搜索引擎搜索框输入“site:”命令来查看某网站被搜索引擎收录的网页数量：

site:163.com

找到相关网页约 40 400 000 篇。

查看网址中包含 163.com 的网页收录数，例如 news.163.com、tech.163.com、bbs.163.com、blog.163.com 开头的网页都会被统计在内。

site:www.163.com

找到相关网页 189 篇。

site:tech.163.com

找到相关网页约 1 480 000 篇。

一般来说，网页收录数量反映了网站内容的丰富程度。对于一个网站来说，如果内容不断更新，网页收录数也会随之增加。

目前搜索引擎已经能够收录动态的网页。由于各个搜索引擎算法不一样，对同一个网站的网页收录数量会有所区别。如果某个网站的网页收录数量忽然大幅下跌，可能说明网站因为存在一些不符合搜索引擎要求的地方，被搜索引擎处罚了。

可以说，网页收录数是网站搜索引擎表现的一个晴雨表。如果搜索引擎对网站的收录是零甚至非常少，那么我们的网站一定是存在相关的问题的。

（三）反向链接查询

有的网站链接是网站管理员主动寻求、添加和交换的，而有的时候，别的网站会主动链接过来，一些包含网站链接的文章被转载或者发布在论坛、博客，都有可能带来意料之外的链接。

看看哪些网站链接了你，可以使用 link 命令。

link:www.wxos.net

（四）网页权重RANK查询

1. 百度权重查询

查询百度权重可以用站长工具实现，在 http://tool.chinaz.com/ 输入想要查询的网址。如图 4-51 和图 4-52 所示。

2. Google PageRank 查询

查询 Google PageRank 可以通过 Google 免费提供的浏览器工具条来实现。

图 4-51　百度权重查询

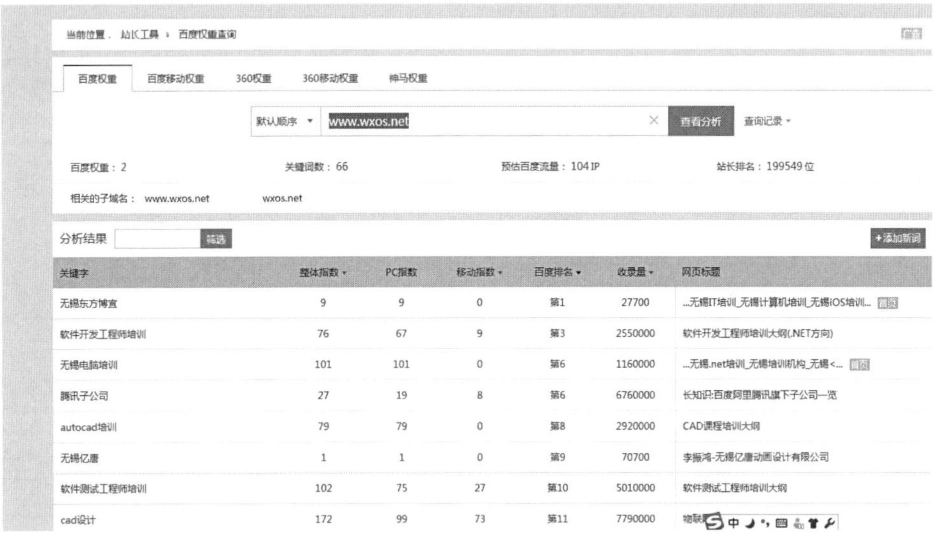

图 4-52　百度权重结果

在 http://toolbar.google.cn 可以下载到中文版本的 Google 工具条，并在设置选项中把"PageRank 和网页资料"勾选，当你访问一个网站的时候，如果该网页已经被 Google 收录并评级别，工具条上 PageRank 就会显示当前网页的 PageRank 值了。

目前 Google 的工具条不仅支持 IE 浏览器，也支持 Firefox 浏览器了。

3. Sogou Rank 查询

网页评级（Sogou Rank）是搜狗衡量网页重要性的指标，不仅考察了网页之间的链接关系，同时考察了链接质量、链接之间的相关性等特性，是机器根据 Sogou Rank 算法自动计算出来的，值从 0 至 100 不等。网页评级越高，该网页在搜索中越容易被检索到。

Sogou Rank 评级范围从 0 到 100，同时显示链接情况，提供比 Google Rank 更精细的优化参考。并且无须安装任何工具，即可查询到每个页面的评级。

（五）关键词排名查询

如果你想了解某个关键词的搜索结果中自己网站的排名，最简单的办法就是直接到搜索引擎输入关键词。

如果你的网站表现不错，它可能排在前几位，第一页或者是前几页。

如果你连续翻了十多页还没有找到你的网站，而你仍然想看看你的网站在这个关键词搜索结果中到底落后到什么程度，就可以借助一些在线工具。在 http://tool.chinaz.com/ 输入想要查询的网址，如图 4-53 和图 4-54 所示。

图 4-53 选择关键词排名查询

关键词排名　长尾词推荐　添加关键词

关键词	PC指数	移动指数	360指数	本地排名[一键查询]	异地排名[异地排名]	排名变化	预估带来流量(IP)
无锡电脑培训	101	0	0	5	5	-	1～2
无锡软件培训	0	0	0	6	21	-	0
无锡软件开发培训	0	0	0	24	5	-	0
无锡网络营销培训	0	0	0	100名以外	5	-	0
无锡cad培训	0	0	0	10	3,19	-	0
无锡室内设计培训	0	0	0	44	34	-	0
无锡平面设计培训	0	0	0	13	8	-	0
无锡安卓培训	0	0	0	10	100名以外	-	0
无锡淘宝培训	0	0	0	1	100名以外	-	0
无锡电子商务培训	0	0	0	1	100名以外	-	0
无锡C语言培训	0	0	0	16	1	-	0
无锡ps培训	0	0	0	21	21	-	0
无锡java培训	0	0	0	92	8	-	0
无锡培训机构	0	0	0	27	28	-	0
无锡IT培训	0	0	0	6	7	-	0
无锡计算机培训	0	0	0	11	11	-	0
无锡iOS培训	0	0	0	8,18,40	4	-	0
无锡.net培训	0	0	0	13	13	-	0
无锡动漫培训	0	0	0	12	14	-	0

图 4–54　关键词排名查询结果

（六）SEO 搜索指令

1. Intitle

将搜索范围限定在网页的标题。例如，我想搜索文档标题含有“Excel2013”的文档，只需要输入：intitle:excel2013 filetype:all，如图 4–55 所示。

图 4–55　Intitle 指令搜索

2. Site

将搜索范围限定在特定站点中。我们可将搜索的范围限定在此网站中，然后进行搜索。具体操作就是，site+ 半角冒号 :+ 网址（去掉 WWW）+ 空格 + 关键词。site 后的网址可长可短，例如若想搜索教育网上的信息，可以直接输入 site:edu, 商业网上的信息输入 site:.com 等。

3. Inurl

搜索范围限定在 url 链接中。很多含文件的网页后缀以格式结尾，我们可以利用这一点搜索，例如：inurl:ppt 英语教学；若想搜索有关 excel2013 的技巧性文章，也可以这样输入：

Excel2013 inurl:jiqiao。很快就能找到我们需要的结果。双引号、书名号：精确匹配。关键词加上双引号或者书名号，表示不可拆分，搜索结果中必须包含完整的关键词，如图 4-56 所示。

4. Filetype

从谷歌移植而来，意思就是搜索特定格式的文档。百度对于此命令目前总共支持 5 种格式文档的检索：doc，xls，ppt，rtf，pdf。如果你想搜索所有的这 5 种格式的文档可以直接使用 all。比如：思维导图 filetype:ppt，如图 4-57 所示。

图 4-56 Inurl 指令搜索

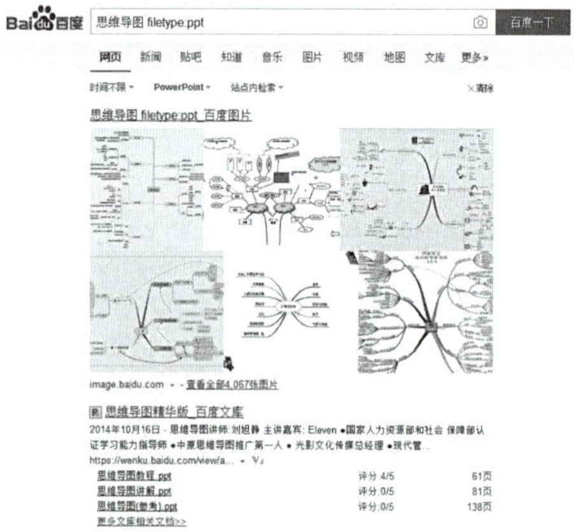

图 4-57 Filetype 指令搜索

5. Domain

主要用来查询网站的外链来源及数目。

活动评价

表 4-7 活动评价表

学习目标	评价项目
了解搜索引擎	熟悉 2 个或 2 个以上的搜索引擎
运用搜索引擎在线工具	至少使用 1 个搜索引擎在线工具进行查询
营销效果评价	查询以上所有网站指标数据

活动三 搜索引擎有哪些技术

一般来说搜索引擎技术（百度为例）有下面几种。

（1）搜索引擎机器人。

（2）超链分析。

（3）中文分词。

（4）基于词意的文本分析。

必备知识

一、搜索引擎机器人

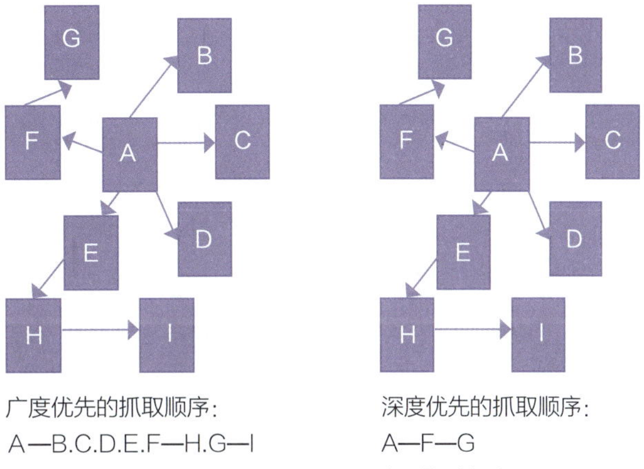

图 4-58　广度优先和深度优先策略

搜索引擎机器人也称网络蜘蛛（Web Spider），这是一个很形象的名字。把互联网比喻成一个蜘蛛网，那么 Spider 就是在网上爬来爬去的蜘蛛。网络蜘蛛通过网页的链接地址来寻找网页，从网站某一个页面（通常是首页）开始，读取网页的内容，找到在网页中的其他链接地址，然后通过这些链接地址寻找下一个网页，这样一直循环下去，直到把这个网站所有的网页都抓取完为止。如果把整个互联网当成一个网站，那么网络蜘蛛就可以用这个原理把互联网上所有的网页都抓取下来。

在抓取网页的时候，网络蜘蛛一般有两种策略：广度优先和深度优先，如图 4-58 所示。

广度优先：是指网络蜘蛛会先抓取起始网页中链接的所有网页，然后再选择其中的一个链接网页，继续抓取在此网页中链接的所有网页。这是最常用的方式，因为这个方法可以让网络蜘蛛并行处理，提高其抓取速度。

深度优先：是指网络蜘蛛会从起始页开始，一个链接一个链接跟踪下去，处理完这条线路之后再转入下一个起始页，继续跟踪链接。这个方法有个优点是网络蜘蛛在设计的时候比较容易。

由于不可能抓取所有的网页，有些网络蜘蛛对一些不太重要的网站，设置了访问的层数。

搜索引擎派出它们的搜索机器人去访问、索引网站内容，网站管理员也默认、欢迎它们来访。但是由于搜索引擎派机器人来访会在一定程度上影响网站性能，因此并非所有的机器人都是无害的，有一些非法机器人伪装成主流搜索引擎漫游器对网站大量遍历，并且不遵循 robots.txt 规范，会严重拖垮网站性能而又无其他益处。因此，网站管理员需要验证每个机器人身份是否合法。

在你的服务器日志文件中，可见每次访问的路径和相应的 IP 地址，如果是机器人来访，则 user-agent 会显示 Googlebot 或 MSNBot 等搜索引擎漫游器名称，每个搜索引擎都有自己的 user-agent，但仅有这个还不足以证明这个机器人的合法性，因为很多垃圾制造者可能将它们的机器人也命名为 Googlebot，以伪装蒙混进入网站，大肆采掘内容。

目前，主流搜索引擎都建议网站管理员通过这种方式来辨别真实的机器人身份：通过

DNS 反向查询找出搜索引擎机器人 IP 地址对应的主机名称；用主机名查找 IP 地址以确认该主机名与 IP 地址匹配。

首先，使用 DNS 反向查询（Reverse DNS Lookup），找出机器人 IP 地址对应的主机名称。主流搜索引擎的主机名称通常情况下应是这样的：

• Google：主机名称应包含于 googlebot.com 的域名中，如：

crawl-66-249-66-1.googlebot.com；

• MSN：主机名称应包含于 search.live.com 的域名中，如：

livebot-207-46-98-149.search.live.com；

• Yahoo：主机名称应包含于 inktomisearch.com 的域名中，如：

ab1164.inktomisearch.com。

最后，做一次 DNS 查询，用主机名查找 IP 地址（Forward DNS Lookup），以确认该主机名与 IP 地址匹配，由此证明该机器人是合法的。

现在，如果发现一个机器人将自己伪装成合法搜索引擎漫游器，你就可以通过服务器上的设置来阻止这个非法机器人。

二、超链分析

超链分析的基本原理是：在某次搜索的所有结果中，被其他网页用超链指向得越多的网页，其价值就越高，就越应该在结果排序中排到前面。

超链分析是一种引用投票机制，对于静态网页或者网站主页，它具有一定的合理性，因为这样的网页容易根据其在互联网上受到的评价产生不同的超链指向量，超链分析的结果可以反映网页的重要程度，从而给用户提供更重要、更有价值的搜索结果。

搜索引擎，并不能真正理解网页上的内容，它只能机械地匹配网页上的文字。它收集了互联网上几千万到几十亿个网页并对网页中的每一个文字（即关键词）进行索引，建立索引数据库的全文搜索引擎。当用户查找某个关键词的时候，所有在页面内容中包含了该关键词的网页都将作为搜索结果被搜出来。在经过复杂的算法进行排序后，这些结果将按照与搜索关键词的相关度高低，依次排列。

搜索引擎在查询时主要根据一个站点的内容与查询词的关联程度进行排序。对于一个站点的内容搜索引擎则是根据标题、关键词、描述、页面开始部分的内容以及这些内容本身之间的关联程度以及一个站点在整个网络上的关联程度来确定的。

三、中文分词技术

英文是以词为单位的，词和词之间靠空格隔开，而中文是以字为单位，句子中所有的字连起来才能描述一个意思。例如，英文句子“I am a student.”，用中文则为：“我是一个学生”。计算机可以很简单地通过空格知道 student 是一个单词，但是不能很容易明白

“学”“生”两个字合起来才表示一个词。把中文的汉字序列切分成有意义的词，就是中文分词，有些人也称为切词。我是一个学生，分词的结果是：“我”“是”“一个”“学生”。

中文分词主要应用于信息检索、汉字的智能输入、中外文对译、中文校对、自动摘要、自动分类等很多方面。下面就以信息检索为例来说明中文分词的应用。

1. 中文分词技术之基于字符串匹配的分词方法

这种方法又叫作机械分词方法，它是按照一定的策略将待分析的汉字串与一个“充分大的”机器词典中的词条进行匹配，若在词典中找到某个字符串，则匹配成功（识别出一个词）。

按照扫描方向的不同，字符串匹配分词方法可以分为正向匹配和逆向匹配；按照不同长度优先匹配的情况，可以分为最大（最长）匹配和最小（最短）匹配；按照是否与词性标注过程相结合，又可以分为单纯分词方法和分词与标注相结合的一体化方法。常用的几种机械分词方法如下：

（1）正向最大匹配法（由左到右的方向）。

（2）逆向最大匹配法（由右到左的方向）。

（3）最少切分（使每一句中切出的词数最小）。

还可以将上述各种方法相互组合，例如，可以将正向最大匹配方法和逆向最大匹配方法结合起来构成双向匹配法。由于汉语单字成词的特点，正向最小匹配和逆向最小匹配一般很少使用。一般说来，逆向匹配的切分精度略高于正向匹配，遇到的歧义现象也较少。统计结果表明，单纯使用正向最大匹配的错误率为 1/169，单纯使用逆向最大匹配的错误率为 1/245。但这种精度还远远不能满足实际的需要。实际使用的分词系统，都是把机械分词作为一种初分手段，还需通过利用各种其他的语言信息来进一步提高切分的准确率。

一种方法是改进扫描方式，称为特征扫描或标志切分，优先在待分析字符串中识别和切分出一些带有明显特征的词，以这些词作为断点，可将原字符串分为较小的串再来进行机械分词，从而减少匹配的错误率。另一种方法是将分词和词类标注结合起来，利用丰富的词类信息对分词决策提供帮助，并且在标注过程中又反过来对分词结果进行检验、调整，从而极大地提高切分的准确率。

2. 中文分词技术之基于理解的分词方法

这种分词方法是通过让计算机模拟人对句子的理解，达到识别词的效果。其基本思想就是在分词的同时进行句法、语义分析，利用句法信息和语义信息来处理歧义现象。它通常包括三个部分：分词子系统、句法语义子系统、总控部分。在总控部分的协调下，分词子系统可以获得有关词、句子等的句法和语义信息来对分词歧义进行判断，即它模拟了人对句子的理解过程。这种分词方法需要使用大量的语言知识和信息。由于汉语语言知识的笼统、复杂性，难以将各种语言信息组织成机器可直接读取的形式，因此目前基于理解的分词系统还处在试验阶段。

3. 中文分词技术之基于统计的分词方法

从形式上看，词是稳定的字的组合，因此在上下文中，相邻的字同时出现的次数越多，就越有可能构成一个词。因此字与字相邻共现的频率或概率能够较好地反映成词的可信度。可以对语料中相邻共现的各个字的组合的频度进行统计，计算它们的互现信息。定义两个字的互现信息，计算两个汉字 X、Y 的相邻共现概率。互现信息体现了汉字之间结合关系的紧密程度。当紧密程度高于某一个阈值时，便可认为此字组可能构成了一个词。这种方法只需对语料中的字组频度进行统计，不需要切分词典，因而又叫作无词典分词法或统计取词方法。

但这种方法也有一定的局限性，会经常抽出一些共现频度高、但并不是词的常用字组，例如“这一”“之一”“有的”“我的”“许多的”等，并且对常用词的识别精度差，时空开销大。实际应用的统计分词系统都要使用一部基本的分词词典（常用词词典）进行串匹配分词，同时使用统计方法识别一些新的词，即将串频统计和串匹配结合起来，既发挥匹配分词切分速度快、效率高的特点，又利用了无词典分词结合上下文识别生词、自动消除歧义的优点。

四、基于词意的文本分析

（一）相关性搜索

相关性搜索是根据关键词的词意，与文章提取的重点要素进行比对，以此生成搜索结果，这将是真正基于内容分析的搜索结果，而并非仅仅是简单的全文检索。

比如在一篇计算机相关的文章中，可能计算机这个词出现得很少、甚至根本没有，而大量出现的可能是软件、硬件、程序、内存等词汇，也有可能在文章中不叫“计算机”而叫“电脑”，当使用“计算机”这个词汇进行检索时，系统可分析出从文章中提取的重点要素与“计算机”这个词是密切相关的，因此也会将其放入检索结果。

另外可以避免将错误结果放入，比如用“苹果”搜索，却把有关“苹果色素”的文章放在了搜索结果中，而“苹果”和“苹果色素”完全是两回事。

（二）个性化搜索

根据用户爱好和习惯，自动搜索其所需要的内容。通过某种技术，可以从用户所浏览页面中分析出用户的爱好和习惯，进而在用户进入网站时自动将他最喜欢的内容呈现在他的眼前，而且这种分析也是持续性的，可以即时掌握用户习惯和爱好的变化。

个性化搜索最大的问题是用户嫌麻烦，不愿意用。而且习惯和爱好是发展变化的，这种变化一般是潜移默化的，用户自己也难以察觉而去修改所设置的关键词，即使察觉，也往往会忘记和懒得去修改。

活动四

搜索引擎优化有哪些方法

必备知识

一、域名策略

域名的选取在整个搜索引擎优化工作过程中是一个很重要的环节。选择一个好的域名，并期望它为 SEO 效果提供尽可能最大的辅助作用，这无疑是每个搜索引擎优化工作人员都想看到的。

（一）不同后缀的域名在搜索引擎中的权重

一般来说，权威专业的站点更能获得搜索引擎的喜爱。由于 .edu 和 .gov 后缀的域名并不是任何人都能注册，需要注册单位出示相关机构证明材料才可注册，这两类的站点上发布的信息具有权威和原创的特性，所以我们会经常发现教育和政府的站点更能在搜索引擎中获得好的关键词排名。

像 Google 那样的对全球网页进行索引的搜索引擎，当用户查询的时候，它会把与用户所处地域和使用语言等信息匹配的搜索结果展示给用户，而不会出现 Google 向一个中文本土搜索用户返回其他非中文国家的网页信息。基于以上分析，有很多的观点认为，带有 .cn 后缀的域名在中文搜索引擎里更加具有搜索结果展示优势，如图 4–59 所示。

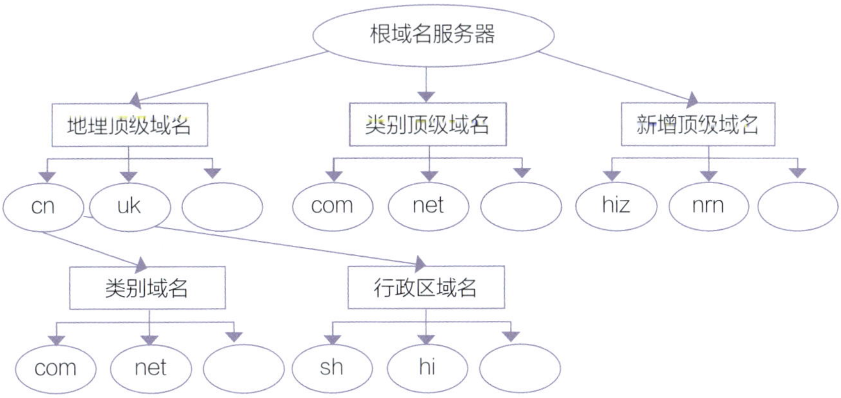

图 4–59　不同后缀的域名

域名的词干可由英文字母、阿拉伯数字和中横线组合构成，搜索引擎会因域名词干字符组合方式的不同而对其有不同的理解。接下来，我们将会通过一个具体实例来说明这个问题。

这里有两个域名：www.madeinchina.com 和 www.made–in–china.com ，它们有什么不

同？在我们看来这两个域名的词干都可以理解为“made in china”英文词组的意思。但是，搜索引擎不比我们人脑，它只会根据已经设置好的程式来对以上域名进行识别。通常情况下，搜索引擎会把一个“-”当成一个空格来看待，所以我们也就明白了它会如何去理解上面的两个域名的词干了。搜索引擎会认为 madeinchina 是一个单词，而 made-in-china 则会被其认为是“made in china”的词组。

基于以上分析，如果域名中包含关键词，或者以复合关键词作为域名的时候，我们最好用“-”来使其分隔开来。

特别说明，以上的域名的关键词策略主要应用于英文语种的 SEO。

（二）中文站点的域名的拼音策略

通过对用户的搜索行为分析，可以发现如下事实：用户一般在中英文输入法切换错误的情况下，才会出现使用关键词的拼音形式在搜索引擎中进行查询，被搜索网页的域名的词干与用户查询拼音关键词极其匹配，这些网站能排在前面也就理所当然了。

而有些站点，在其规划构建之初，网站所有者为了考虑访问用户对域名的记忆，会启用由中文目标关键词的字母全拼构成的域名。通常情况下，域名所有者一旦注册此类型的域名，就说明其对网站的内容定位相当明确，随着时间的推移，其网站能在搜索引擎中获得好的排名表现也并不是很难理解的。

（三）谨防注册一个遭受搜索引擎惩罚过的域名

如果一不小心注册了一个被搜索引擎惩罚过了的域名，这会为你的网站登录搜索引擎付出不少时间成本。一般来说，等搜索引擎刷新被惩罚域名所有人的信息后，它把该域名视为一个新域名，并对其站点网页进行重新索引，但是谁也不知道这个过程需要多少时间。

那么，我们怎样才知道一个域名是否已经遭受搜索引擎惩罚了呢?

首先，我们可以使用 site 命令在主流搜索引擎中查询，来获取该域名在搜索引擎中的相关数据。比如，你想注册域名 www.abc.com，那么针对该域名的 site 命令查询形式就为：site:abc.com。

如果该域名在搜索引擎尚未存在收录数据，则有两种对该域名进行判断的可能：

（1）该域名为一个新域名，未曾被人注册过。

（2）该域名已经被人注册过，并被搜索引擎惩罚而删除了该域名所对应的网站收录数据。

二、空间策略

如何确保你的网页存放空间被搜索引擎认为是“安全”的，而不会被其视为有悖相关规则？这里所指出的安全包括两个方面，即空间运行的稳定性和其所处的环境。

1. 安全元素一：稳定性

你必须确保你所购买的主机运行稳定，这样才会确保搜索引擎机器人对你网站进行索引的过程十分顺利。如果搜索引擎机器人在对一个网站进行爬行的时候，正值该网站空间所在的服务器宕机，那么搜索引擎机器人将不会带回任何关于该网站的最新信息，如果搜索引擎蜘蛛连续好几次都不能获取该网站的信息的话，搜索引擎就视为该网站不可用，就会清除其索引数据。

所以在购买空间的时候一定要选择一个口碑好的服务商，这会为你的网站的稳定运行提供强大的保障。许多企业为了贪图一时的便宜而去使用免费空间，这种做法是不可取的。免费空间提供商不会承诺任何有保证的服务，诸如确保空间的稳定运行、网站数据备份和相关应急响应等，一旦出现事故，将会对网站造成致命的打击。

2. 安全元素二：良好的共处环境

一般来说，大部分企业所使用的空间应该称之为虚拟主机，也叫共享主机。根据共享主机的特点，我们知道，大部分企业的空间是和其他很多网站的空间公用同一个独立 IP，那么我们可以形象地称这个 IP 下所有的网站都处在一个共处环境。

当你的网站准备入驻这个共处环境的时候，你应该事先对这个环境有一个充分的考虑分析，从而来决定你的网站跟同一个 IP 下的网站待在一起是否有风险。

我们该如何来评估你将购买的空间是否有风险呢?

搜索引擎已经在其相关条款中明确指出，它们不会对这些类型的网站进行收录，如果同一个 IP 下存在大量的不受欢迎的站点的话，搜索引擎可能要求搜索引擎机器人不会对该 IP 下的所有网站进行爬行索引，如果你的网站身处其中的话，结果可想而知。查询同一个 IP 下的站点工具：

http://whois.webhosting.info/hotmail.com

其次，你的网站也不应该与那些有搜索引擎排名作弊前科或嫌疑的网站为伍。由于一些网站的所有者怀有急功近利的心态，他们往往会采用一些搜索引擎排名作弊手法以期能快速获得排名效果。搜索引擎认为这种行为是十分不友好的，因为这些作弊网站一般都不会向用户提供有价值的信息，同时也干扰搜索引擎排名的公平性。搜索引擎一旦发现了这些网站的作弊行为，就会对其处以相应的惩罚，它们或被搜索引擎降权或被删除数据。如果同一个 IP 下存在大量的有作弊行为的站点的话，该 IP 可能会被搜索引擎视为不友好，搜索引擎机器人也将不会对该 IP 下的所有站点进行索引，所以应该注意所启用的主机所属 IP 下的其他站点是不是有大范围作弊嫌疑。

三、网站结构规划

扁平或者树形：即基于内容聚合的目录及文件位置决定的结构。其实对于百度搜索引擎来说，只要结构合理、有逻辑性、内容有规律可循都可以，都是友好的。

物理结构：主要指用于存放网站文件的目录设置形式。网站的目录结构有不同层次之分，以下是目录的实例表现形式：

根目录：http://www.example.com/

二级目录：http://www.example.com/test/

三级目录：http://www.example.com/test/test/

链接结构：相对于物理结构，就要说到逻辑结构，即通过内部链接形成的链接结构，逻辑结构才是搜索引擎最关注的。对于一个网站来说，网页仅仅可以通过首页——目录1——目录2一层一层搜索到是远远不够的，一个优秀的链接结构应该是网状的。

（1）首页链接应该链向重要的频道页，频道页再链向下面的节点页或普通页面。同时，频道页、节点页和普通页面都应该可以链回到首页。

（2）无论哪些页面之间互相链接，都需要一个描述恰当的锚文本。

（3）链接不要放在JS、Flash等搜索引擎不可见的位置，使用图片做链接入口应该完善ALT签。百度搜索引擎目前仅支持对部分JS和Flash进行解析，绝大多数放在JS和Flash里的链接都是获取不到的。

（4）为重要页面留更多入口。百度搜索引擎认为获得更多内部投票的网页相对来说更加重要。

（5）“离首页越近”的网页，越容易受到百度重视。这个“近”指的是页面离首页的点击距离。即使URL所在目录层级较深，只要在首页有入口，百度也认为这是一个非常重要的页面。

（6）不要产生可怕的孤岛页面。虽然百度在提交入口、社会化挖掘方面做了许多工作，但链接抓取依然是百度获得新页面的最重要渠道。

四、站点导航设计

网站有一个清晰明了的导航结构，无论是对于用户还是搜索引擎都十分重要。用户可以通过优良的站点导航系统快速便捷地找到他们所需要的信息，而搜索引擎则可以通过合理的导航对网站的页面进行高效索引。所有SEO做得出色的网站基本都拥有清晰明确的导航。

（1）导航内容搜索引擎可见。有网站的导航对用户来说美观友好，对百度来说却是不可见的。目前百度还不能搞定所有的JS和Flash，保险起见，还是使用HTML的好。图片虽然美丽，作为导航也是对搜索引擎不友好的行为。

（2）导航稳定。导航内容应该是相对固定的，不要让导航成为“滚动条”。

（3）重要网页尽可能地在导航处可以搜索到。百度认为主导航中出现的链接，其重要性仅次于网站首页，所以应该尽量将站内的页面在主导航中安排个位置。当然，主导航上也不可能放过多的内容，哪些链接可以上主导航还需要SEO人员进行平衡。

（4）巧用面包屑导航。导航对于用户来说，解决了“想看上一级、甚至上上一级更多内容”的问题，这个导航指的就是面包屑导航。面包屑导航可以使结构复杂庞大的大中型网站变得清晰轻盈，在 spider 进行页面解析时会着重查看面包屑导航内容，强烈建议使用。

当然，从 SEO 的角度来看，一个站点建立网站地图是为了方便搜索引擎对站点重要网页进行索引。

网页设计师一般会采用 HTML 文本、JPEG 或 GIF 静态图片、Flash 动画等格式来设计网站导航，我们建议采用 HTML 文本来制作网站地图为最佳，因为搜索引擎对纯文本链接的识别性最高。

五、URL 设计

URL 中文意思为“统一资源定位符”，也可以叫网站地址。面向访问用户和搜索引擎友好的 URL 设计必须要考虑三个方面的要求：便于用户记忆、URL 静态化和关键词部署。

1. 便于用户记忆

URL 的设计是否对于用户友好，这也是我们必须考虑的。我们经常看到很多站点内容页面的 URL 是一长串令人捉摸不透的数字和字母组合，很不便于用户记忆。

便于记忆的 URL 的建议是：根据访问用户的语言环境和文化素质情况而灵活采用英文或者汉语拼音，然后再加上有规律的数字组合来设计 URL。

2. URL 静态化

搜索引擎对静态的 URL 索引效率更高，在架构网站的时候采取静态页面架构或者实现动态 URL 伪静态化无疑是对搜索引擎友好的方法。

一般来说，中小型网站由于其信息量不多，维护起来也比较方便，大多都采用静态 HTML 页面来构建。而对于大型网站来说，由于信息量大，它们大都采用了 CMS（内容管理系统）来搭建网站，因为其架构安装和管理都比较方便。

但是，大部分的 CMS 系统开发商并没有考虑到 URL 静态化对于搜索引擎友好的重要性，这些系统生成的页面 URL 都是带有参数变量的动态形式。国内目前有做得比较好的 CMS 系统，例如米拓，DEDECMS。

并不是所有的动态 URL 站点都需要进行 URL 静态化处理，一般来说，如果站点信息规模已经很庞大，并且搜索引擎对其收录效果也不是很差的情况下，就不需要 URL 伪静态化处理了。而那些站点信息量原本就少，搜索引擎收录效果也很差的站点，就必须要对其动态 URL 进行伪静态化处理。诸如国内的某些论坛，虽然没有做 URL 的静态化处理，但是搜索引擎对其索引效果也不错。

3. 关键词部署

在 URL 里部署关键词的做法在英文语种的 SEO 工作中比较重视，这里简单谈一下如何来操作。

比如在 http://www.wxos.net 网站的 SEO 专栏下有一个网页，这一网页主要是介绍

SEO 书籍的，很多人可能会给它设定这么一个 URL：http:// www.wxos.net/01/1.html，或许也可能是这么一个 URL：http:// www.wxos.net/a/a.html。

如果这个 URL 被 SEO 部署了关键词后，会是什么样的呢？下面就是你想要的答案：

http://www.wxos.net/SEO/SEO-books.html。

如果有人在搜索引擎中搜索“SEO book”的时候，以上网站地址中的关键词“SEO”和“SEO books”也被作为文本纳入了搜索引擎的文本分析中，增加了用户搜索的“SEO book”的关键词密度，这种做法有助于增强关键词的搜索引擎排名竞争优势。

最好建议使用关键词或关键词组合构成 URL；

URL 部分的各个关键词应使用“-”分隔；

在关键词部署中，名词要尽量使用复数形式：如果你的关键词使用“books”，当用户搜索“book”时，关键词“books”中已经包含了它；当用户搜索“books”，正好是它。采用名词的复数形式能尽可能照顾用户的多样搜索习惯，当然也可能会为你的网页赢得了更多被搜索用户找到的机会。

六、网页代码的编写

网页代码的编写是否简洁和具有逻辑性也是评估搜索引擎优化工作的一个重要指标。

（一）遵循Web标准

遵循 Web 标准来编写网页，可以从以下方面获益：

更简易的开发与维护：使用更具有语义和结构化的 Html，将使得理解他人编写的代码更为容易和快速。

与未来浏览器的兼容：使用已定义的标准和规范的代码，向后兼容的文本就消除了不能被未来的浏览器识别的后患。

更快的网页下载、读取速度：更少的 Html 代码带来的将是更小的文件和更快的下载速度。如今的浏览器处于标准模式下，比它在以前的兼容模式下拥有更快的网页读取速度。

更好的可访问性：语义化的 Html（结构和表现相分离）让使用浏览器以及不同浏览设备的读者都能很容易地看到内容。

更高的搜索引擎排名：内容和表现的分离使内容成为一个文本的主体。与语义化的标记结合会提高在搜索引擎中的排名。

更好的适应性：一个用语义化标记的文档可以很好地适应于打印和其他的显示设备（例如在手机等移动设备上显示），这一切通过在网页文件中调用链接不同的 CSS 文件就可以完成。同样也可以仅通过编辑单独的一个文件就能完成跨站点般的表现上的转换。

Web 标准可以为网站的创建者节省时间与金钱，还可以为网站的浏览者提供一个更好的经历。

（二）代码的逻辑性

搜索引擎是通过分析网页源代码来分析页面文本信息的逻辑性，编写网页代码的时候一定要尽可能使用合适的标签来体现文本表达的层次感，也即是让搜索引擎“看懂”哪些文本信息要重于其他部分。

1. 标题标签

在 Html 代码中，标题的标签一共有 6 个，它们的具体代码表现形式分别是：“<h1> 标题 1</h1>”“<h2> 标题 2</h2>”“<h3> 标题 3</h3>”“<h4> 标题 4</h4>”“<h5> 标题 5</h5>”和“<h6> 标题 6</h6>”，其中标题 1 的逻辑权重最大，其他的标题重要性随着 h 后的数字增大而减小。在搜索引擎的文本分析中，标题的信息权重要比文章正文的大，所以我们尤其要注意内容标题的规划和书写。

一篇文章中可能会出现很多标题，诸如正文大标题、副标题、段落标题等。我们应该根据标题的逻辑重要性分配合适的标题标签，正文大标题应该是 <h1>，副标题可以是 <h2>，而段落标题则可分配 <h3>，其他的就可以以此类推了。

2. 强调标签

为了说明文章正文部分的某些字词或者句子的重要性，我们应该通过 Html 强调代码来标识它们，从而使其与其他部分的字词或者句子区分开来。

一般强调标签：<em>，Html 代码表现形式：“<em> 强调的字词或句子 </em>”，被 <em> 标签包括了的字词或句子在网页中表现为斜体。

重点强调标签：<b> 和 <strong>，具体 Html 代码表现形式：“<b> 强调的字词或句子 </b>”和“<strong> 强调的字词或句子 </strong>”，被重点强调标签包括了字词或句子在网页中表现为粗体。<b> 主要侧重于表现视觉上的强调，而 <strong> 则是指语意上的强调。

编写代码的时候应当尽量使用丰富多样的标签，让网页的文本信息具有逻辑性，从而让搜索引擎能更好地读“懂”网页中的信息。对于搜索引擎优化人员来说，在这些标签中部署关键词是一个不错的选择。

七、面向搜索引擎的文案写作

文案写作在搜索引擎优化技能中占有很大的分量，专业的搜索引擎优化人员必须具有很娴熟的文字写作能力。

（一）网页标题Title

通过下面的这张图片，可以看出 Title 在网页浏览器和 Html 源代码中的显示位置，如图 4-60 所示。

由于网页的 Title 部分内容在搜索引擎的文本分析中占有很高的权重，所以网页 Title 写作质量的好坏对页面的优化效果有很大的影响。

图 4-60 标题源代码展现方式

1. Title 的写作原则

标题字数控制在 60 个字节内：检索用户比较喜欢 50 个字节左右的标题；对于产品人员和编辑来说，过短的标题有可能无法全面表达网页主题；对于搜索引擎来说，标题过长意味着“超标”，只会保留前 60 个字节的内容，如图 4-61 所示。

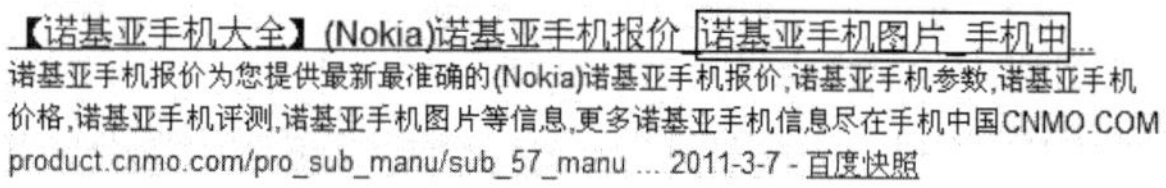

图 4-61 Title 的写作

以上是一个网页在百度中的搜索结果展示效果图，框内为该网页的 Title 展示效果。

该网页的 Title 在搜索结果中展示并不完全，后面有三个小点来代替省略的部分。通过搜索结果的链接，可以看到实际网页的 Title 在搜索结果中被省略了 2 个汉字。60 个字符也相当于 30 个汉字，这个建议数字也只是根据经验总结出来的，其实只要把 Title 的字数控制在搜索引擎结果能完全展示出来的范围即可。

2. 首页 Title 的写作原则

首页为网站最重要的入口，其重要性不言而喻。首页 Title 的构成形式为：网站名称 - 网站内容简要描述或口号。如果中横线分隔开的两个部分的总字数小于 30 的话，两个部分的位置可以随意调换；如果两个部分的总字数超过 30 的话，可以把网站简要描述部分的内容放置于网站名称的前面。首页的 Title 部分要部署核心关键词，但不可泛滥堆积关键词。

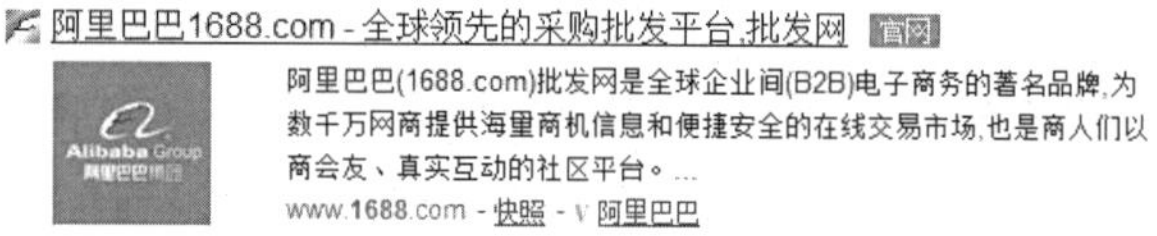

图 4-62 网站首页 Title 写法

重要内容放在标题的最前面：在众多检索结果中，用户的目光往往聚焦在标题前半段，所以重要信息内容放在标题前部非常重要。

网站首页 Title 写法举例，如图 4-62 所示。

图 4-63 不建议的首页 Title 写法

不建议的首页 Title 写法举例，如图 4-63 所示。

3. 网站栏目页的 Title 习作原则

站点栏目页的 Title 的构成形式为：“栏目名称 —— 网站名称”或“栏目名称 —— 栏目简要描述”。

同样也应该根据栏目页的内容提炼出 1 ～ 3 个关键词布置于 Title 中。建议的栏目页 Title 写法举例如图 4-64 所示。

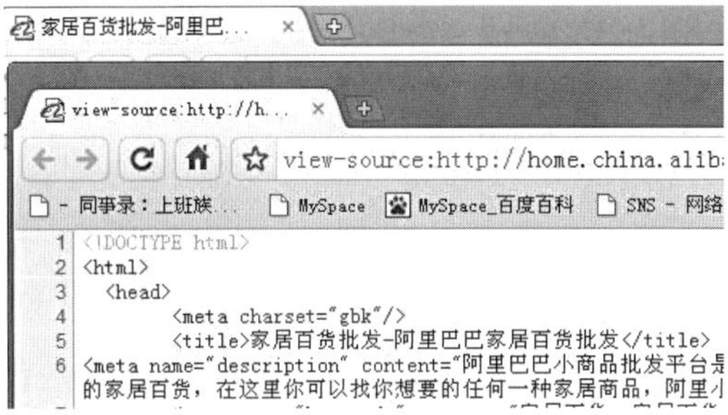

图 4-64 栏目页 Title 写法

图 4-65 不建议的栏目页 Title 写法

不建议的栏目页 Title 写法举例，如图 4-65 所示。

4. 最终内容呈现页面 Title 写作

内容页面的 Title 构成形式为："文章标题——网站名称"或者"文章标题"。建议的最终页面 Title 写法举例，如图 4-66 所示。

图 4-66 最终内容呈现页面 Title 写作

不建议的最终页面 Title 写法举例，如图 4-67 所示。

图 4-67 不建议的最终页面 Title 写法

（二）Meta元标签

对于搜索引擎优化人员来说，我们只重点关注 Meta 的 name 属性。

Meta的name属性主要用于描述网页，对应于网页内容，以便于搜索引擎机器人查找和分类。其中，对于 SEO 来说最重要的是 Description（站点在搜索引擎上的描述）、Keywords（分类关键词）和 Robots（机器人对具体页面进行索引的情况），所以应该给每页完善 Meta 值。

在新一轮的算法更新中，搜索引擎淡化 Meta 的 Keywords 和 Description 部分信息在排名因素中的权重。

虽然 Meta 部分的信息没有以前那么重要，其对排名效果影响并不那么大，但是搜索引擎仍然会把其作为评定网页质量的一个因素，所以我们应该尽可能完善每个页面的 Meta 值。

接下来我们就介绍以上三个 Meta 的书写方法。

1. Keywords

Keywords 的具体网页源代码表现形式为：<meta name="keywords" content="">。

Keywords 向搜索引擎说明你的网页的关键词。每个页面的源代码 keywords 的 content

部分填写 1 ~ 3 个关键词，关键词之间请以半角逗号分来。Keywords 部分的关键词应从当前页面的主要展示内容信息中提炼而来。

2. Description

Description 具体网页源代码表现形式为：<meta name="description" content="">。

Description 告诉搜索引擎你的站点上的页面的主要内容。Description 的 content 部分文字内容最好控制在 100 个字符左右，行文流畅。Description 部分的内容应该是具体页面主要展示信息的简洁而强有力的概述。

3. Robots

Robots 的具体网页源代码表现形式为：<meta name="robots"content="">。

Robots 的 content 部分文字可以填写的内容为：all、none、index、noindex、follow 和 nofollow。对于 Robots 的 content 部分填充内容有如下说明解释：

（1）设定为 all：文件将被检索，且页面上的链接可以被查询。

（2）设定为 none：文件将不被检索，且页面上的链接不可以被查询。

（3）设定为 index：文件将被检索。

（4）设定为 follow：页面上的链接可以被查询。

（5）设定为 noindex：文件将不被检索，但页面上的链接可以被查询。

（6）设定为 nofollow：文件将不被检索，但页面上的链接可以被查询。

一般来说，大部分网站并没有太多的内容禁止搜索引擎机器人索引，Robots 的通用写法都是：<meta name="robots"content="all">。如果想对 Robots 做一些个性化的设置，可以参照上面的相关说明来完善 Robots 的 content 部分内容。

（三）图片ALT替换文本

图片有一个 ALT 替换文本属性，在代码中填充某一个图片的 ALT 替换文本信息，如果这个图片在网页上显示不出来，在该图片的位置会出现替换文本的信息。

图片的 ALT 替换文本信息属性原本是考虑到残障人士（如盲人）的访问体验而准备的，他们在浏览网页的时候很难获取图片中的文字信息，只能通过 ALT 替换文本的描述来了解图片影像内容。

搜索引擎会把 ALT 部分的内容纳入整个页面的文本分析，所以建议在填写图片 ALT 部分的内容时要灵活地在描述中布置合适的关键词。

（四）Robots.txt

搜索引擎都有自己的“搜索机器人”（Robots），并通过这些 Robots 在网络上沿着网页上的链接（一般是 http 和 src 链接）不断抓取资料建立自己的数据库。

对于网站管理者和内容提供者来说，有时候会有一些站点内容，不希望被 Robots 抓取公开。为了解决这个问题，Robots 开发界提供了两个办法：一个是 robots.txt，另一个是 The Robots META 标签，如表 4-8 所示。

表 4-8 The Robots META 标签

名 称	搜索引擎
Baiduspider	http:www.baidu.com
Scooter	http:www.altavista.com
ia_archiver	http:www.alexa.com
Googlebot	http:www.google.com
FAST-WebCrawler	http:www.alltheweb.com
Slurp	http:www.inktomi.com
MSNBOT	http:search.msn.com

（五）链接锚文本

什么是链接锚文本？举个例子解释说明一下：诸如，有一个网站做了个“关键词”友情链接，其具体代码表现为 <a href= “http://www.wxos.net” > 关键词 </a>，其中“关键词”即为该链接的锚文本。

1. 链接锚文本描述在 SEO 中的作用

搜索引擎可以根据指向某一个网页链接的锚文本描述来判断该网页的内容属性。当反向链接的质量和数量上升到一定层次时，搜索引擎优化的自然排名优势也就越明显。

很多网站的锚文本有以下形式：more、更多、阅读详细信息、点击这里等，这样的做法没办法让搜索引擎对某一个被链接的网页内容属性有一个好的判断，从而影响网页排名。

2. 链接锚文本的优化

每个页面的内容都不同，因此我们在进行关键词策略部署的时候，就应该针对某一个目标页面有一个关键词考虑。一般来说一个页面的核心关键词在 1 ~ 3 个范围（范围太大，关键词的权重就有可能被稀释），所以我们一般在其他页面做指向该页面的链接的锚文本描述中就应该布置预先规划的核心关键词，而且锚文本描述的形式应尽量多样化。

（六）Sitemap. xml

Sitemaps 协议使你能够告知搜索引擎网站中可供抓取的网址。最简便的方式就是使用 Sitemaps 协议。Sitemaps 就是列有某个网站所有网址的 XML 文件。此协议可高度扩展，因此可适用于各种大小的网站。它还能够使网站管理员提供有关每个网址的其他信息（上次更新的时间、更改的频率、与网站中其他网址相比它的重要性等），以便搜索引擎可以更智能地抓取该网站。

Sitemaps 协议是补充而不是取代搜索引擎，主要用来发现网址的基于抓取的机制。通过向搜索引擎提交 Sitemaps，可帮助搜索引擎更好地抓取你的网站。

八、用户友好性

一般通过三个指标来检验一个网站是否对于用户友好，这三个指标分别是：链接的可用性、访问速度体验和查找信息的便捷度。

（一）链接的可用性

一个网站如何能让访问者取得信任？最基本的一个原则就是确保网站的每个链接都可用。不要让访问者扫兴而归，这是应该做到的。

（二）访问速度体验

让用户有一个愉悦的访问速度体验，这是一个很友好的做法。根据大量的调查数据表明，访问者能忍受的最大网页打开速度为 15 秒，但是很多企业网站在这个方面却做得不尽如人意。网页中充斥着大量的图片和 Flash 动画，虽然能给人以较好的视觉效果，但这却是影响网页打开速度的最大因素。

（三）查找信息的便捷度

访问者是否能在你的网站上快速便捷地找到他们想要的信息是检验网站可用性的检验标准。

我们可以通过做一个简单的实验来了解一下用户查找信息的便捷度：找一个对你网站不是很熟悉的人来访问目标测试站点，让他在网站里找出一个指定信息的网页。如果参与实验的人通过 5 次以上的点击才找到目标页面，那就说明网站的可用性极差。

九、提交你的网站

网站建好之后，并不意味着工作已经结束，你所要做的事情便是如何向搜索引擎和其他网站提交你的网站信息了。

（一）常用搜索引擎登录入口

百度网站提交入口：http://www.baidu.com/search/url_submit.html

谷歌网站提交入口：http://www.google.cn/intl/h-CN/add_url.html

（二）提交注意事项

确保提交网站地址格式的正确性，一般搜索引擎建议的网站地址为包含 http:// 的完整网址，例如 http://www.example.com/。

只需要提交网站的首页便可，不需要一个个网页进行提交。

有些搜索引擎登录需要提交站点的简要描述，请注意按照实际情况书写，不要夸大信息。搜索引擎对提出登录请求网站的收录周期一般为一个星期至一个月。向搜索引擎提交了自己的网站，如果一个月后依然发现搜索引擎没有收录该站，可以继续向搜索引擎提交登录申请。搜索引擎更为喜欢内容健康的站点。如果你的站点展示的信息内容与我们所处社会的基本道德相违背，那搜索引擎将不会对你的站点进行收录。无论如何也要确保你的站点正常运行。

（三）登录搜索引擎的最佳办法

大部分的网站所有者都期望自己的网站能有 100% 的把握登录搜索引擎，当然登录所花费的时间越短越好，最好是 1 ～ 3 天。

向你的站点发出邀请的网站应该具有如下特性。

1. 内容原创权威

搜索引擎对该类型站点非常信任，因此其推荐的网站很容易被搜索引擎采纳接受。

2. 经常被搜索引擎机器人访问

搜索引擎机器人对一个站点的爬行记录会留在服务器的日志里，当然，你是不可能获得链接导出站的服务器日志信息的。这里我们可以给大家推荐一个经验操作方法：你可以使用 site: 链接导出站点的域名（诸如 site:example.com）来跟踪观察该网站首页在搜索引擎中的索引数据，如果在搜索结果中该网站首页 URL 后跟有日期信息，并且该日期信息在连续几天都有更新，那这个网站给出的链接就十分理想了。接下来，你只需等待。一般来说，在 1 ～ 3 天内，你的网站就会成功登录搜索引擎了，如图 4–68 所示。

十、链接策略

链接是搜索机器人爬行的路径，一个网站如果能获得其他许多网站给出的、能被搜索机器人识别的超级链接，搜索引擎就会认为该网站是受欢迎的。受搜索引擎欢迎的网站一般都会在搜索结果里有好的排名表现。

一般来说分为外链（自身网站以外的链接）和内链（网站内部的链接）。

网站的外链建设工作是网站管理员必须做的，网站的外链的增加确实对网站的搜索引擎排名能起到很显著的效果，

图 4–68　site: 链接导出站点的域名

但是由于其具有不可操纵性，成功的链接互换背后不仅仅有时间和精力的投入。与外链相比，网站的内链具有以下特点：

（1）在一个网页导出一个指向另一个网页的链接是一件很容易的事情，不用四处费力求人。

（2）合理内链部署规划让网站中的网页更加具有层次感。你的网站中哪些网页将会参与哪些关键词的排名，只需从站内其他关联页面上多向其调度些链接过来。通过网页所获得的站点链接数的多少，搜索引擎很容易识别哪些页面在网站中是重要的。

（3）增加一个网页的内链数目方法很简单，只需要在网站中多建立一些与其内容相关的网页，并将新建的网页内容的关键词链接导入过来即可。

（4）内链的合理使用有助于集中网站内容主题，从而使该主题中的核心关键词在搜索引擎中更加具有排名优势。

（5）站点中的网页间互链有助于提高搜索引擎对网站的爬行索引效率，如图 4-69 所示。

图 4-69 站点中的网页间互链

必备技能

一、获取网站外链

获取网站外链的途径其实说起来很简单，就是在除了自己的网站以外其他的网站出现你自己网站的链接，也可以理解成在其他网站有你网站的内容或者 URL 出现。下面说常见的一些获取外链的方法。

（一）博客式外链

在门户网站上多“养”几个博客，首推新浪、中金和网易博客等，如图 4-70 所示。

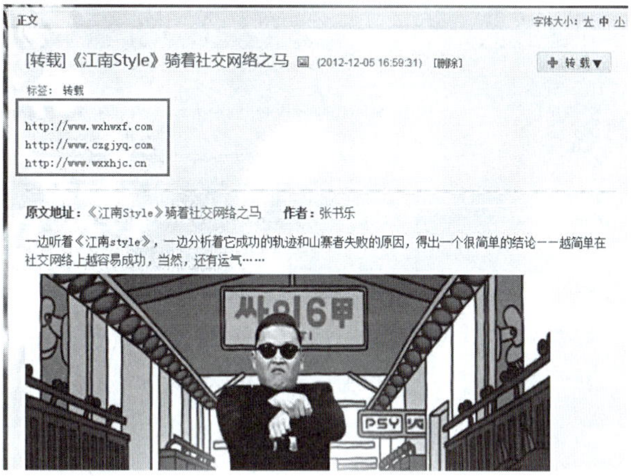

图 4-70　博客式外链

（二）泡论坛式外链

虽然有些论坛不能加外链，但是依然有不少可以发布，如图 4-71 所示。

图 4-71　泡论坛式外链

（三）分类信息网站外链

在列表、赶集、58 等分类信息网站上发外链，如图 4-72 所示。

图 4-72　分类信息网站上发外链

（四）行业性网站外链

在机电之家网、商国互联网、慧聪网、久久信息网、勤家缘等网站发外链，如图 4-73 所示。

（五）百度文库式外链

百度对于自家网站的权重给予是非常高的，如图 4-74 所示。

图 4-73 行业性网站外链

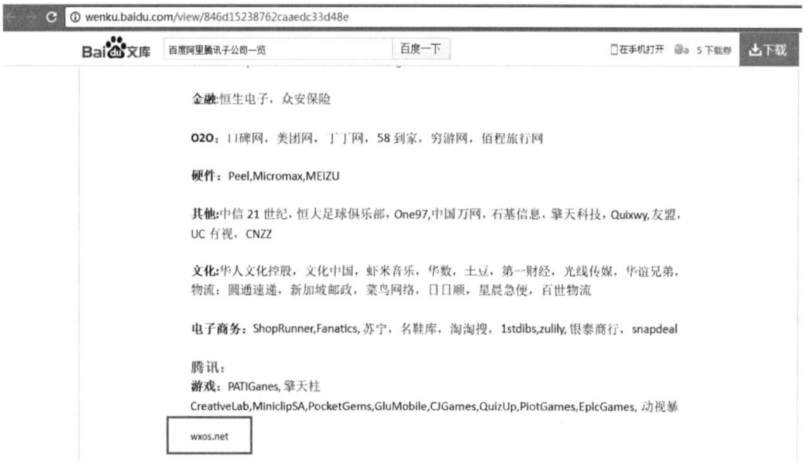

图 4-74 百度文库式外链

（六）分类目录式外链

登录分类目录式网站 domz、dir001 等，如图 4-75 所示。

图 4-75 分类目录式外链

（七）视频外链

登录优酷、腾讯视频、爱奇艺等，如图 4-76 所示。

图 4-76 视频外链

（八）交换友情链接

可以和合作企业交换友情链接，如图 4-77 所示。

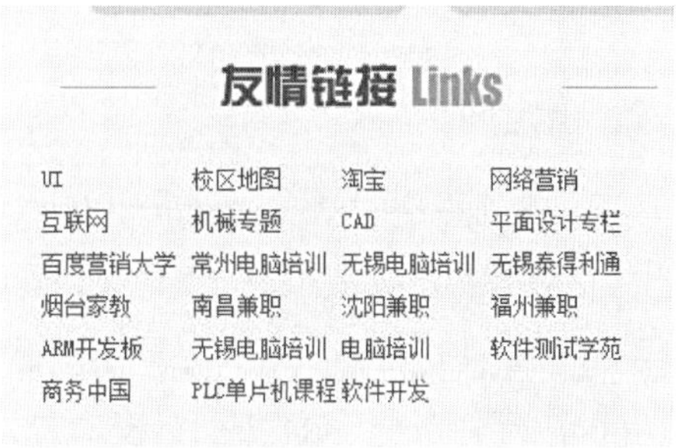

图 4-77 交换友情链接

二、关键词密度

（一）关键词密度和布局的基本原则

（1）关键词必须合理地融入内容，文案写作上必须确保关键词的出现是为了配合行文需要。

（2）关键词密度必须合理。

（3）虽然整体关键词密度不高，但也需要防止局部密度过高。

（4）如果是为了用户体验，即使关键词超过标准，也是合情合理，不会被惩罚的，如图 4-78 新浪于丹专题所示。

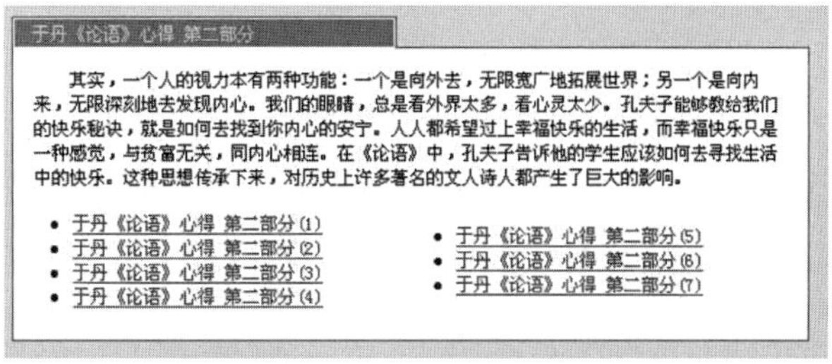

图 4-78 新浪于丹专题

围绕核心关键词的表现或组合形式应该多样化，不能过于单一。

（二）增加关键字密度

如何增加关键词密度，通俗意义上关键词密度占整站和整页面的比重在 2% ～ 8%。

1. Mata 和 Title

在 Meta 上和标题上要适当地嵌入关键词。基本原则是：能准确概括页面内容，简洁而流畅。

2. 内容

对于搜索引擎而言，内容为王的意思，就是丰富的文本中频繁出现你的关键词。一个基本的原则是：关键词布局配合文章的行文来定，保证良好的用户体验。感觉关键词出现是为了行文的需要，而不是刻意堆积。

3. 链接

如果正文中有大量超级链接，每个链接文字都写成点此查看之类，搜索引擎就极有可能误以为这个大量出现的点此查看四个字就是你的关键词。因此，一页中出现多个链接的时候，最好把链接标题直接写出来，用不同的色彩或下划线来标示链接。

4. 图片

图片对于搜索引擎来说犹如空白，但你可以通过在图片的代码中运用 ALT 标签使之获得改观。ALT 属性里运用你的关键词，搜索引擎也可以抓取到它们。

三、重定向

网站建设中时常会遇到需要网页重定向的情况：比如因网站调整，网页目录结构发生改变，网页需要被移到一个新地址，再或者，网页扩展名改变，如因应用需要把 .php 改成 .htm 或 .shtml，在这种情况下，如果不做重定向，用户收藏夹或搜索引擎数据库中旧地址只能让访问客户得到一个 404 页面错误信息，访问流量白白丧失；再如某些注册了多个域名的网站也需要通过重定向让访问这些域名的用户自动跳转到主站点，等等。下面详细介绍一种常见的 301 重定向。

（一）什么是301重定向

301 重定向也称 301 转向，或者 301 跳转。当用户或搜索引擎向网站服务器发出浏览请求时，服务器返回 HTTP 数据流，其中头信息（header）里包含某种状态码，301 重定向即是状态码中的一种，表示本网页永久性转移到另一个地址。

常见的状态码还包括：200 一切正常，404 网页找不到，302 暂时转向，等等。 301 重定向也叫永久重定向。

（二）为什么要做301网址转向

除了前面介绍过的网址规范化问题外，还有很多需要做网址转向的情形。比如，为保护版权，你注册了多个域名：

company.com

company.net

company.org

company.com.cn

company.cn

等等。

301 永久重定向对 SEO 无任何不好的影响，而且网页 A 的关键词排名和 PR 级别都会传达给网页 B，网站更换了域名，表示本网页永久性转移到另一个地址，对于搜索引擎优化来说，给搜索引擎一个友好的信息，告诉它此页面已永久重定向，避免搜索引擎找不到页面。

（三）什么情况下使用301重定向

（1）网站更换域名时，通过 301 永久重定向将旧域名重定向至新域名，挽回流量损失和 SEO。

（2）当出于需要删除网站中的某些目录时，比如我要删除我博客下的博客导航，这时就可以用 301 永久重定向到网站首页。

（3）如果有多个闲置域名时需要指向同一网站时，通过 301 永久重定向可以实现。

（4）打算实现网址规范化。301 重定向可促进搜索引擎优化效果。

从搜索引擎优化角度出发，301 重定向是网址重定向最为可行的一种办法。当网站的域名发生变更后，搜索引擎只对新网址进行索引，同时又会把旧地址下原有的外部链接如数转移到新地址下，从而不会让网站的排名因为网址变更而受到丝毫影响。同样，在使用 301 永久性重定向命令让多个域名指向网站主域时，亦不会对网站的排名产生任何负面影响。

（5）重定向的方法。

1）IIS 服务器实现 301 重定向。

打开 internet 信息服务管理器，在欲重定向的网页或目录上按右键；

选中重定向到 URL；

在对话框中输入目标页面的地址；

切记，记得选中资源的永久重定向。

2）Apache 服务器实现 301 重定向。

在 Apache 中，有个很重要的文件 .htaccess，通过对它的设置，可以实现很多强大的功能，301 重定向只是其中之一。找到 redirect permanent/http://example.com：

```
redirect permanent /old.html http:// example.com：修改这句即可。
```

3）PHP 下的 301 重定向。

```
<? Header（HTTP/1.1 301 Moved Permanently）；
Header（Location: http://example.com）； ?>
```

4）ASP 下的 301 重定向。

```
<%@ Language=VBScript %>
<% Response.Status=301 Moved Permanently Response. AddHeader Location，http://example.com>
```

5）ASP. NET 下的 301 重定向。

```
<script runat=server>
private void Page_Load（object sender，System.EventArgs e）
{
Response. Status=301 Moved Permanently;
Response. AddHeader（Location，http:// example.com）；
}
</script>
```

6）在 .htaccess 文件中增加 301 重定向指令。

采用“mod_rewrite”技术，形如：

```
RewriteEngine on
RewriteRule ^（.*）$ http://example.com/$1 [R=301,L]
```

四、内容为王

“内容为王”不仅是网站运营人员的香饽饽，同样也是 SEO 人员是否能获得优化效果的重要指导思想。

首先，我们来看看搜索引擎自己对被索引网站内容的说明和建议。

（一）Google对网站内容的说明

向访问者提供他们要查找的信息，在网页上提供高品质的内容，尤其是主页。这是你要做的最重要的工作。如果你的网页包含有用的信息，其内容就可以吸引许多访问者并使网站管理员乐于链接到你的网站。要创建实用且信息丰富的网站，网页文字应清晰、准确地表述要传达的主题。想一想，用户会使用哪些字词来查找你的网页，然后尽量在网站上使用这些字词。

（二）百度对网站内容的说明

创造属于你自己的独特内容：百度更喜欢独特的原创内容。所以，如果你的站点内容只是从各处采集复制而成，很可能不会被百度收录。

另外，雅虎中文搜索和搜狗等中文搜索引擎也说明它们对原创独特内容的喜好。

很多人认为创建内容是一件很困难的事情，尤其是那些企业产品销售站点。在这里介绍 2 种为网站创建内容的思路。

1. 自己撰写原创文章

原创文章的内容主要包括自己对产品、服务、行业或者事件的看法。原创文章最受搜索引擎欢迎，但是自己撰写原创文章比较消耗时间和精力。

（1）原创的目的。

① 让搜索引擎知道你的网站是活跃的。

② 希望自己带网址链接的原创文章能被网站管理员转载或文章采集器抓取。

③ 让更多的同行、更多的客户认识和了解。

（2）原创对网站优化的好处。

① 活跃的网站随时有新鲜和充实的内容，这样的网站搜索引擎肯定会经常光顾，因此，原创文章可以加快网站更新。

② 带网址链接的原创文章容易被文章采集器抓取或网站管理员转载，自然会产生很多优秀的外部链接。

2. 使用他人的内容

如果觉得其他站内的内容不错，可以跟这些站点进行内容合作，一旦你的站点获得了他们的转载授权后，就可以使用他们的内容了。目前大多数站点都采用这种内容创建形式。由于搜索引擎并不太喜欢这些转载的内容，所以，你应该尽可能转载那些并没有被大范围转载的内容。

（1）复制内容带来的麻烦。所谓复制内容，是你撰写了一篇文章发布于自己网站的某个网页上，别人浏览到这个网页时，觉得这篇文章有价值，然后复制这篇文章粘贴到了他的网页上。复制内容最常见的手法便是转载。

互联网的信息传播力是惊人的，优秀的网页信息内容往往会被复制得四处泛滥。

如果搜索引擎没有把承载了原始信息的网页优先呈现给搜索用户，而是给搜索用户反馈了大量复制原始信息的网页，这就违背了搜索引擎的基本准则。一般来说，网页上的信息都是通过 Html 语言标签进行标识过了的，而复制内容的人大部分都是喜欢通过“复制”和“粘贴”来简单地完成复制粘贴工作，这样一来，原作者精心排版过的内容很可能在简单的复制粘贴过程中出现信息失真，这是对读者一种极其不负责的做法。

需要注意的是，内容被转载不会在很大程度上影响原始网页的权威性的前提是，内容的原创网站处于“正常状态”，即网站能保持正常的更新，不断添加具有一定质量的内容，同时，不断获得具有一定质量的反向链接。只有这样，当网站自身的权威性提高以后，当网站被搜索引擎视为可信任网站以后，原始网页受内容复制的负面影响便会越来越小。

（2）“原创”转载的内容。“原创”转载的内容也叫文章编译。如果你看到一篇文章，觉得其中的有些观点自己不赞同，你可以把原文中的观点描述句段摘录出来，然后在下面书写自己的看法；或者，觉得文章中的观点还有拓展的空间，你也可以沿着原作者的思路把原文继续拓展写下去。不过在这里，请记住一个原则，那就是你自己的文字信息内容的比率要尽量大于摘录的信息内容。

（3）鼓励用户贡献内容。其实，有时候网站的访问用户也有强烈的写作交流欲望。所以，我们可以不断完善网站的交互功能，让用户参与到网站的信息内容建设中来。

用户投稿：给网站开通一个用户投稿提交接口，让用户通过这里把他们创作的内容提交到网站编辑人员那里。

靠用户创造内容的 Web 2.0 网站：Web 2.0 的应用可以让人了解目前网络正在进行的一种改变——从一系列网站到一个成熟的为最终用户提供网络应用的服务平台。

对于中小型企业网站来说，网站内容匮乏现象普遍存在。这些网站的内容规划大同小异，栏目设置也是让网站策划者耳熟能详的，诸如关于我们、产品或服务介绍、企业文化和联系我们等，一般这样的站点的网页总数不会超过 20 页。

互联网上没有信息，也可以创作出内容。其实大部分行业都有很多话题来写，就算是专业性很强、一般大众并不熟悉的产品，也同样可以创作出很多内容。

举个例子：围绕一个很冷门的产品而展开的内容拓展建议。

① 从产品历史和沿革出发：这个机器是怎么发明的？从简陋到复杂有什么沿革过程？发明人和改进者都是谁？有些什么具体贡献？在国际和国内都是怎样延续到今天的？怎样引进国内的或怎样介绍到国外的？得过什么奖？如果碰巧这个机器就是你们公司发明的，那就有更多可写的了。

② 从制造机器的人出发：研发团队都是由哪些人组成的？这些工程师的背景、经历，发表过什么论文？有什么学术成就？有没有从大学请顾问？直接生产的工人需要掌握哪些技术？生产过程怎么组织的？

③ 从原材料出发：机器的生产都需要什么材料？是哪种钢还是哪种铁？还是其他什么金属？这些材料哪儿生产的最好？为什么？用什么零配件？上游供货商情况？为什么选这些供货商？

④ 从客户出发：都有哪些客户使用你的机器？你的机器给他们带来了什么样的好处？使他们的盈利增长了多少？客户们都是怎样夸奖你们或批评你们的？这些客户所在的行业也可以简单介绍一下。

⑤ 从本行业出发：行业新闻，竞争对手动向，有没有什么调查机构对你的行业做过评

比调查等。把你的产品和竞争对手的产品做一个比较，当然不能失去客观。你的产品比竞争对手的好在哪里？国际动态，展销会，研讨会内容记录？

⑥ 从产品用途出发：产品使用情况介绍，使用窍门，应用领域，可以帮客户做些什么？怎样维护保养？怎样排除故障？有什么替代产品？

⑦ 从产品技术出发：机器的工作原理介绍，性能指标，包含了哪些创新科技？用到什么实验设备？检测设备？生产工序是怎样的？有什么国际标准？行业标准？使用安全事项？怎么防假冒伪劣产品？

只要开阔思路，任何产品都可以写出很多相关内容。如此一来，与竞争对手相比，你就已经占据了很大优势。对其他人们更熟悉、竞争也更多的行业和产品，就能写出更多的内容了。

活动五 搜索引擎优化的作弊行为

必备知识

一、什么是搜索引擎作弊

1. 搜索引擎作弊的含义

搜索引擎作弊，或 SEO 作弊，SEO spam，搜索引擎垃圾等，是指为了提高在搜索引擎中展现机会和排名的目的，欺骗搜索引擎的行为。

2. SEO 与搜索引擎作弊的区别

最大的区别在于，SEO 遵循搜索引擎制定的一些规则，维护良好的搜索体验。搜索引擎优化更侧重改善站点本身的结构和内容，使得搜索引擎更容易理解站点，使得站点的质量提升，更能满足搜索引擎使用者的搜索需求。而搜索引擎作弊更多的是违反搜索规则，为了获取排名和流量，抛弃了用户体验，也影响了搜索引擎的使用体验。

3. 作弊与非作弊是个渐变过程

网页作弊的多样性和搜索引擎优化的各种策略使得作弊呈现一个渐变的趋势，搜索引擎会给网页的某些参数进行评分，在一定的分值内，搜索引擎会认为在合理范围内，而超过一定分值的网页则可能被彻底封杀（不收录），或实施其他的惩罚性减权（比如排序往后）。

二、搜索引擎排名作弊的常见形式

1. 隐藏文本或隐藏链接

一般指网页专为搜索引擎所设计，但普通访问者无法看到的文本内容或链接。在形形色色的隐藏技术中，最常见的就是把文本或链接文字的字体颜色设置为与背景色相同或十分接近。

（1）隐藏文本内容意思是在不影响网站美观的前提下通过包含大量关键词的网页提高关键词相关性得分，从而达到改善搜索引擎排名的目的。

（2）隐藏链接意思是在不影响网站美观的前提下在其他页面添加指向目标优化页的隐形链接，通过提升链接得分而改善搜索引擎排名。现在大多数搜索引擎都能检测隐藏技术，并视为作弊，包含隐含文本的网页面临被搜索引擎降低排名甚至删除列表等惩罚的风险。虽然在搜索引擎上不乏使用隐形技术而侥幸逃脱的网站，但多数人还是认为不值得冒这个险。其实通过添加可视文本内容并保证一定的关键词密度即可达到相同的优化效果。

2. 恶意更换页面内容

一般发生于先向搜索引擎提交一个网站，等该网站被收录后再以其他页面替换该网站。诱饵行为就属于此类偷梁换柱之举：创建一个优化页和一个普通页，然后把优化页提交给搜索引擎，当优化页被搜索引擎收录后再以普通页取而代之。

3. 误导性或重复性关键词

（1）误导性关键词。在页面中使用与该网页毫不相干的误导性关键词来吸引查询该主题的访问者访问网站。这种做法严重影响了搜索引擎所提供结果的相关性和客观性，为搜索引擎所深恶痛绝。

（2）重复性关键词。这种作弊技术也被称为关键词堆砌欺骗，它利用搜索引擎对网页正文和标题中出现的关键词的高度关注来对关键词进行不合理的重复。类似的其他做法还包括在 Html 标识中大量堆砌关键词或使用多个关键词标识来提高关键词的相关性。这种技术很容易被搜索引擎察觉并受到相应惩罚。

4. 隐形页面

对实际访问者或搜索引擎任一方隐藏真实网站内容，以向搜索引擎提供非真实的搜索引擎友好的内容提升排名。典型的方式为使用 Frame 技术，通过调用另一页面，隐藏实际页面的内容。

5. 欺骗性重定向

欺骗性重定向指把用户访问的第一个页面（着陆页）迅速重定向至一个内容完全不同的页面。有人很擅长使用群发工具在互联网上到处留下带有其目标关键词的垃圾链接信息，并且目标网页上大量堆积关键词，一旦某一个页面快速获得好的排名，他们将会向客户出售或者租用这个页面，而把它转到客户的站点页面。对于上述做法，搜索引擎是不赞同的。不过，如果不是恶意欺骗性重定向，比如目前被很多站点使用的根据客户 IP 地址，自动转向对应的本地频道首页的方式，是被搜索引擎认可的。

6. 快照劫持

这是最常见的欺骗性重定向技术，通过欺骗性重定向使用户访问另外一个网站或页面。一般利用 Html 刷新标识来实现。大多搜索引擎都不会索引使用该标识的页面。如果你使用刷新标识来检测浏览器或分辨率，那么就请使用 Javascript，且尽可能延长重定向时间。如果一定要使用重定向功能，那么请务必确保刷新周期不少于 10 秒钟。还有一种情况就是当用户打开一个网站，该网站声称其网站已移至新域名下，并请用户点击新域名链接进入网站。但当用户进去后才发现，这个链接是一个会员链接。这也属欺骗性重定向行为。

7. 门页

也叫 Bridge Page，是为某些关键词特别制作的页面，专为搜索引擎设计，目的是提高特定关键词在搜索引擎中的排名所设计的富含目标关键词的域名，且重定向至另一域名的真实网站。搜索引擎的蜘蛛程序往往忽略对那些自动重定向到其他页的页面的检索。

8. 复制的站点或网页

最常见的当属镜像站点，通过复制网站或网页的内容并分配以不同域名和服务器，以此欺骗搜索引擎对同一站点或同一页面进行多次索引。现在大多数搜索引擎都提供有能够检测镜像站点的适当的过滤系统，一旦发觉镜像站点，则源站点和镜像站点都会被从索引数据库中删除。

9. 作弊链接技术或恶意链接

（1）链接工厂。指由大量网页交叉链接而构成的一个网络系统。这些网页可能来自同一个域或多个不同的域，甚至可能来自不同的服务器。一个站点加入这样一个链接工厂后，一方面可得到来自该系统中所有网页的链接，同时作为交换它需要奉献自己的链接，借此方法来提升链接得分，从而达到干预链接得分的目的。如今搜索引擎发现它们已然不费吹灰之力。只要发现，不管属有意还是无意，链接工厂中的所有站点都难逃干系。

（2）群发链接。指为了提升站点的外部链接，采用人工或者程序的方式在其他站点的文章评论、留言板，或者 Wiki、Blog 上留下大量指向垃圾站点的链接。这种方法也被 Google 形象地描述为 Google 炸弹。目前各搜索引擎对于群发的行为都给予了严格的惩罚。

10. 其他

（1）日志欺骗行为。通过对一些页面等级较高的站点进行大量的虚假点击以求名列这些站点的最高引用者日志中，从而获得它们的导入链接。搜索引擎已经意识到这种行为并将对利用这种途径获得导入链接的站点采取相应措施。

（2）门域。专为提高特定关键词在搜索引擎中的排名所设计的富含目标关键词的域名，然后重定向至其他域名的主页。由于搜索引擎一般忽略自动重定向至其他页的页面的检索，所以不提倡使用这种技术。

（3）群发链接作弊。目前的主流搜索引擎在考虑结果排序时仍然会参考链接关系，虽然它只是上百个参数中的一个。但是，由于业界对链接关系的公关宣传效果，使得网站管理员们在制作网站时舍本逐末，纷纷采用基于链接的作弊方式试图提高网站在搜索结果的排名。为保证用户的搜索体验，大部分搜索引擎已经对这些通过人造恶意链接获得排名的网站，包括对通过留言本、论坛以及 Blog 等群发 URL 试图获得排名提高的网站进行了降权或对这些链接不计任何权重，以遏制群发作弊软件的泛滥，我们在从事这项工作的时候要规避作弊行为。只有稳步、高效、安全地维护网站才是正道。

三、搜索引擎算法

1. 绿萝算法

算法内容：为了打击买卖外链、批量群发外链的行为目的，避免站长不用心做用户体验，纯粹地利用搜索引擎漏洞投机取巧，影响搜索引擎自身用户体验。主要打击的网站类型有超链中介、出售链接网站、购买链接的网站。

2. 绿萝算法 2.0

算法内容：基于绿萝算法的基础上进一步升级，主要打击发布软文的新式样的站点。惩罚的主要对象有软文交易平台、软文受益站、软文发布站。

3. 石榴算法

算法内容：主要针对网站弹窗广告。早期很多草根网站通过这种方式来获取广告收入，但这种方式极大影响了用户的浏览体验。

4. 原创星火计划

算法内容：打击抄袭复制等行为，鼓励原创优质内容，推出的首次与有优质原创能力的网站合作，如内容最新来自首发站点，首发站点优先获得排名。现该算法已升级，可直接做好主动推送，如是原创内容，记得做标识。

5. 冰桶算法

算法内容：移动端广告弹窗、强制下载 APP、登陆才能阅读全文等行为，如果发生在移动页面，则是本次冰桶算法惩罚的对象。

任务 13 APP 营销

情境设计

2016 年支付宝“双十一”的交易额超过了 1207 亿元。巨大的销售额背后是各大电商的“打折打折打折”，也是用户被培养成习惯的“买买买买”。

2016 年“双十二”，其他电商类 APP 自是不愿落了下风，下面一起来看看三款 APP 在“双十二”主打了哪些活动。

案例一

直播 + 购物

如果你关注互联网，关注移动互联网，一定知道2016年的热词中有“直播”一词，直播在2016风生水起，那么直播 + 购物的模式又怎能不珠联璧合？蘑菇街，在“双十二”这一天请明星来直播，粉丝效应，网红经济，蘑菇街算是玩得溜，也看得透彻。

案例二

有买就有送

京东商城在其新浪微博上发了一张海报，乍一看是数字题，细一看怎么还是数字题？后来深入了解才恍然大悟，原来是买三送一。常见套路，但“送的实在”。

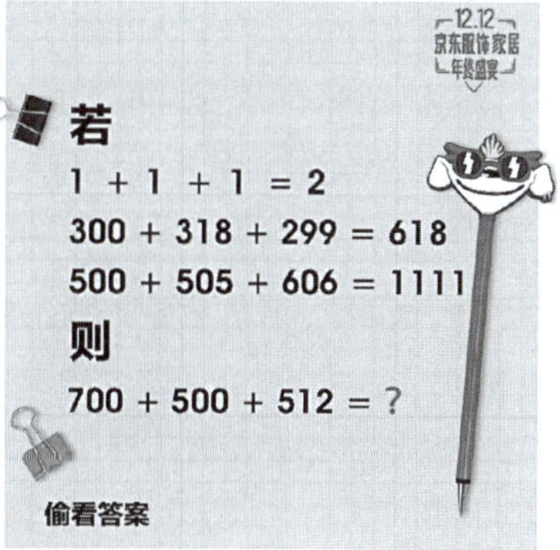

案例三

集“宝”送现金

“双十二”支付宝的活动是“集宝”。简单来说，就是集满“四宝”后，有机会拿到1212元现金，此次活动引爆了线下的购物狂潮。据说，用支付宝在线下购物商品容易集到“四宝”。

任务分解

教学内容	课时安排	
	中职	高职
活动一 APP 体验	2	2
活动二 APP 营销	2	4

活动一 APP 体验

必备知识

一、初识 APP

APP 是英文 Application 的简称，由于 iPhone 等智能手机的流行，APP 指智能手机的第三方应用程序。比较著名的 APP 商店有 Apple 的 iTunes 商店，Android 的 Android Market，诺基亚的 Ovi Store，还有 Blackberry 用户的 BlackBerry App World，以及微软的应用商城。

苹果的 iOS 系统，APP 格式有 ipa，pxl，deb，诺基亚的 S60 系统格式有 sis，sisx，微软的 WindowsPhone7、WindowsPhone8 系统，APP 格式为 xap。

一开始 APP 只是作为一种第三方应用的合作形式参与到互联网商业活动中去的，随着互联网越来越开放化，APP 作为一种萌生与 iPhone 的盈利模式开始被更多的互联网商业大亨看重，如淘宝开放平台，腾讯的微博开发平台，百度的百度应用平台都是 APP 思想的具体表现，一方面可以积聚各种不同类型的网络受众，另一方面借助 APP 平台获取流量，其中包括大众流量和定向流量。

二、APP 的分类

目前基本将 APP 应用根据使用特点分为六大类别：

（1）休闲娱乐类。用户使用该应用主要为了在休闲的时候进行娱乐享受，如游戏、音乐、视频、电子书刊等。

（2）信息沟通类。用户使用该应用主要是用来与其他用户互相发送文字、图片、音频、视频等信息。这里的沟通包括同步沟通，如微信、陌陌等，也包括异步沟通，如邮箱等。

（3）应用工具类。用户使用该应用，主要是为了使设备的软、硬件功能得到管理或强化，如手机助手、安全卫士等。

（4）媒体传播类。用户使用该应用，主要是接受或发布所关注的媒体信息，如网易新闻、微博等，也有为用户提供网络社交的 APP，如微博等。

（5）生活辅助类。用户使用该应用，主要为日常生活提供便利。这类包括信息处理和生活助理两部分，信息处理类如大众点评网、航班管家等；生活助理类如淘宝、支付宝等。

（6）行业应用类。指专门针对行业客户提供的各类应用产品，如银行业或通信业专门的 APP。

而针对目前消费者使用较多的手机应用市场，例如：豌豆荚、应用宝、谷歌 play 商店应用程序及 App Store，可以发现，应用市场将 APP 划分为以下几类：游戏类、社交应用类、导航类、网购类、资讯信息类、视频播放类、辅助拍摄类、文学类、生活应用类等。作为营销者，这种分类方式可使消费者清晰明确地找到自己所需要的产品并产生订购行为，增加了 APP 产品的下载量，提高了潜在客户的转化率，能够积聚各种不同类型的网络受众。

三、几种常用的 APP 平台

1. 喜马拉雅 FM
2. 印象笔记
3. 网易公开课
4.AA 拼学
5. 扇贝单词
6. 万答
7. 中国大学慕课
8. 好奇心日报
9. 百度地图
10. 航旅纵横

必备技能

王丽丽想了解家用电器 APP 的应用现状，需要下载 APP，注册账号。选择了国美 APP 和格力商城 APP 安装在手机端。

一、搜索 APP

打开手机，进入应用市场，输入关键字“国美”和“格力商城”。

二、下载并安装 App

分别安装“国美”和“格力商城”APP。

三、体验 APP

体验两个不同的 APP 软件，并分析两者的区别。

活动二

APP 营销

必备知识

一、初识 APP 营销

APP 营销指的是应用程序营销，是通过特制手机、社区、SNS 等平台上运行的应用程序来开展营销活动。当前的 APP 营销多指第三方智能移动平台的应用程序营销。

随着手机等移动设备网民数的提升，智能手机等移动设备的广泛使用，大部分人们开始使用手机等移动设备进行上网，并且开始成为一种习惯。目前，国内各大知名电商，除了互联网网站外，均开始在移动设备软件应用商店提供自己 APP 客户端供消费者下载使用。这标志着，APP 客户端商业化，已经开始初露锋芒。而作为新起的营销手段，APP 营销与传统营销手段有很大区别，在很多方面都有着传统营销所不具备的特点。

1. 成本低

APP 营销因为其载体的特殊性，其营销的费用相比于传统的营销手段，如电视广告，报纸广告等要低很多，通过 APP 营销，企业如果开发出一个适合所要推出的产品或服务的移动应用，放置在移动设备软件应用中心即可，可能在后期推广会产生一定的费用，但这期间的费用要大大地低于传统的营销手段。而最终的营销效果，却能达到让人惊讶的地步，这些也是传统营销手段所不能及的。

2. 持续性

如果移动设备使用者成功下载指定 APP 到手机并在手机建立相应的客户端，那么移动设备使用的方便性、随时性将会使消费者全方位地感受到 APP 应用的便捷性营销效果。那么后期消费者持续使用该 APP 将成为必然。

3. 信息全面

如果一项产品或服务的相关信息能够全面地展示在消费者的面前，那么消费者将被激发出强烈的购买欲望，APP 应用能够在小小的移动设备上全面地向消费者展示所要推出的产品或服务的相关信息，消费者便如同逛街一样，能够便捷地感受到产品及服务的各方面的魅力。从另一个角度来说，这种全方位的展示也打消了部分消费者对产品或服务不了解的情况下所产生的厌烦感。

4. 随时服务

APP 营销的另一大好处就是消费者随时在手机等移动设备上了解产品或服务信息后可以立即下单，消费者与商家之间的交流和反馈也是在小小的移动设备上完成的，这种随时性有利于消费者与企业之间建立一种联系。

二、APP 营销与传统营销的区别

传统营销主要是通过电信服务提供商并借助手机媒体进行信息的传递，其中很少用到 APP 作为传播工具。因此传统营销模式与 APP 营销模式两者之间在营销活动中表现出很多的不同，主要包括以下几个方面。

1. 信息传播方式不同

传统手机媒体以短信为主要的传播方式，这种方式让消费者被动接收信息。而 APP 营销是将产品信息植于应用制作，供用户主动下载，通过应用传播信息，且没有第三方电信公司的干预。

2. 传播内容不同

传统模式传播的是一些字面上的或者只有少量图片的信息，用户不能全面地了解一个产品，并且这些信息的传递都需要企业和用户两者向电信运营商提供昂贵的资金。而现代智能手机 APP 中则包含了丰富的图片、视频，用户可以全方位地感受产品。

3. 用户行为差异

传统手机媒体是被动地接受信息，总在用户不知情的情况下，将营销信息强行推送给用户。这非常容易引发用户的逆反心理，而 APP 营销是用户自主地选择下载自己能够接受的产品信息，达到更好的传播效果。

4. 传播周期不同

传统手机媒体中接受的短信形式的营销信息往往只在一瞬间打动某些消费者，使之产生购买欲望。这种营销方式的信息传播周期是极其短暂的。但是，基于智能手机 APP 的营销模式则不同，用户下载了一款好的手机应用并对之产生了好感，则相当于有了一个与之长期接触的渠道，这比单次告知性的传统手机媒体的营销手段能产生更加长远的效果。

且好的 APP 可以在消费者群体中形成良好的口碑效应，这也有助于信息传播范围的进一步拓展，因此延长了传播周期。

三、APP 营销的基本模式

对于 APP 营销模式而言，如果企业所推出的产品和服务不同，那么企业所需要采取的营销模式也会不尽一致。而目前比较成熟且广泛应用于市场的营销模式主要有以下三种：植入广告模式、用户参与模式和购物网站模式。

1. 植入广告模式

在众多功能应用和游戏应用中，植入广告是最基本的模式。在应用中植入动态广告栏，用户点击广告栏即可自动进入预设的链接网址，进而可以了解广告详情、参与活动或者下载新应用。这种模式操作简单，只要将广告投放到那些下载量较大的应用上即可达到良好的广告宣传效果。但是，这种模式的缺点也是很明显的。现在很多的 APP 中广告泛滥，甚至有很多恶意广告，这些因素使得消费者对广告植入类 APP 产生了很大的抵触情绪，并逐渐刻意避开这些广告链接。因此这种模式只适合短期的企业产品信息传播，不适于企业长期的品牌建设。

2. 用户参与模式

这种模式主要应用于网站移植和品牌应用类 APP。企业将符合自身定位的应用发布到应用商店，供用户下载，方便用户直观的了解企业或者产品信息。这种营销模式具有很强的实践价值，促进用户了解产品，增强产品信心，提升品牌美誉度。同时这种模式还包括互动的特点，例如社交推广类 APP 需要有用户的充分参与互动。企业可以将品牌推广的任务在互动机制中不知不觉地下放给参与其中的用户，APP 中的互动分享功能即满足这种特点。

3. 购物网站模式

商家开发自己产品的 APP，然后将其投放到各大应用商店以及网站上，供用户免费下载使用。用户模式是建立在互联网的购物网站的基础上的，此种模式将互联网的网站同步到手机等移动设备上，消费者可以通过使用手机浏览该购物网站获得其所需要的产品或服务的信息，包括产品的详细参数、打折、优惠等，并且能够同步自助下单，完成在线交易。用户模式相对于传统的互联网购物网站，其最大的特点是更加方便快捷，不受空间地点限制，而且内容和移动互联网一样丰富。

必备技能

王丽丽带领网络营销团队开展 APP 营销实践，即 AARRR。

1. 获取用户（Acquisition）

激活量是 APP 营销推广人员最关心的数据，甚至是有些推广人员唯一关注的数据。通常激活量（即新增用户数量）的定义是新增的启动了该应用的独立设备的个数。因为下载量、安装量这些数据都比较虚，不能真实反映用户是否已经被获取。所以大家都要看激活，这才是真正获取到了新的用户。

另一个非常重要的数据就是分渠道统计的激活量。因为在渠道推广时，很多应用开发者选择了付费推广。结算的时候，自然要了解在某个渠道有多少真正激活的用户。即使没有付费关系，开发者也需要知道哪个渠道是最有效果的。

目前行业里有种粗略的说法，每个 Android 用户的获取成本大约在 4 元左右，而 iOS 用户大约在 8 元以上。

2. 提高活跃度（Activation）

看到活跃度，大家首先会想到的指标是 DAU（日活跃用户）和 MAU（月活跃用户）。这两个数据基本上说明了应用当前的用户群规模。通常活跃用户是指在指定周期内有启动的用户。还要看另外两个指标：每次启动平均使用时长和每个用户每日平均启动次数。当这两个指标都处于上涨趋势时，可以肯定应用的用户活跃度在增加。

针对使用时长和启动次数的渠道统计同样很重要。我们把它们称为渠道的质量数据，如果某个渠道上来的用户，这两个指标很差，那么在这个渠道上投入太多是没有意义的。最典型的就是刷机的用户，很多预置的应用都是在刷机完成时被激活的。针对这种被动激活的用户，可以看另一个指标，叫一次性启动用户数量，也就是迄今为止只启动过一次的用户的数量。

3. 提高留存率（Retention）

下载和安装—使用—卸载或者遗忘，这是用户每个 APP 应用的生命周期。成功的应用就是那些能尽量延长用户的生命周期，最大化用户在此生命周期内的价值。

对于大部分 APP 应用，应该关心的是 1−Day Retention 和 7−Day Retention。1−Day Retention 通常翻译为首日留存率，其实这个“首日”并不是指应用被安装使用的第一天（假设日期为 D），而是 D+1 日，即安装使用的第二天。因为安装使用的第一天没有留存率这个概念。到了第二天，前一天安装使用的用户中还有多少百分比的人还在启动使用这款应用，这就是 1−Day Retention。因为是第二天，有时也叫“次日留存率”。同样的，7−Day Retention 是在 D+7 日启动使用这款应用的占 D 日首次安装使用这款应用的用户总数的百分比。通常用户新安装使用后的前几天是流失比例最大的时期。所以这两个指标在留存率分析中是最重要的。

4. 获取收入（Revenue）

收入，主要是 ARPU（平均每用户收入）值。对应的是 ARPPU（平均每付费用户收入）。是不是 ARPPU 高，ARPU 就一定会高呢？答案是不一定。因为其中还有个指标是付费用户比例，也就是付费用户在全部用户中所占的比例。如果付费用户比例较低，那么那些收入摊到所有用户身上的平均值就低了。但是收入并不是最重要的，利润才是。如何最大化利润呢？利润最简化的计算公式是：利润 = 收入 − 成本。

5. 自传播（Refer）

自传播，或者说病毒式营销，主要衡量 K 因子（K−factor）这个指标。K 因子的计算公式是，K =（每个用户向他的朋友们发出的邀请的数量）×（接收到邀请的人转化为新用户的转化率）。假设平均每个用户会向 20 个朋友发出邀请，而平均的转化率为 10% 的话，K =20 × 10%=2。当 K>1 时，用户群就会像滚雪球一样增大。如果 K<1 的话，那么用户群到某个规模时就会停止通过自传播增长。

很遗憾的是，即使是社交类的移动应用，目前 K 因子大于 1 的也很少。所以绝大部分移动应用还不能完全依赖于自传播，还必须和其他营销方式结合。

任务 14 视频营销

情境设计

随着网络视频媒体的广泛应用及普及，使得视频媒体成为影响力惊人的新媒体，并成功超越传统的电视报纸等媒体成为真正的流量新媒体。网络视频带来的巨大的眼球效应也使得越来越多的企业青睐利用视频平台来进行网络营销。王丽丽是某培训公司营销部的一名营销经理，在多年的工作经历中积累了一定的培训常识、经验以及技巧等，她很想把自己积累的经验与众多潜在客户以及广大网友一起分享，所以拟建立一个自己的视频平台。

任务分解

教学内容	课时安排	
	中职	高职
活动一　网络视频平台创建	4	8
活动二　网络视频营销	4	8

活动一 网络视频平台创建

必备知识

一、初识网络视频平台

数据显示，截止到 2015 年年底，我国网络视频用户规模达 6.28 亿，网民使用率达到 69.3%；手机视频用户规模为 4 亿，增长率为 88%。网络视频是指以电脑或者移动设备为终端，进行可视化聊天的一项技术或应用。网络视频是指视频网站提供的一种在线视频播放服务。

1. 网络视频的定义

所谓网络视频，是指由网络视频服务商提供的、以流媒体为播放格式的、可以在线直播或点播的声像文件。网络视频是在网络上以 WMV、RM、RMVB、FLV 以及 MOV 等视频文件格式传播的动态影像，包括各类影视节目、新闻、广告、Flash 动画、自拍 DV、聊天视频、游戏视频、监控视频等。

2. 网络视频的要素

网络视频平台包含以下三大要素：

（1）网络视频内容由不断更新的个人以及入驻企业发布。

（2）首页推荐及搜索是视频访问流量的入口。

（3）各种分类是精确化目标人群的入口。

二、网络视频平台的种类

根据功能、观众、使用者、存在方式的不同，网络视频平台有以下几种不同类型。

1. 综合视频平台

当今互联网综合视频平台数不胜数，有的创办很早，有的较晚。从提供的内容来说，都属于综合性平台，也就是说视频的类型非常丰富。涵盖了电视剧、电影、综艺、公益、体育、教育、汽车、科技、原创等内容。综合视频平台涵盖直播性质，大多数具备移动端。

2. 直播类视频平台

直播类视频平台是从 2014 开始兴盛的一种专门进行直播的视频平台。与一般的综合视频平台相比，直播类的平台最大的特点是即时性。一开始是由于电子竞技的兴起而产生的视频需求。比较有代表性的直播类视频直播平台有吃播，熊猫 TV，斗鱼 TV 等。

3. 移动端视频平台

移动端视频平台本质上是和综合平台、直播平台一样性质的网站。不过服务的设备不同，也是未来网络视频的发展方向。

三、常见的网络视频平台

在当今国内网络中，有很多大型的网络视频平台可以供用户免费注册，而且这些平台拥有非常庞大的用户群。目前国内比较出名的网络视频平台主要有优酷、搜狐视频、土豆网、爱奇艺、腾讯视频、1905 电影网、新浪视频、百度视频等。部分视频平台如图 4-79 所示。

日　周　月　三月　　行业 请选择...　请选择...

排名	变化	网站名称	类型	覆盖数UV	变化	浏览量PV	变化	人均PV	变化	Alexa
1	→	优酷	网站	13800.0	9.00%	668.00	12.00%	3.18	3.00%	
2	→	搜狐视频	频道	12063.5	0.00%	541.59	0.00%	2.76	2.00%	
3	→	土豆网	网站	6200.0	3.00%	461.00	0.90%	4.80	2.22%	
4	→	爱奇艺	网站	5400.0	21.00%	250.00	13.00%	3.10	6.71%	
5	→	腾讯视频	频道	3893.3	0.00%	192.92	0.00%	3.36	0.00%	
6	→	1905电影网	网站	2300.0	1.33%	205.00	2.33%	5.70	1.03%	
7	→	百度视频	频道	2006.2	0.00%	68.36	0.00%	2.22	1.00%	
8	→	新浪视频	频道	1812.5	0.00%	37.05	0.00%	1.35	1.00%	
9	→	百度视频	频道	1131.7	0.00%	31.21	0.00%	1.77	0.00%	
10	→	第一视频网	网站	570.0	5.03%	85.00	2.23%	9.70	3.00%	
11	→	爆米花网	网站	450.0	12.85%	25.00	4.05%	3.60	10.00%	
12	→	56网	网站	340.0	250.00%	7.10	230.00%	1.40	7.48%	
13	→	江苏网络电视台	网站	290.0	4.00%	30.00	11.31%	6.80	14.30%	
14	→	酷6网	网站	270.0	1300.00%	7.20	1200.00%	1.80	9.64%	

图 4-79　常见的网络视频平台一览

必备技能

一、选择合适的网络视频平台

视频平台的选择往往都是采用流量或者人均浏览量为主、主题辅助的方法，就是尽量找些访问量高的视频平台。

可选择“艾瑞数据”等网站进行查询排名，尽可能选择排名在前的视频平台，优酷综合排名第一，搜狐排名第二，土豆网排名第三，如图 4-80 所示。

也可选择“猎豹移动 libra”等专业报告类网站进行查询排名，如图 4-81、图 4-82 所示。

可根据自身实际情况选择关注更多的网站，综合考虑，最终选定合适的视频。

排名	变化	网站名称	类型	覆盖数UV	变化	浏览量PV	变化	人均PV	变化	Alexa	官网
1	→	优酷	网站	13800.0	9.00%	668.00	12.00%	3.18	3.00%		
2	→	搜狐视频	频道	12063.5	0.00%	541.59	0.00%	2.76	2.00%		
3	→	土豆网	网站	6200.0	3.00%	461.00	0.90%	4.80	2.22%		
4	→	爱奇艺	网站	5400.0	21.00%	250.00	13.00%	3.10	6.71%		
5	→	腾讯视频	频道	3893.3	0.00%	192.92	0.00%	3.36	0.00%		
6	→	1905电影网	网站	2300.0	1.33%	205.00	2.33%	5.70	1.03%		
7	→	百度视频	频道	2006.2	0.00%	68.36	0.00%	2.22	1.00%		
8	→	新浪视频	频道	1812.5	0.00%	37.05	0.00%	1.35	1.00%		
9	→	百度视频	频道	1131.7	0.00%	31.21	0.00%	1.77	0.00%		
10	→	第一视频网	网站	570.0	5.03%	85.00	2.23%	9.70	3.00%		

图 4-80 “艾瑞数据”在线视频网站综合排行表

2016 第三季度视频类app排行榜

排名	应用名	活跃渗透率	人均打开次数（周）
1	爱奇艺	17.67%	24.36
2	腾讯视频	15.11%	22.41
3	优酷视频	10.88%	20.18
4	芒果TV	3.02%	14.32
5	乐视视频	2.56%	16.59
6	暴风影音	2.07%	26.22
7	搜狐视频	1.64%	16.67
8	哔哩哔哩动画	1.52%	32.10
9	头条视频	1.40%	14.95
10	聚力视频	1.39%	24.82

图 4-81 视频网站排名

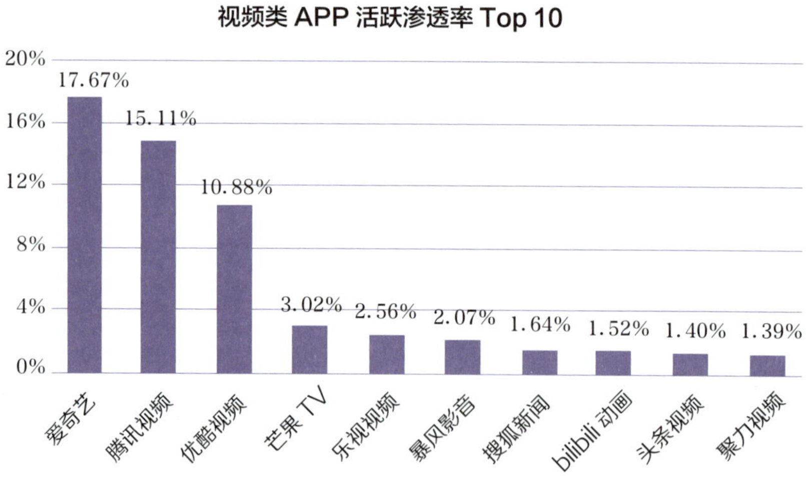

图 4-82 视频 APP 活跃渗透率

二、创建自己的网络视频平台

通过网络视频这一“零门槛”的交互方式，很多人拥有了自己的视频平台，有些企业通过它给产品作推广，有些企业则把自己的视频平台作为与客户交流的平台。那么，到底怎样才能拥有自己的网络视频平台呢？本书将为大家介绍怎样创建自己的网络视频平台，以“优酷视频”为例。

（1）选定优酷平台之后，就是注册并创建优酷视频平台。打开优酷首页（http://youku.com），注册用户，可选择手机注册，如图 4–83 所示。

图 4–83 注册优酷

（2）为自己的视频平台设置一个有利于营销的名称，完善网络视频个人资料，学习视频平台的各个功能，在主页版块进行设置，并对页面进行优化。在所选的视频平台上寻找相应的功能介绍，学习视频的设置方法，如绑定个性域名。点击“设置”，按照企业实际需求选择适合的二级域名，如图 4–84，图 4–85 所示。

（3）上传相关视频，在首页“上传视频”图标位置打开，选择上传视频，如图 4–86 所示。

（4）为相关视频填写营销类信息，视频内容要合法，不能抄袭带有他人版权的视频内容，如图 4–87 所示。

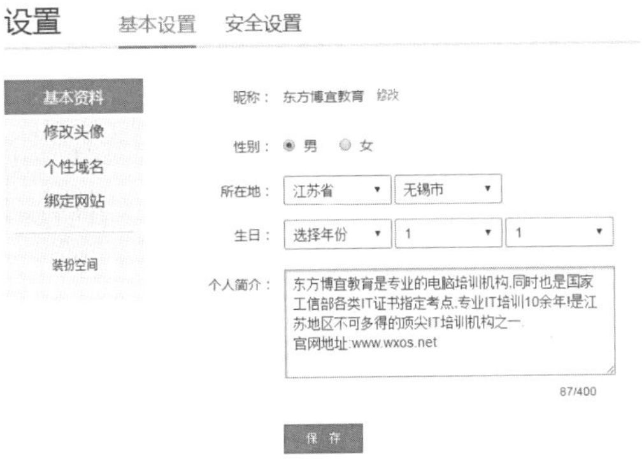

图 4–84 设置基本资料

图 4–85 绑定个性域名

图 4-86 上传视频

图 4-87 填写相关资料

活动二 网络视频营销

必备知识

视频营销从诞生之初就是传统媒体最大的竞争对手，最显而易见的是每年的春晚网络观看人数已经逐渐超越电视媒体。在很多情况下，不管是网络营销者，还是企业，在针对自己的产品进行推广和营销策略规划的时候，视频营销都是很不错的方法。

一、初识视频营销

视频营销指的是企业将各种视频短片以各种形式放到互联网上，达到一定宣传目的的营销手段。网络视频广告的形式类似于电视视频短片，平台却在互联网上。“视频”与“互联网”的结合，让这种创新营销形式具备了两者的优点。

视频营销即用视频来进行营销活动。视频包含：电视广告、网络视频、宣传片、微电影等各种方式。视频营销归根到底是营销活动，因此成功的视频营销不仅仅要有高水准的视频制作，更要发掘营销内容的亮点。

二、视频营销的八大法则

视频营销的最终目的就是为了提升品牌形象、增加产品曝光度，从而完成产品的销售。要想实现这一目的需遵循下列一些法则。

视频营销法则一：要提供价值，一个不能提供真正价值的视频是不会引起观看者主动地去转载、传播的。

视频营销法则二：要生动有趣，一个好的视频必须借助文字的说明，就像讲故事一样引起观看者的兴趣和注意力。

视频营销法则三：要短小精悍，观看效果最好的视频长度一般应控制在几十秒到几分钟之内，浓缩的精华会让观看者意犹未尽。

视频营销法则四：要主题明确，你必须明白消费者想要什么，这样才能留住你的目标群体，从而最终转变为你的最终用户。

视频营销法则五：广告不要太明显，一味地注重广告宣传，会引起大多数人的反感，换位思考就很容易理解了。

视频营销法则六：不要弄虚作假，因为诚信在这个虚拟的网络上显得更为重要。

视频营销法则七：不要过度润色，因为过高的视频质量很容易被人误解为传统的电视广告。

视频营销法则八：不要哗众取宠，滑稽、搞笑视频虽然能够取得极佳的传播效果和播放量，但是如果不提供价值，最终买家寥寥无几。

三、视频营销的核心理念

优质内容是灵魂所在，强效平台是必备硬件，“优质内容 + 强效平台 = 广告有效”是营销的黄金定律，只有优质内容和强效平台同时具备，广告才能达到效果，也为营销效果确定了一条基本底线，如图 4–88 所示。

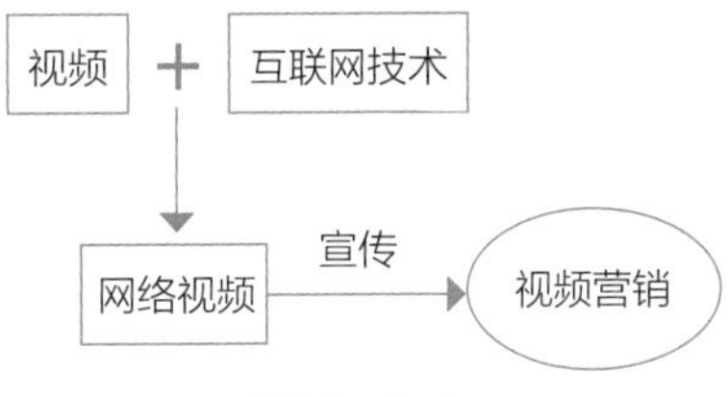

图 4–88　视频营销核心概念

视频的标题、简介和专辑名称都一定要带有与视频内容相关的关键词，这样不但可以容易上视频首页，同时在各大搜索引擎上面也可以得到更好的排名。

另外，上传的视频标签都必须跟所在行业有关。如果上传的视频不添加标签，那么视频在视频网站上排名就会不上来。以减肥学习方法视频为例，如图 4–89 所示。

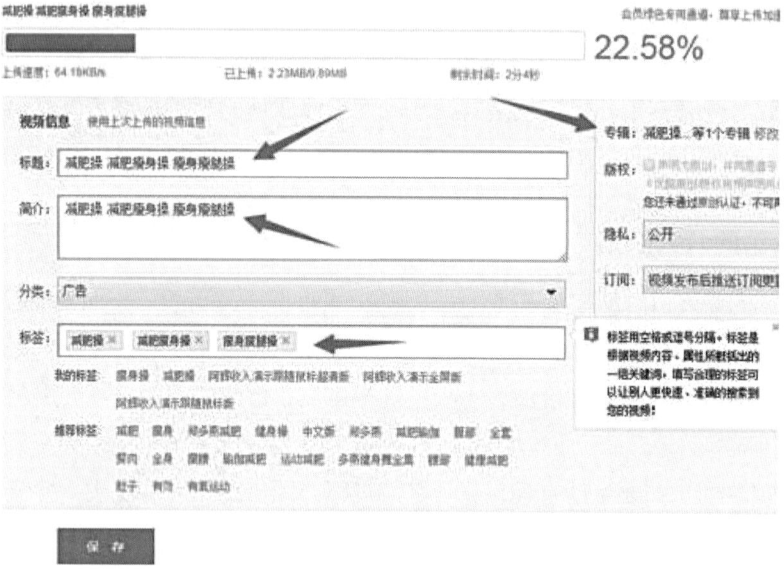

图 4-89 上传视频

四、视频营销的核心操作方法

做好视频营销是一门学问，必须在内容、形式等方面用尽心思，才能达到理想效果，否则只会是垃圾广告。

（1）创建专辑。想要做好视频营销，视频的专辑是必须要创建的，创建的专辑越多，越有利于在视频网站上的排名。如果是做教育培训，那创建的专辑标题和简介，就必须要跟相关课程相关，例如“×× 课程、×× 教学等”。

（2）寻找与你要销售的产品相关的视频。如果是自己录制视频的，这一步可以忽略。以教育学习为例，直接到各大视频网站搜索“×× 课程学习”这个关键词就会发现有很多 ×× 课程学习视频出来，这时只需要把那些没有水印的视频下载下来即可。

（3）给视频添加水印广告，下载好与产品相关的视频之后，就要给下载下来的视频添加水印广告了。视频里面不但添加了 QQ 或者微信以及微信公众平台或者二维码等信息，还有各种客户案例和语音，要加什么广告要自己去思考，不要直接打广告。

（4）录制广告语是必不可少的，如果电脑没有录音设备的话，直接到淘宝搜索“广告录音”就出来了。把视频的软广告做好之后我们就可以利用“影音转霸”把软广告合并到我们之前下载下来的视频里面了。

（5）上传视频。把上面说的步骤都做好之后，说明已经做出了一个属于自己产品的软广告视频，这个时候只需要把视频上传到各大视频网站即可。

（6）给视频刷播放量。为了视频更快地上首页需要把视频的播放量刷上去，播放量过百万的视频标题都带有相关的关键词，就是利用刷视频播放量软件刷上去的。这个时候还是去淘宝，直接搜索“视频点击量”。注意这个只是初期的辅助方法，并非长期营销的理念，长期营销与视频核心内容是否有价值有关系，所以还是要对视频的质量有一个严格地把控。

必备技能

一、制定视频推广计划

常规的视频推广计划大致包含以下内容：

更新节奏：每日更新。

创作数量：每日一篇。

发表形式：自己熟悉的行业有关。

推广方式：通过视频下方的分享按钮，分享到各类其他平台。

针对不同的产品和不同的营销目的，上述的视频推广计划会略有不同，营销者应该根据实际情况制定适合自己的计划。

二、尽量制作原创视频推广

1. 制作原创视频

制作原创视频是保证视频营销效果倍增的重要因素。如果你制作的是原创视频，那么优酷等视频平台就不会对你的视频有太多的限制，就不会想方设法为难你。具体表现在审核更容易通过；给予更好的展现和排名，这些都是倍增视频营销效果的保证。

2. 优化视频结构

视频的功能分为很多种，有宣传产品特点的，有宣传公司形象的，有宣传网站的；如果想倍增视频营销的效果，一定要按照自身产品的特点分别制作并上传多种类型的视频。只有这样，才能增加你的产品曝光度，并增加用户对你的信任感，你也更加容易建立起自己的品牌优势。最终起到倍增视频营销效果的作用。

3. 充分利用社会化网络推广

这里所说的社会化网络主要是指微博、微信、QQ 空间等社交互动平台。利用这些平台，能让你的视频得到更加广泛的传播，大大增加视频的曝光度。

活动评价

表 4-9　活动评价表

学习目标	评价项目
了解各种视频平台	熟悉 2 个或 2 个以上的视频平台
注册视频	注册视频平台，对博客进行定位

续表

学习目标	评价项目
完善视频的个人资料	能通过个人资料嵌入营销信息，吸引用户
熟练视频版块的设置	巧妙运用视频版块功能进行营销，首页版面合理美观
运用视频营销工具	至少添加学会 3 种以上查询，下载视频的工具
营销效果评价	播放数、评论数 10 条以上

任务 15 微信营销

情境设计

随着微信的横空出世，使得微信成为当今应用最为广泛的社交软件，这一现象引起了社会各界的广泛关注，而微信带来的传播效应也使得越来越多的人青睐利用微信来进行网络营销。王丽丽是某化妆品公司营销部的一名营销经理，在多年的工作经历中积累了一定的美妆常识、化妆品选购经验以及技巧等，她很想把自己公司的化妆品产品在微信上和微信好友一起分享，所以拟用微信平台进行产品推广。

任务分解

教学内容	课时安排	
	中职	高职
活动一　微信基础	4	8
活动二　微信营销进阶	4	8

活动一

微信基础

必备知识

一、初识微信

移动互联网是新生事物，但其全面融入我们生活的速度之快，让我们有种目不暇接而又非常熟悉的感觉。其实，这种感觉，源于移动互联网给我们生活带来的巨大便利。可以想象，如果没有移动互联网、智能手机以及 APP 市场的繁荣，我们的生活会呈现出一种什么状态?不妨从失去相应的便利性来想象 —— 我们将不能够发布微博，也不能够在微信上随时发布与分享照片……或许，上述的每一种便利我们都不愿失去。

1. 微信的定义

说起微信，大家应该都不陌生。微信是由腾讯公司研发并推出的，它产生的时间并不长，但发展的速度却很快。2011 年腾讯公司为智能手机推出了一个提供即时通信服务的免费应用程序。一年后，微信用户突破 1 亿；两年后，微信用户突破 3 亿，微信已经成为商家营利的一个新的阵地。截止到 2016 年第一季度，微信已经覆盖中国 90% 以上的智能手机，月活跃用户达到 6 亿，用户覆盖 200 多个国家，超过 20 种语言。此外，各品牌的微信公众账号总数已经超过 800 万个，移动应用对接数量超过 85000 个，微信支付用户则达到了 4 亿左右。

2. 微信的组成要素

微信包含以下多种要素：

微信提供公众平台、朋友圈、消息推送等功能，用户可以通过“摇一摇”“搜索号码”“附近的人”、扫二维码方式添加好友和关注公众平台，同时微信将内容分享给好友以及将用户看到的精彩内容分享到微信朋友圈。

二、微信的主要常用功能解析

微信平台是一个独立的平台，具有以下多种与营销有关的实用功能。

（1）实时聊天：支持发送语音短信、视频、图片和文字，是一种聊天软件，支持多人群聊（最高 500 人的群聊）。

（2）添加好友：微信支持查找微信号、查看 QQ 好友添加好友、查看手机通讯录和分享微信号添加好友、摇一摇添加好友、二维码查找添加好友和漂流瓶接受好友等多种方式。

（3）实时对讲机功能：用户可以通过语音聊天室和一群人语音对讲。

（4）朋友圈：用户可以通过朋友圈发表文字和图片，同时可通过其他软件将文章或者音乐分享到朋友圈。用户可以对好友新发的照片进行“评论”或“赞”，用户只能看相同好友的评论或赞，是获得流量和眼球的主要方式。

（5）查看附近的人：微信将会根据您的地理位置找到附近同样开启此功能的人，是最方便快捷加好友的方法，常常用在初期和地理位置有很大关系的营销活动中。

（6）微信摇一摇：通过摇手机或点击按钮模拟摇一摇，可以匹配到同一时段触发该功能的微信用户。

（7）群发助手：通过群发助手把消息发给多个人。

（8）微信公众平台：个人和企业都可以打造一个微信的公众号，可以群发图文消息、文字、图片、语音四个类别，分为订阅号、服务号和企业号三种。

三、微信公众平台的种类

微信公众平台，主要是面向名人、政府、媒体、企业等机构推出的合作推广业务。在这里可以通过渠道将品牌推广给线上平台使用。微信公众平台的目的是创造更好的用户体验，利用公众账号平台进行自媒体活动，简单来说就是进行一对多的媒体性行为活动，如商家通过申请公众微信服务号通过二次开发展示商家微官网、微会员、微推送、微支付、微活动、微报名、微分享、微名片等，已经形成了一种主流的线上线下微信互动营销方式。

根据功能、使用者、维护者存在方式的不同，微信公众平台分为以下几种不同类型。

1. 订阅号

面向人群：面向媒体和个人提供一种信息传播方式。

消息显示方式：折叠在订阅号目录中。

消息次数限制：每天群发一条。

验证关注者身份： 任何微信用户扫码即可关注。

消息保密：消息可转发、分享。

高级接口权限：不支持。

定制应用：不支持，新增服务号需要重新关注。

2. 服务号

面向人群：面向企业，政府或组织，用以对用户进行服务。

消息显示方式：出现在好友会话列表首层。

消息次数限制：每月主动发送消息不超过 4 条。

验证关注者身份：任何微信用户扫码即可关注。

消息保密：消息可转发、分享。

高级接口权限：支持。

定制应用：不支持，新增服务号需要重新关注。

3. 企业号

面向人群：面向企业、政府、事业单位和非政府组织，实现生产管理、协作运营的移动化。

消息显示方式：出现在好友会话列表首层。

消息次数限制：最高每分钟可群发 200 次。

验证关注者身份：通讯录成员可关注。

消息保密：消息可转发、分享。支持保密消息，防止成员转发。

高级接口权限：支持。

定制应用：可根据需要定制应用，多个应用聚合成一个企业号。

四、微信公众平台不同类型之间的区别

公众平台订阅号：为媒体和个人提供一种新的信息传播方式，构建与读者之间更好的沟通与管理模式。（媒体使用较多）

（1）每天（24 小时内）可以发送 1 条群发消息。

（2）发给用户（粉丝）的消息，将会显示在对方的订阅号文件夹中。

（3）在发送消息给订阅用户（粉丝）时，订阅用户不会收到即时消息提醒。

（4）在订阅用户（粉丝）的通讯录中，订阅号将被放入订阅号文件夹中。

（5）订阅号申请自定义菜单，企业需提交 300 元申请腾讯的微信认证。

公众平台服务号：给企业和组织提供更强大的业务服务与用户管理能力，帮助企业快速实现全新的公众号服务平台。（银行和企业做客户服务使用较多）

（1）1 个月（自然月）内仅可以发送 4 条群发消息。

（2）发给用户（粉丝）的消息，会显示在对方的聊天列表中。

（3）在发送消息给用户时，用户将收到即时的消息提醒。

（4）服务号会在订阅用户（粉丝）的通讯录中。

（5）服务号无须认证即可免费申请自定义菜单。

（6）服务号获得微信认证后即可申请微信支付，接入微信支付可在服务中心中申请开通微信小店功能。

公众平台企业号：企业号能帮助企业、政府机关、学校、医院等事业单位和非政府组织建立与员工、上下游供应链及内部 IT 系统间的连接，并能有效地简化管理流程、提高信息的沟通和协同效率、提升对一线员工的服务及管理能力。主要包括下面几个方面的功能：

（1）人事管理：可以根据不同的部门，建立人力资源库，例如通讯录、职位、工资等。

（2）业务环节：采购、仓储、销售等业务流程都可以通过企业号来控制。

（3）行政：上报、审批、文件下达、执行进度监控等。

（4）沟通：一对一（如领导和员工谈心）、多点（如网络会议）、权限范围内沟通（如和客户沟通）。

微信公众号不同类型解析，如图 4-90 所示。

订阅号、服务号、企业号区别						
账号类型	订阅号		服务号		企业号	
业务介绍	为媒体和个人提供一种新的信息传播方式，构建与读者之间更好的沟通与管理模式		给企业和组织提供更强大的服务与用户管理能力，帮助企业实现全新的公众号服务平台		微信为企业客户提供的移动应用入口，简化管理流程，提升组织协同动作效率	
试用人群	个人、媒体、企业、政府或其他组织		媒体、企业、政府或其他组织		企业、政府、事业单位或其他组织	
功能权限	普通订阅号	微信认证订阅号	普通服务号	微信认证服务号	普通企业号	微信认证企业号
消息直接显示在好友对话表列表			√	√	√	√
消息显示在“订阅号”文件夹中	√	√				
每天可以群发 1 条消息	√	√				
每个月可以群发 4 条消息			√	√		
无限制群发					√	√
保密消息禁止转发					√	√
关注验证身份					√	√
基本的消息接收 / 回复接口	√	√	√	√		
聊天界面底部自定义菜单		√	√	√		
定制应用					√	√

图 4-90　订阅号、服务号和企业号区别

五、常见的微信公众号平台

在当今国内互联网环境中，有很多大型的微信公众号平台，目前国内比较出名的微信公众号平台，主要有人民日报，天使爱美丽，视觉志等。根据新媒体指数最新发布，如图 4-91 所示。

#	公众号	发布	阅读	头条	平均	点赞	WCI
1	人民日报 rmrbwx	7/16	158.2万+	68.2万+	98908	21440	1500
2	卡娃微卡 kawa01	1/8	80万+	10万+	10万+	26847	1478
3	任真天 rzt317	1/8	80万+	10万+	10万+	16172	1452
4	央视新闻 cctvnewscenter	7/16	115.8万+	53.8万+	72424	23027	1452
5	大呲花 dacihua258	1/8	78.1万+	81385	97674	11782	1434
6	传统节日祝福 zhufu569	1/8	80万+	10万+	10万+	11190	1433
7	占豪 zhanhao668	1/6	53.4万+	10万+	89066	18011	1428
8	读悦文摘 duzhe3650	1/8	74.3万+	10万+	92930	11059	1420
9	天使爱美丽 meirongbar	1/8	80万+	10万+	10万+	7565	1413
10	天天炫拍 TTXuanPai	1/6	60万+	10万+	10万+	8584	1408
11	点点星光 diandianxingguang888	1/8	74.2万+	10万+	92782	8228	1407
12	大爱猫咪控 daaimaomikong	1/6	60万+	10万+	10万+	7779	1401
13	共产党员 gcdyweixin	1/4	40万+	10万+	10万+	10577	1400
14	视觉志 QQ_shijuezhi	1/8	72.8万+	10万+	91015	6818	1399
15	时光相机 shiguangxiangji	1/6	60万+	10万+	10万+	7045	1399
16	幸福人生 XFRS9090	1/8	80万+	10万+	10万+	5423	1396
17	洞见 DJ00123987	1/6	59.4万+	10万+	99122	6532	1395

图 4-91　常见的微信公众号平台

必备技能

一、选择合适的微信公众平台

微信公众平台的选择往往都是采用需求为主的理念，如果以信息传播营销为首要任务，那么选择订阅号；如果有支付，查询等和数据交互有关的则选择服务号；如果是企业内部的一种沟通机制，则选择企业号。当然也可以申请注册多个类型公众号，以满足不同需求。

个人或企业可选择进入“微信公众平台”先进行注册和登录，如图 4-92 所示。

图 4-92　“微信公众平台”首页

二、创建自己的微信公众平台

通过微信公众平台的交流方式，很多人或者有些企业通过它给产品作推广，有些企业则把自己的微信公众平台作为与客户交流的平台。那么，到底怎样才能拥有微信公众平台呢？本活动将为大家介绍怎样创建自己的微信公众平台。

（1）打开微信公众平台首页（https://mp.weixin.qq.com/），注册微信公众平台，如图 4-93 所示。

图 4-93　注册微信公众平台

（2）回到登录界面，选择登录，如图 4-94 所示。

（3）为自己的公众平台设置好地址，设置好名称头像以及二维码、介绍等信息。然后即可进入群发消息，数据分析等功能。值得注意的是，个人公众号、事业单位等非营利性组织不需要收费，企业需缴纳 300 元 / 年的微信认证费用，如图 4-95 和图 4-96 所示。

图 4-94　开通公众平台

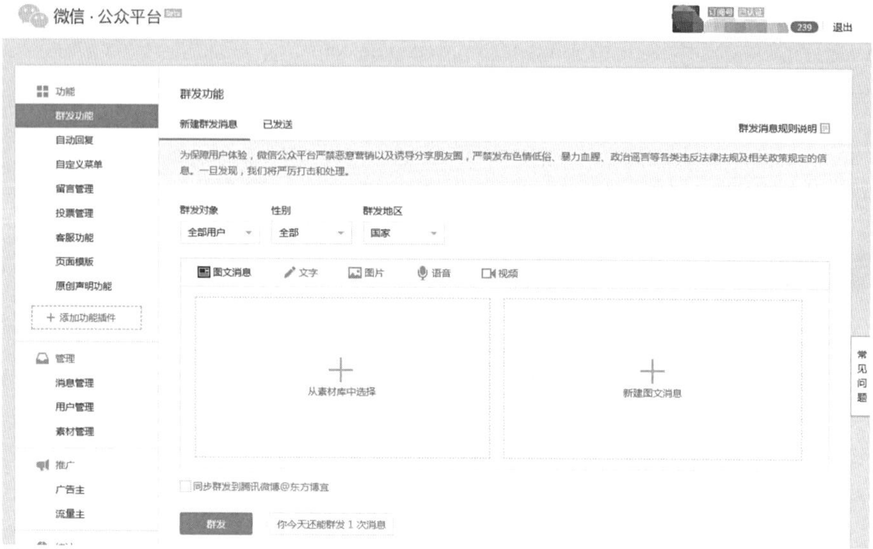

图 4-95　微信公众平台后台首页

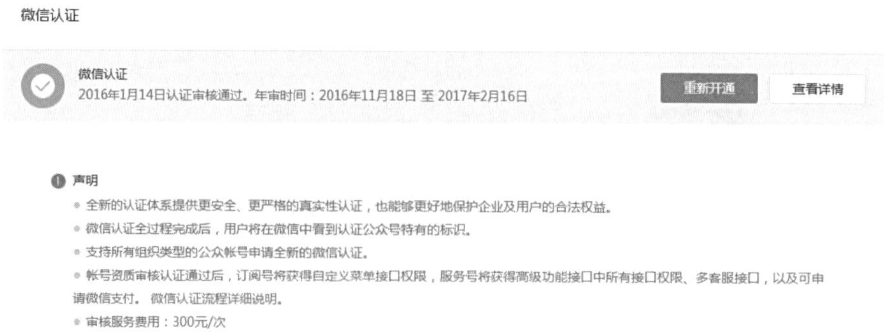

图 4-96　微信公众平台企业后台微信认证页面

活动二

微信营销进阶

必备知识

微信营销是企业或个人营销模式的一种，是伴随着微信的火热而兴起的一种网络营销方式。微信不存在距离的限制，用户注册微信后，可与周围同样注册的“朋友”形成一种联系，订阅自己所需的信息，商家通过提供用户需要的信息，推广自己的产品，从而实现点对点、一对一的营销。

一、微信营销加粉丝的方法

在微信营销中粉丝的数量起到决定性的因素，因为微信和微博论坛等平台不同，只有粉丝或者好友可见，所以我们来看一下微信营销加粉丝的方法有哪些。

1. 借助微博大号推广

通常情况下，一个微博大号拥有众多的粉丝。显然，如果能够通过这些微博大号来宣传自己的微信，会在短时间内增加自己的知名度。

2. 小号带大号 + 个性化签名

对于一些新使用微信，而且又缺乏资源的人来说，不妨多注册几个微信账号，然后设置有吸引力的头像，去海量地加微信好友。然后，再在这些小号里群发大号的名片，从而吸引更多的粉丝前来。当然，在采取这种做法时，要注意把握好度，不要被粉丝认为你在有目的地营销。此外，在微信签名上，要做到个性化，这在 LBS 的推广方面，显得更为重要。因为这样做的话，在查看附近的人时，更容易被别人看到。

曾经有人在这方面做了一个尝试，结果，在不到一个小时的时间里，吸引了多人前来关注。

3. 合作互推

这种做法在微博营销上曾被大量使用过，在微信营销方面，也可以进行运用。比如，我们可以找些粉丝来合作互推，这样的话，也有利于我们更大程度上整合资源。

4. “摇一摇”

你如果觉得不断地搜别人、加别人有些麻烦，那么，还有个好的办法，就是用微信上的“摇一摇”。当然，并不是没有目标地摇，摇的目标是让别人看到我们的签名或者直接加我们。这个办法还有一个好处是，可以突破地域限制。

这是因为，“摇一摇”是按照距离最近，同时也在摇手机的用户进行配对；如果附近没有在摇手机的用户，会自动给你配其他相对较近的用户。这种方法对一些在经营上有明显地域特征的商家，有立竿见影的效果。

5. 活动推广

通常来说，活动推广分为线上和线下。线上活动包括互联网和微信活动，比如在微博上发起一场活动，前来关注的粉丝就有机会获得礼品，也可以在微信里发起活动，介绍身边的朋友参加并获得折扣礼品等。

线下推广的方式也很多，比如餐厅需要推广自己的微信号，只要每个前来的客人能关注该餐厅的微信，即可享受打折或小礼品等。只要这些活动具备一定创意，并站在客户的角度来进行，一样可以起到好的作用。

二、微信营销的法则

微信营销虽然效果显著，但并不是每个用户都能接受微信营销，这和你的营销内容、营销方式与方法都是有关系的。

1. 只有自己喜欢，别人才会感兴趣

只有自己对一件东西喜欢，才能使别人对它感兴趣。人都有分享的心态，把好的东西介绍给别人就会很愉快，很有信心。只有喜欢自己的产品，它才有生命力。我们在内心很想告诉别人我们的产品是什么样的，会给对方带来哪些好处或解决什么样的问题。假如我们自己都不重视的话，就不可能期待客户对我们的产品给予重视。

2. 提前演练才会事半功倍

在每一次产品介绍前我们都要先确定，我们先介绍什么，怎样介绍，按什么顺序。产品介绍的内容必须非常熟悉。只有做到心里有数，和客户交谈时才会胸有成竹。

3. 提问，与客户进行交互

在介绍产品时，只有不断和客户互动，及时发问，才会了解客户的想法并很好地引导客户的思维。发问会让客户参与其中，对产品的感受更加深刻。特色会引发兴趣，而利益会引发渴望。不断地发问会使客户深入地了解产品的特征和优势对他们有什么好处，充分调动客户对产品的兴趣，激发他们购买的欲望。

4. 知道营销的最终目的是什么

每次介绍一定要清楚，自己想使客户了解哪些，给客户什么感觉，要达到什么目的。每次介绍都是为最后的成交作铺垫，所以，每次介绍时一定要清楚：这次与客户沟通我要达到什么目的？

5. 以客户的兴趣为中心

每个人的兴趣爱好不一样，沟通方式也不一样。在介绍产品时，要因人而异，用客户喜欢的方式来解说。介绍产品时，一定不要忘了和客户互动，让客户亲自参与体验，才会感受深刻，因为客户最在意自己的感受。

6. 将产品的优点与客户的需求连接起来

介绍产品时一定要让客户听起来舒服，又能满足客户的需求。为了实现这一目标，你要做好两方面的工作：一是分析产品的特点；二是分析客户的需求。客户最关心产品对自己的利益和好处，所以从对方的利益这一角度来介绍你的产品。换而言之就是“让他觉得占到了便宜”。

三、微信营销的价值

微信营销的价值往往比其他网络营销的价值更加直接且重要。它的商业价值是很多“软营销”或者浮在表面的营销不能相提并论的。微信营销往往可以直接或者间接创造产品产出或者节省企业和个人营销成本。

1. 数据库营销价值

微信公众平台上，企业可以针对所有的关注用户一次性消息群发，相当于过去的手机短信（邮件）群发功能。这样的好处是第一，节省群发信息费用，哪怕手机短信 1 分钱一条，一万条也是 100 元，如果你每年要发几千万条，这笔费用就可观了。第二，信息即时，到达率高。你的企业是不是需要定期对用户进行数据库营销，比如电商新品、金融理财产品、餐厅新品等。

2. 客户 CRM 管理价值

CRM 的核心是对企业的市场营销、销售和客户资源管理提供有效的支持，那么微信公众平台可以沉淀用户数据，与潜在用户建立连接，利于二次营销。比如对潜在用户通过关注送礼即可收集信息，这相比以往线下填写表格等方式更便捷有效。

除此之外还可以即时将市场营销活动、新品信息第一时间推送出去，另外可以连接打通企业微博、以往 CRM 系统实现真正的 SCRM 管理，这样实现昵称识别、手机号码识别等方式对不同等级用户加以标记。

3. 服务型营销平台价值

消费者总是越来越懒，它们总是想用最省钱、最简单、最容易的方式与企业沟通，比如要投诉或反馈意见。他们不会选择电话、短信、邮件的方式，而是微博、微信等这样便捷免费的工具。特别是像银行、酒店、航空等服务行业，比如招商银行信用卡中心微信公众平台，关注并绑定银行卡之后我要查询余额，办理信用卡注册根本就不用再去柜台、打电话，或者登录 PC 网站办理，只需要很便携的手机客户端就可办理，这就是用户，他们总是希望在他们需要你的时候你就在身边。所以通过微信公众平台办理值机、预订酒店、订餐等都会是趋势。

4. 移动电商入口价值

移动跟电商通过微信平台现在已经完全可以紧密结合，移动电商是未来的生活方式。基于公众平台的微商城，再加上腾讯微信支付开放，企业或者个人可以先占据这个微商城，拿下移动电商入口。这也是现在越来越多的个人或者企业在微信上做代购或者做微店的原因。

必备技能

一、学会使用微信运营常用工具

1. 公众平台图文排版编辑器

135 编辑器：http://www.135editor.com

秀米：http://xiumi.us

i 排版：http://www.ipaiban.com

新媒体排版：http://paiban.xmt.cn

2. H5 页面创建

易企秀：http://eqxiu.com

MAKA：http://MAKA.im

兔展：http://www.rabbitpre.com

初页：http://chuye.cloud7.com.cn

3. 微信文章排行榜

爱微帮：微信运营，新媒体社交媒体运营好帮手。

搜狗微信：搜狗微信搜索，订阅号及文章内容独家收录。

微指数：微信大数据查询。

4. 微信第三方服务平台

微社区：https://wsq.qq.com

有赞商城：https://www.youzan.com

兴趣部落：http://buluo.qq.com

搜狐快站：http://zhan.sohu.com

风铃：http://zhan.qq.com

5. 用户调研平台

金数据表单：http://jinshuju.net

6. 二维码制作

草料二维码生成器：http://cli.im

二、开展微信营销

1. 个人微信设置

（1）注册微信账号。

（2）设置微信头像、名称、个人签名、二维码名片、微信号。完善自己的朋友圈，设置朋友圈的封面。

（3）通过通讯录和 QQ 联系人，或通过微信扫一扫，雷达加好友等方式增加你的微信好友，至少加 50 个好友。

（4）添加朋友→公众号→输入关键词搜公众号→关注公众号，关注至少 5 个和校园商城相关的微信公众号。

（5）点开通讯录→公众号→点开一个微信公众号→右上角人头标志→查看历史信息，查看你所关注的微信公众账号，有什么有价值的信息，把你认为有价值的信息分享到朋友圈，分享 5 条以上。

（6）微信公众号认证准备，需要提供本人持身份证照片，请提前拍摄并保存。

2. 创建微信公众号

（1）以小组为单位，注册微信公众账号——订阅号，如图 4-97 所示。

图 4-97　注册微信公众号界面

（2）输入邮箱地址，设置登录微信公众平台的密码，点击注册，如图 4-98 所示。

图 4-98　输入邮箱地址

（3）激活公众平台账号。感谢注册！确认邮件已发送至你的注册邮箱：×××× @163.com。请进入邮箱查看邮件，并激活公众平台账号，如图 4-99 所示。

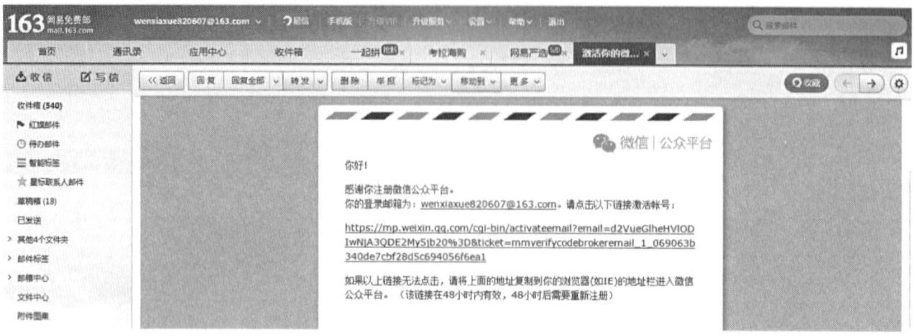

图 4-99　激活邮箱

（4）激活后，选择订阅号，如图 4-100 所示。

图 4-100　选择订阅号

（5）选择“个人”，并输入真实有效的个人信息，其中，需要用自己个人微信号扫一扫二维码，验证运营者身份，并输入手机号码，获得验证码，如图 4-101 所示。

（6）点击确认后输入公众号账号信息，如图 4-102 和图 4-103 所示。

（7）点击完成，观察你所添加的微信公众号功能，参考同类行业微信号，策划和设计本组的微信公众号。

（8）点击素材管理——新建图文消息，编辑图片和内容后，点击预览，发送内容到你的个人微信

图 4-101　输入个人认证信息

账号，检查一下格式和内容，无误后保存并群发，如图 4-104 所示。

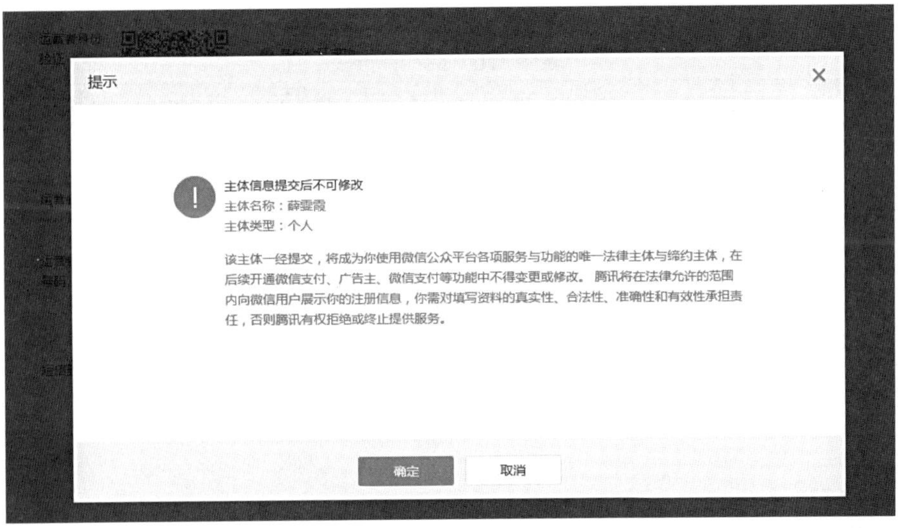

图 4-102　提交主体信息

图 4-103　输入公众号账号信息

图 4-104　添加微信图文信息

活动评价

表 4-10 活动评价表

学习目标	评价项目
了解各种微信公众平台	熟悉 2 个或 2 个以上的微信公众平台
注册微信和微信公众平台	注册微信，对微信平台进行定位
完善微信和微信公众平台的个人资料	能通过个人资料嵌入营销信息，吸引用户
熟练掌握微信公众平台版块的设置	合理设置微信公众平台各项功能，使其能够正常上线营销推广
运用微信营销工具	至少添加 10 个微信好友和 10 个微信公众平台粉丝
营销效果评价	浏览数、好友数和评论数 10 条以上

项目合作实训

以小组为单位创建一个企业产品营销主题，利用论坛、微博客、E-mail、SEO 和微营销等营销方式将企业产品进行推广，尽可能多地寻找目标客户人群，从而增加销量。通过以上免费的推广方式，利用项目综合评分表 4-11 对小组成员做一个简单的评价。

表 4-11 项目综合评分表

内容	评分标准				评分
	优秀	良好	及格	不及格	
工作态度	积极、认真	比较认真	一般	不认真	
工作能力	超额完成工作任务，并有创新	按时完成	基本完成	不能完成	
工作效果	（1）资料设置十分合理 （2）小组开展了丰富多彩的推广方式 （3）发布的内容富有吸引力，与人活跃互动，有非常明显的营销效果	（1）资料设置合理 （2）小组开展了较多的推广方式 （3）发布的内容有吸引力并有少量互动，有营销效果	（1）基本资料设置基本合理 （2）小组开展了部分推广方式 （3）发布的内容有人阅读	（1）基本资料设置不合理 （2）小组没有进行推广 （3）发布的内容没有吸引力，没有阅读量和互动	

项目总结

本项目的免费推广方式作为网络应用的必要手段，其发展规模和速度已不容忽视，如何利用免费推广方式为企业所用，为企业营销活动助一臂之力是每个商人或企业所要考虑的问题。理解免费推广营销的内容并不难，实施具体营销也轻而易举，而关键是如何增加点击率，让这些推广方式成为与客户沟通的桥梁，从而为企业带来订单。因而本项目要求同学们在理解理论内容的基础上，更多的是实践与探索，让免费推广方式成为营销的有力武器。

项目自测

（1）汽车配件卖家（公司）如何进行有效论坛营销?

（2）校园网上商城应如何进行博客营销?

（3）家乐福超市应如何进行视频营销?

（4）蒙牛牛奶应如何进行 APP 营销?

（5）个人微店应如何进行微信营销?

（6）驴妈妈旅游网应如何进行 E-mail 营销?

（7）泛亚信息技术江苏有限公司应如何进行 SEO 营销?

项目五

网络营销实战提升及规避

情境引入

企业进行网络营销活动时，都要对活动进行效果的总结和评价，使得对网络营销活动有一个准确的判断，从而更好地把持营销活动的方向。在网络营销活动的评价方面，各个网络公司所采取的评价方法并不完全一样，对于评价所设定的指标也不完全一致。这样就有出现评价结果不一致的可能，所以，网络企业应该提高网络营销的评价水平，分析流量。

另外，在网络营销推广中，“灰色产业链”是一种隐蔽的营销方法，它的基本原理是通过一种或几种特殊的营销方式免费或者付费地将产品或企业介绍给消费者，以此作为吸引消费者、推广品牌的方式。灰色产业链相关的推广方法不管是在线下，还是在线上，都是不容易受人关注的，但是在实现营销效果方面有过之而无不及，但是对于健康网络环境的营造，灰色产业链是我们需要规避的。

项目任务及目标

项目任务	岗位等级及目标			
	L1	L2	L3	L4
任务 16 网络营销效果评价			掌握网络营销评价的步骤，掌握网络营销效果评价的指标体系	能熟练运用网络营销效果评价方法

续表

项目任务	岗位等级及目标			
	L1	L2	L3	L4
任务 17 流量分析		了解 IP、PV 和 UV 的含义及计算方法	掌握平均页面访问数、平均网站停留时间的意义和计算方法	掌握跳出数与跳出率的计算方法
任务 18 网站安全解密			了解网站安全出现问题的弊端及网站被攻击的情况	能检测网站安全，选择安全稳定的服务器提供商

任务 16 网络营销效果评价

情境设计

网络营销评价就是借助定量和定性的方法对营销效果进行评价。和传统媒体相比，网络营销评价的优点在于其效果可以更全面、及时和精确地评估。

如何衡量网站的运营是否成功？如何衡量营销活动的效果？网站成功与否与该项目的目标期望指标紧密相关。如果对网站没有一个期望指标，如期望它可以带来多少流量或是带来多少销售，那么从一个单纯的数值并不能判断它的运营效果或是营销效果。

网络营销的效果评价是对一个时期网络营销活动的总结，也是制定下一个阶段网络营销策略的依据。同时，通过网站访问数据的统计分析，还可以提供很多有助于增强网络营销效果的信息。在这个环节，王丽丽应该掌握网络营销效果评价的指标，才能更好地总结自己网店的营销活动，更好地制定下一个阶段的营销策略。

任务分解

教学内容	课时安排	
	中职	高职
活动　网络营销效果评价指标		6

活动

网络营销效果评价指标

必备知识

一、网络营销评价的步骤

1. 确定网络营销的总体目标和分阶段目标

通过相关的调研，分析行业的特点和本企业的情况，制定适合本企业网络营销发展的营销策划书，为整个营销活动提供总体以及分阶段的目标，从而指导整个企业的发展。

2. 选择合适的评价方法

对网络营销的评估通常采用对比的方法，其方法有两种：一是横向对比，通过与具有相同商业模式的网络营销企业进行比较，来估计网络营销企业的相对价值；二是纵向对比，通过对比其他具有相同商业模式的网络营销企业在某一成长阶段的评价标准来对本网络营销企业进行价值评价。

3. 确定评价标准

根据确定的网络营销策划书，在实际操作上确定具体的标准和工作范围，应该说，每一个关键点的标准都是可以确定的。在网络营销评价实际运作时，企业根据自身状况还会有更适合的标准，只要目的明确，寻找标准不是很困难的事情。

4. 网络营销效果与标准进行对比，检查策划目标实现情况

根据目标和标准之间的对比，判断网络营销的实际效果，总结经验教训，补足差距，促进网络营销系统的正常运作。

5. 制定评价报告

评价报告应该包括：①评价目的，这是指导评价方向的依据，以及进行评价工作的出发点；② 评价标准体系，这是实际评价工作过程中进行数据采集的方面；③ 运行实际效果数据以及数据分析，进行相关数据的采集、整理和分析工作；④ 综合评价，对数据分析的结果进行描述和说明；⑤ 存在问题与对策，找出数据所体现的自身优势与劣势，提出对策。

二、网络营销效果评价的指标体系

评价是控制网络营销活动的基础，企业应把网络营销评价工作列入营销工作的战略层面上。网络营销企业的收入、利润和网站的访问量通常被认为是衡量网络营销工作业绩的主要标准。当然，除了收入、利润和网站的访问量外，还有一些更适合于衡量业绩的标准。不同网络营销企业对于不同指标的关注程度也不一样，或重视收入，或重视访问量，所以说，对于不同企业要给予不同的指标分析。

由于企业之间产品的特点不同，对于产品在营销过程中的关注也是不同的，也许很难

列出很多有共性的要求，不过，从建立网络营销网站的目的出发，仍然有一些可供遵循的规律。根据衡量对象的不同，我们把网络营销评价指标体系分为 4 大类，分别是衡量企业网络营销网站建设和产品的品牌形象、网络营销企业的经营能力、网络营销网站的经营效果、网站的技术水平。企业可根据网络营销在企业营销活动中的重要程度将网络营销评价指标与传统的营销绩效评价指标有机结合，建立符合企业实际的企业网络营销评价指标体系。

1. 衡量企业网络营销网站建设和产品的品牌形象的指标

网络营销的手段是开办企业的网站，开办网站的目的在于宣传企业的发展情况，扩大企业的知名度，进行产品介绍，扩大招商影响范围，增加产品的销售。从营销的角度讲，网站不仅仅是一个企业的网上窗口，而且是一个重要的营销媒介。由于网络营销突破了传统商业中有限陈列空间的限制，使得消费者对商品的可选择性无限扩张，在面临多种选择的情况下，消费者的选择往往更集中于知名品牌，因此，在互联网时代，创建知名度高的品牌是战胜竞争对手的有力武器。在网络环境下企业的竞争更加激烈，如果不是第一品牌，往往就意味着无法生存。所以，网络营销企业网站建设情况以及产品品牌知名度成为评价网络营销的重要指标，可以通过下列指标来衡量：

（1）网站出现在媒介中的次数和频率。

（2）网站的口碑情况。

（3）根据网站访问者的停留时间来测定网站的水平，停留时间是指访问者关注某一网站的持续时间。该指标的意义是很明显的，停留时间越长，网站对其影响越大，反过来说，对企业越有利。

（4）网站的注册用户数量，注册用户数量是指通过提供个人信息登录来获得网站提供的某种服务的用户数量，它直接反映用户对网络营销企业网站的兴趣程度。

（5）网站的访问量，访问量就是网站访问者的数量，它直接反映了网络营销企业网站在公众心目中的地位。它不见得马上会给企业带来明显的收益，但他们是企业的客户基础，也是显示网站规模的重要指标，访问量可以用点击率来衡量。

（6）企业的产品、服务等被大众接受的程度，衡量一个网站是否成功，所使用的评估标准之一就是要与网站建立之初所设定的目标相一致。例如，对于一个零售货物的网站，显而易见的衡量标准是网站的交易量，即有多少用户在网站上购买了商品，有多少的销售额产生，单位客户的购买额度是多少，有多少投诉情况在提供服务过程中发生，顾客的满意情况怎么样，当然，最重要的是，有多少利润产生。在网络营销模式中，衡量业绩的最直接的标准是争取并维持多少客户。在一个出卖实物产品的实例中，企业收到的电话数、通过网站生成的销售订单以及返修率或退货率都会成为衡量网站业绩的标准。

2. 衡量网络营销企业经营能力的指标

网络营销企业的经营能力是由管理者能力和经营实力水平两方面构成的，下面就这两方面分别加以阐述。

（1）衡量管理者能力方面的指标。创新精神与能力：由于互联网世界是人造的虚拟世界，创新或者创意是互联网企业的生存前提，无论是雅虎的网络门户模式、亚马逊的网络超市模式，还是易趣和淘宝的网上拍卖模式，不断地创新思维是网络企业增长的原动力。

管理理念水平：在这个时刻需要创意来提升企业价值的虚拟世界里，可以说思路决定出路。如果一家网络营销企业的管理层仍然用实体产品企业的思路来管理网络世界的话，必将遭遇虚拟世界的无情拒绝。所以说，管理层对于管理理念的更新和提升，也对网络企业的发展起到关键的作用。

实施战略规划的能力：实施战略规划的能力即执行力情况，是衡量管理团队能力的另一个重要指标。执行力包括管理层对业界变化的预见能力、对战略进行调整的速度以及实施新战略的情况，其中，对于变化的预见能力很重要。因为这可以缩短调整和实施战略的时间，所以，强而有力的执行力要求管理层能够灵活应对现行的战略并做出改变。

（2）衡量网络营销企业实力的标准。数据信息的利用能力，包括收集和处理消费者行为信息的能力以及不断开发网站功能的能力，具体包括：停留时间、日均访问量、消费者较为关注的网站内容等。

客户服务质量。这是根据企业为其网上业务提供的支持服务的范围和质量来进行评价，关键是看能否为消费者提供个性化的服务；同样，从网络营销企业自身来说，开放的网络结构意味着向顾客提供自有品牌之外的其他多个品牌的多种产品，而开放的结构将有助于增加选择的多样性，增强顾客对网站的依赖度并增加停留时间；再者，顾客从网站订货至货物到达顾客手中所需要的时间长短，构成了服务质量的重要方面，也是衡量企业实力的重要指标。

现有企业的规模、客户基础以及发展潜力。这是针对正在转型的电子商务企业而言的，企业的规模和客户基础是企业转型的重要资本和发展源泉，也是考察一家企业是否具备发展潜力的重要指标。

网络营销企业盈利是否多元化。盈利来源的多元化指一个企业在其原有的网络业务之外增加收入来源的能力，即扩大业务范围，尽量提供一站式服务能力。提供一站式服务由产品线的宽度和深度决定，产品线的宽度强调的是不相关的产品种类的丰富程度，例如与日常生活这一主题有关的吃穿住行等产品类别的丰富性；而产品线的深度强调的是互补产品种类的齐全程度，如与汽车消费有关的购买、维修、保险以及汽车配件等系列产品的齐全性，提供多样选择是网络经济的主要优点之一。现今社会，消费或者交易方式便利是吸引消费者、增加停留时间、扩大销售额的原因之一。网络营销企业通过提供一站式服务尽可能解决消费者在消费过程中出现的所有要求，这将体现极大的便利。

先行优势。由于率先进入市场而取得的优势，这种优势有利于企业吸引注意力、创建品牌或者提高盈利能力，所以对于产品区别不大的企业间的竞争尤其重要，不过这种优势的持续时间要根据具体情况来定。

3. 衡量网络营销企业经营效果的指标

衡量网络营销企业的经营效果，可以通过下列指标来确定。

（1）确定保持顾客和重复购买顾客的数量。这需要企业具备良好的客户关系管理水平，所谓客户关系管理，是一种商业策略，主要涉及目前的和潜在的用户对一个商业投资的需求、参与、理解和反应。一个完整的客户关系管理解决方案包括以下内容：获取精确的完整的客户数据；整理并存储这些数据；对数据进行分析；将分析得到的结果分配给处理客户关系的工作人员，解决相关问题。

客户关系管理追求的目标是提供良好的用户服务并且支持长期的、可获取利润的客户关系。

（2）销售额。这是衡量网络营销企业经营状况的直接指标，它可以反映出网站经营的状况以及规模大小。

（3）衡量各种情况的指标比率。常用指标比率有客户转化率、长期客户率、长期客户销售额比率。客户转化率是指一定时期内客户数与浏览数的比率；长期客户率是指一定时期内长期客户数与客户总数的比率；长期客户销售额比率是指一定时期内长期客户销售额与总销售额的比率。这些比率都是网站访问数量相互比较或者将其与销售额进行比较的结果，它反映网站定位的准确度与网站对顾客的促销力度。

（4）市场渗透水平。市场渗透水平一般是用市场渗透率来反映的，是一种以百分比的形式来表达衡量标准，主要描述赢得了多少潜在的客户或者市场、进行了多少次交易。

（5）利润额。利润额大小决定了一家网络营销企业的发展基础和发展潜力，是进行再发展的动力所在。

（6）争取和维护用户成本的减少。成本控制的观点在网络营销中也是适用的，在网络营销经营过程中，人们自然也会考虑到争取一个客户的成本与该客户将要消费的金额之间的比例，也会调查维持一个客户以及把该新客户转化成老客户所花费的成本。

4. 衡量网站技术水平的评价指标

网站的经营是要有相关的技术作为支持的，网站的专业与否将直接影响到网络营销的最终结果，因此对网站进行专业性评价是网络营销评价的重要内容之一。网站专业性评价分析是一项专业性很强的工作，涉及很多技术方面的专业知识。

（1）对网站考核的5个指标。

表5-1　网站考核指标

序号	网站考核指标	指标内容
1	网站信息质量高低	网站提供的信息质量和信息呈现方式，企业业务的介绍情况，是否有关于产品和服务的信息，是否有产品说明或评估工具等
2	网站导航的便利性	网站的页面结构是否清晰，网站是否有提供搜索引擎服务及搜索引擎的效果，网站是否有针对顾客提问进行解答的部分等

续表

序号	网站考核指标	指标内容
3	网站设计美观性	网站设计的美观及愉悦程度，文本是否容易阅读，图片是否使用适当，是否采用音频与视频手段等
4	网站的营销功能	在线订购与支付是否方便，支付之后是否提供对于产品发货的时间及去向信息，并向买家确定到货时间等
5	网站的功能建设	网站是否建有论坛或社区，是否有计算器或者其他可以增强用户体验的工具，网站是否有通往相关信息的互补性资源的链接等

（2）对网络营销人员工作绩效的评价。

表 5-2　网络营销人员工作绩效的评价表

序号	营销人员工作绩效评价方向	评价指标
1	网站设计方面	在不同速率情形下，主页下载时间；有无无效链接和拼写错误；不同浏览器的适应性；对搜索引擎的友好程度；网络安全性
2	网站推广方面	使用搜索引擎的数量和排名；在其他网站链接的数量；注册用户数量
3	网站流量方面	访问者数量；网页总浏览数和平均浏览数；用户在网站的停留总时间和平均停留时间

必备技能

一、使用网络营销效果评价方法

目前互联网的形势是遍地开花，热闹非凡，有 Sina、Sohu、网易三大网站，有 Google、Baidu、Yahoo 中国三大搜索，还有 Alibaba、慧聪、863171 三大综合性 B2B，以及大大小小、各行各业的行业网站（也称专业网站或垂直网站），如中国化工网、中华机械网、中国食品网等。像大型的门户网站 Sina、搜索网站 Google，电子商务网站 Alibaba 等实力强、宣传力度大、受众面广，大部分上网的中国用户都知道或者正在使用它们。当然，还有许许多多行业网站，因为定位于某个行业，企业实力、知名度不如大型网站，但每个行业网站都有自己的特色，能够把内容做得更深、更细、更贴近本行业的用户才是这类网站的目的。但是面对众多的行业网站，以电子商务行业为例，在 Google 中搜索“商业网”，可以找到成千上万家商业类的行业网站，我们要知道哪个网站比较好呢？我们无法知道每个网站的真实访问量（Page View）、注册会员的数量等，那是不是就没有办法去了解行业网站的情况呢？不是的，通过以下几种途径可以了解一个网站的好坏。

（一）站长工具

网站的站长在建立网站时用于对网站质量查询与制作帮助的一些工具，简称为站长工具。表现形式主要有 Web 形式的工具箱、Flash 形式的工具箱、终端形式的工具箱、微信端的站长工具。

常用的站长工具有友情链接检查工具、PR 查询工具、搜索引擎收录查询工具、关键词排名查询工具、网站流量统计等。以站长之家的站长工具为例，如图 5-1 所示。

图 5-1 站长工具首页

（二）搜索引擎收录

搜索引擎收录是指收录一个网站页面具体的数量值，收录的数量越多，收录的时间越快，证明该网站对搜索引擎越友好。

（三）百度权重

百度权重是站长工具等网站推出的第三方网站欢迎度评估数据。它针对网站关键词排名预计给网站带来的流量，划分等级为 0 ～ 10。权重数值越大，说明网站自然流量越大，相应的关键词排名就相对靠前，权重、流量、关键三者之间的关系是相辅相成的。

（四）Google PR值

PR 值全称为 PageRank（网页级别），取自 Google 的创始人 Larry Page。它是 Google 排名运算法则（排名公式）的一部分，是 Google 用来标识网页的等级 / 重要性的一种方法，是 Google 用来衡量一个网站好坏的唯一标准。

PR 指标为 0 ～ 10，10 级最高。PR 值越高说明该网页越受欢迎。比如，一个 PR 值为 1 的网站不太具有流行度，而 PR 值为 7 ～ 10 则表明该网站非常受欢迎。一般来说，PR 值达到 4，就算是一个不错的网站了。Google 把自己网站的 PR 值定为 9，说明 Google 是非常受欢迎的网站，或者说是非常重要的网站。

（五）Alexa排名

Alexa 排名是指网站的世界 NNT 流量，主要分为综合排名和分类排名两种。Alexa 提供了包括综合排名、到访量排名、页面访问量排名等多个评价指标信息。很多人把它作为当前较为权威的网站访问量评价指标。一个行业网站，如果能够排在 15000 位以内，已经是挺不错的了。

二、评价校园网上商城网络营销效果

登录站长工具（http://tool.chinaz.com/），依次对校园网上商城网址进行 Alexa 排名、百度权重和 Google PR 查询。

任务 17 流量分析

情境设计

网络营销的效果评价主要是以网站或者网店为基础的评价，而网站流量最能集中体现网络营销的效果。通过对网站流量的分析，可以得出网络营销活动在网站的各个细节上如何对用户起作用，最终才能达到网络营销的总体效果。

网站流量分析是指在获得网站访问量基本数据的情况下，对有关数据进行统计、分析，从中发现用户访问网站的规律，并将这些规律与网络营销策略等相结合，从而发现目前网络营销活动可能存在的问题，为进一步修正或重新制定网络营销策略提供依据。

王丽丽所在团队的校园网上商城流量如何呢？在这个环节，她们应该掌握网络营销流量分析的指标，才能更好地总结自己商城的营销活动，更好地制定下一个阶段的营销策略。

任务分解

教学内容	课时安排	
	中职	高职
活动　网站流量分析	2	4

活动
网站流量分析

必备知识

一、IP、PV 和 UV 的相关知识

(一) IP、PV和UV的含义

(1) IP 即独立 IP。每天 00:00-24:00 相同 IP 地址记录一次。即使你有多台电脑，但是如果 IP 地址是一样的，那么也只能算是一个 IP 的访问，IP 数据依然为 1。

(2) PV 即访问量，它的英文是 Page View。具体是指网站的页面浏览量或者点击量，页面被刷新一次就计算一次。如果网站被刷新了 1000 次，那么流量统计工具显示的 PV 就是 1000。

(3) UV 即独立访客，英文为 Unique Visitor。具体指访问网站的一个客户端（移动设备或是电脑）为一个访客。每天 00:00-24:00 内相同的客户端只被计算一次。

(二) IP、PV和UV的关系

PV 数和 IP 的数量是成正比的，因为页面被刷新一次，PV 就会被记录一次，所以 IP 越多，网站的 PV 数据也就越多。但是需要注意的是，PV 是网站被访问的页面数量，并不是网站页面的访问者数量，因为一个访问者可以多次刷新页面，增加 PV 数量。

如果一个 IP 刷新网站 1000 次，网站的 PV 就为 1000，从这点来看两者之间没有多大关系。但是，我们可以通过 IP 和 PV 之间的数据差异来深入理解网站的流量数据。如果 IP 和 PV 的数据悬殊，比如，在查看网站流量数据时发现网站的 PV 是 1000，IP 为 100，则说明平均一个 IP 访问了这个网站内容 10 次，说明网站内容还是比较受欢迎的，所以访客才愿意在网站中停留那么久的时间，并浏览了那么多的网站页面内容；但是如果 IP 和 PV 的数据很接近，比如，网站的 IP 为 100，PV 为 110，则说明一个 IP 访问了网站内容大约 1 次，说明网站内容的可读性太差，客户点击进去之后就离开了，没有做过多的停留。如果网站流量统计这样的数据过多的话，就需要对网站内容进行深入思考了，以便更好地提高网站的流量。

IP 和 UV 之间并不一定存在比例关系，两者之间也不是此消彼长的关系，有时网站 IP 的数值大于 UV 的数值，有时 UV 的数值也会大于 IP 数值。为什么会出现这种现象呢？我们可以用一个例子来说明。比如，两个人用同一个 IP 去访问某个网站，一个用的是台式电脑，一个用的是笔记本，那么网站流量统计工具显示的数据就会是 2 个 UV，1 个 IP。这时 UV 的数据就会大于 IP 的数据；但如果是只用一个台式电脑访问该网站，拨一个号，换一个 IP，那么这时候网站流量统计工具显示的数据 UV 就为 1，而 IP 的数据就会高于 UV 的数据。

二、平均页面访问数

平均页面访问数是页面访问数除以访问者数，就是用户访问网站时平均看了多少个页面。比如，“SEO 每日一贴”2014 年 10 月平均页面访问数为 2.52，就是说访问者来到博客后，平均看了 2.52 个网页。

平均页面访问数代表了网站的黏度。网站质量越高，黏度越高，用户看的页面就越多，平均页面访问数也就越高。比如，论坛和社区类网站通常黏度非常高，平均页面访问数就很高，常常达到了十几页以上。

三、平均网站停留时间

平均网站停留时间就是每位访问者平均在网站上停留的时间。

平均网站停留时间 = 网站总停留时间 ÷ 访问次数

四、退出率

退出率 = 某网页作为退出页的次数 ÷ 此网页总计被浏览的次数

例如，1 月 10 日，访问者从“网页 A”离开网站的次数为 20 次，本日内此网页总共被浏览了 100 次，那么 1 月 10 日“网页 A”的退出率为 20 次 ÷100 次 ×100%= 20%。如果一个网页的退出率很高，并不一定说明这个网页就存在问题或做得不好，因为某些网站可能会引导访问者从某些固定网页离开网站，因此如果这些网页的退出率很高，说明了它很好地实现了网站设计者的期望。

五、跳出数与跳出率

（一）跳出数

跳出数（Single Page Visits）也称为单页访问数，是指访问者仅访问了网站的一个网页的访问数。例如，访问者 A 仅浏览了一个网页 R1 就退出，那么，对于访问者 A 的此次访问，跳出数就加 1；访问者 B 由于访问了 2 个网页（V1 和 R2），所以跳出数不变。

值得注意的是，“跳出”与“退出”是有区别的，对于访问者来说，每次访问都必定会有退出；但是只有符合特定条件的访问才会记为一个跳出，即在访问中仅访问了一个网页。

（二）跳出率

跳出率 = 跳出数 ÷ 访问数

跳出率是衡量整个网站、一组网页、单个网页的重要指标，它标志着网站设计的质量。例如，某个购物网站有两大类产品：体育产品与电子产品。现在监测访问者 A、B、C、D

的一次访问体育产品中的 T1、T2 两个网页和电子产品中的 Cl、C2 两个网页。

1. 从网站的角度

以网站所有网页为分析目标，进入网页数即访问数为 4，访问者 A、B、C 分别为跳出数 +1、访问者 D 未跳出，所以总计跳出数为 3。

跳出率 = 跳出数 ÷ 访问数 = 3/4×100%= 75%

2. 从一组网页的角度

以体育产品类网页为例，访问者 A、D 访问的网页属于体育产品，所以访问数为 2，访问者 A 为跳出数 +1，访问者 D 未跳出，所以总计跳出数为 1。

跳出率 = 跳出数 ÷ 访问数 = 1/2×100%=50%

3. 从一个网页的角度

以 Cl 网页为例，访问者 B 访问 Cl 网页，此网页的访问数为 1。访问者 B 为跳出数 +1，所以总计跳出数为 1。

跳出率 = 跳出数 ÷ 访问数 = 1/1×100%= 100%

那么，跳出率是否越低越好？这个问题要从两个方面来分析。

第一，对于广告宣传、搜索引擎排名推荐来说，一般跳出率越高，表示网站的用户体验做得越不好。这两者一般都是花钱做的营销，其登录网页都是登录页，目的就是促进访客浏览网站的内容，如果跳出率高，表示网页设计或营销出现了问题。

第二，对于搜索引擎网页快照、网站导航等网页来说，这就不一定是越低越好了。比如，有很多访问者通过搜索引擎的搜索结果，访问了一篇他们感兴趣的博客，阅读完之后，访问者觉得很满意，就不再浏览该网站的其他内容，直接离开了该网站。这篇博客的跳出率就很高，但是访问者对它却很满意。因此，不能单纯从跳出率来评价一个网页的好坏，还需要参照其他的数据。

六、了解目标转化与目标转化率

很多网站分析工具中，都允许网站管理人员自行设定目标转化，而每一个目标转化都代表着某种商业结果。当目标转化的类型是计数度量时，表示“目标转化数”就是网站管理员达成自行设定目标的次数。比如，网站管理员希望用户购买了商品就代表了目标转化被达成。那么，网站管理员可以制作一个成功购买后的感谢网页，并将此网页设置成目标网页，凡是到达此网页的，就认为目标转化被达成，“目标转化数”就累加。假设 4 月 10 日达成的目标转化的访问次数是 60，这天的总访问次数是 100，那么此目标的目标转化率是 60/100×100%=60%。

必备技能

登录 http://www.alexa.cn，选择流量分析，用个人微信扫一扫，关注网站排名查询公众号，确认登录，即可查询网站流量，如图 5-2 所示。

图 5-2 流量分析

任务 18 网站安全解密

情境设计

现实生活中，互联网环境看似平静如水，实则危机四伏。对于网站或者 APP 等维护者来说，网站或者网页，包括服务器的安全至关重要，它会影响到诸如搜索引擎表现，网民访问的体验度等方面的问题。

王丽丽所在团队专门从事某校园网专门维护网站的工作。

任务分解

教学内容	课时安排	
	中职	高职
活动 网站安全的检测方式和选择	2	4

活动

网站安全的检测方式和选择

必备知识

一、网站安全出现问题的弊端

（1）在搜索引擎上会被用户看到“灰色”信息，影响用户体验。例如用 site 命令，在百度搜索框中输入：site:www.cldj.cn，如图 5-3 所示。

（2）在搜索引擎上会被提示网站安全的字样。这样会导致用户无法或者不敢访问网站，带来了巨大的流量损失。例如在搜索引擎上搜索某公司名字：淮安市科瑞泵业有限公司，如图 5-4 所示。

图 5-3　“灰色”信息

图 5-4　网站安全字样

二、网站安全如何进行检测

1. 加入搜索引擎（百度）站长平台

（1）搜索：百度站长平台，进入平台官网内，如图 5-5 所示。

图 5-5　搜索百度站长平台

（2）注册和登录站长平台，如图 5-6 所示。

图 5-6　注册和登录站长平台

（3）将站点加入百度站长平台，如图 5-7 所示。

图 5-7　将站点加入百度站长平台

（4）验证和添加自己的网站到百度站长平台，如图 5-8、图 5-9、图 5-10 所示。

图 5-8　在站长平台输入网站

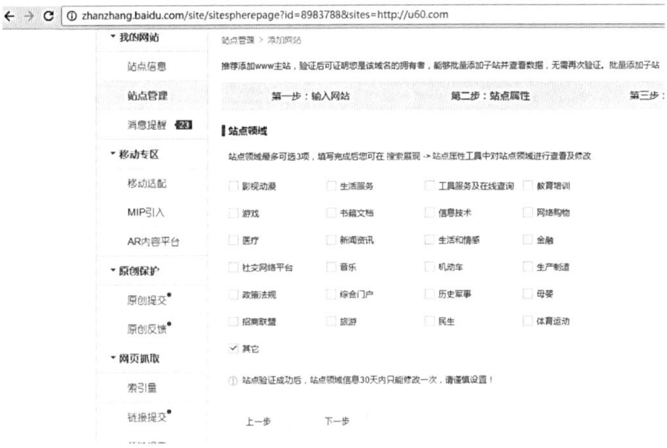

图 5-9　在站长平台选择站点属性

图 5-10　验证和添加自己的网站到百度站长平台

（5）百度站长平台会自动监测该网站，如果有异常将会以站内信的方式进行提示，如图 5-11 所示。

图 5-11　查看站内信

2. 加入 360 网站安全站长平台

（1）访问：http://webscan.360.cn/，如图 5-12 所示。

图 5-12　访问 360 网站安全站长平台

（2）注册和登录进入 360 网站安全检测，如图 5-13 所示。

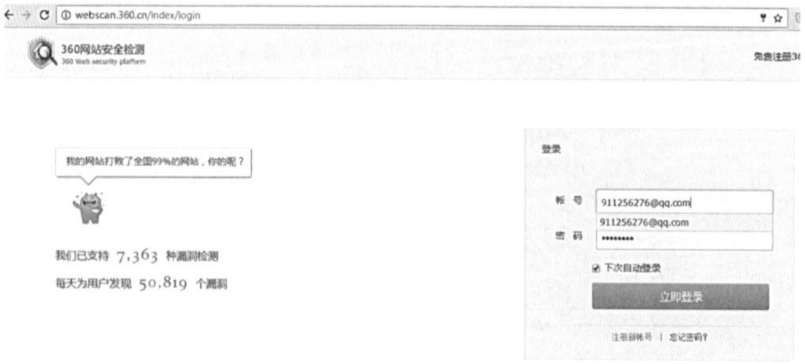

图 5-13　注册和登录进入 360 网站安全检测

（3）添加自己的网站到安全检测平台，如图 5-14 所示。

（4）进行实时监控，如果有问题，平台会发送邮件到注册邮箱，以便告知网站的问题所在，如图 5-15 和图 5-16 所示。

图 5-14　添加自己的网站到安全检测平台

图 5-15　安全监控设置

图 5-16　安全监控结果反馈

三、网站被攻击的情况分类

（1）利用 Web 服务器的漏洞进行攻击，如 CGI 缓冲区溢出，目录便利漏洞利用等攻击。

（2）利用网页自身的安全漏洞进行攻击，如 SQL 注入，跨站脚本攻击等。

缓冲区溢出——攻击者利用超出缓冲区大小的请求和构造的二进制代码让服务器执行溢出堆栈中的恶意指令。

Cookie 假冒——精心修改 Cookie 数据进行用户假冒。

认证逃避——攻击者利用不安全的证书和身份管理。

非法输入——在动态网页的输入中使用各种非法数据，获取服务器敏感数据。

强制访问——访问未授权的网页。

隐藏变量篡改——对网页中的隐藏变量进行修改，欺骗服务器程序。

拒绝服务攻击——构造大量的非法请求，使 Web 服务器不能响应正常用户的访问。

跨站脚本攻击——提交非法脚本，其他用户浏览时盗取用户账号等信息。

SQL 注入——构造 SQL 代码让服务器执行，获取敏感数据。

URL 访问限制失效——黑客可以访问非授权的资源链接，强行访问一些登录网页、历史网页。

被破坏的认证和 Session 管理——Session token 没有被很好地保护，在用户推出系统后，黑客能够盗窃 Session。

DNS 攻击——黑客利用 DNS 漏洞欺骗 DNS 服务器，从而达到使 DNS 解析不正常，IP 地址被转向导致网站服务器无法正常打开。

四、主要攻击手段

1. SQL 注入

对于和后台数据库产生交互的网页，如果没有对用户输入数据的合法性进行全面的判断，就会使应用程序存在安全隐患。用户可以在可以提交正常数据的 URL 或者表单输入框中提交一段精心构造的数据库查询代码，使后台应用执行攻击者的 SQL 代码，攻击者根据程序返回的结果，获得某些他想得知的敏感数据，如管理员密码，保密商业资料等。

2. 跨站脚本攻击

攻击者如果知道某一网站上的应用程序接收跨站脚本的提交，他就可以在网上提交可以完成攻击的脚本，如 JavaScript、VBScript、ActiveX、HTML 或 Flash 等内容，普通用户一旦点击了网页上这些攻击者提交的脚本，那么就会在用户客户机上执行，完成从截获账户、更改用户设置、窃取和篡改 Cookie 到虚假广告在内的种种攻击行为。

3. DNS 攻击

黑客使用常见的洪水攻击，阻击 DNS 服务器，导致 DNS 服务器无法正常工作，从而达到域名解析失败，造成网站无法访问。

必备技能

选择安全稳定的服务器提供商

一般来说，选择影响力较大的服务器供应商会使网站安全性大大提高，可以避免黑客或者恶意程序的攻击，因为它们一般具有较强技术的防火墙引擎。

目前中国市面上较好的网站（服务器）提供商主要以阿里云（万网）、百度云、新网、腾讯云为主。选择它们可以有效地避免网站恶意攻击者的入侵，如图 5-17 和图 5-18 所示。

图 5-17　阿里云

图 5-18　百度云

项目合作实训

以小组为单位根据任务四企业产品营销主题，评价任务四的网络营销效果，并制定下一个阶段的营销策略。利用项目综合评分表 5-1 对小组成员做一个简单的评价。

表 5-1　项目综合评分表

内容	评分标准				评分
	优秀	良好	及格	不及格	
工作态度	积极、认真	比较认真	一般	不认真	
工作能力	超额完成工作任务，并有创新	按时完成	基本完成	不能完成	
工作效果	（1）资料设置十分合理 （2）小组评价方式正确	（1）资料设置合理 （2）小组评价方式较正确	（1）基本资料设置基本合理 （2）小组评价方式不太正确	（1）基本资料设置不合理 （2）小组没有开展评价	

项目总结

网络营销是数字经济时代的一种崭新的营销理念和营销模式，网络营销需要实战技巧。基于此，本项目着力阐述了基本网络营销方式实施后，如何评价网络营销整体效果，转化流量的具体方法和实战技巧，对网络安全如何防范、规避风险也做了生动详细的阐述。希望能够为广大学员提升网络经营能力，参与市场竞争提供一条可资借鉴的、便捷的成功之路。

项目自测

（1）网络营销效果评价的指标体系有哪些？

（2）平均页面访问数和平均网站停留时间的计算方法如何？

（3）如何检测网站安全？

参考文献

[1] 魏兆连 . 网络营销 [M]. 北京：机械工业出版社，2011.

[2] 董常亮 . 网络营销实务 [M]. 北京：北京交通大学出版社，2015.

[3] 雷颖晖 . 网络营销实训教程 [M]. 北京：经济管理出版社，2014.

[4] 王丽丽 . 网络营销 [M]. 北京：北京交通大学出版社，2015.

[5]（美）米奇 · 迈耶森. 网络营销有绝招[M]. 北京：电子工业出版社，2010.

[6] 阿里学院 . 网络整合营销 [M]. 北京：电子工业出版社，2013.

[7] 尚德峰 . 网络营销 [M]. 北京：中国人民大学出版社，2015.

[8] 成荣芬 . 网络营销策划实务 [M]. 北京：中国人民大学出版社，2013.

[9] 江礼坤 . 网络营销推广 [M]. 北京：电子工业出版社，2012.

[10] 刘涛 . 视觉推广 [M]. 北京：机械工业出版社，2011.

[11] 藏锋者 . 网络营销实战指导 [M]. 北京：中国铁道出版社，2013.

[12] 邵安兆 . 网络营销 [M]. 北京：高等教育出版社，2014.

[13] 龚铂洋 . 企业微营销实战攻略 [M]. 北京：电子工业出版社，2014.

[14] 周宁 . 网络营销 [M]. 北京：电子工业出版社，2009.

[15] 科教工作室 . 博客 . 微博创建与营销全攻略 [M]. 北京：清华大学出版社，2013.

[16] 王易 . 微信营销 [M]. 北京：电子工业出版社，2015.

[17] 梁冬梅 . 网络营销及案例分析 [M]. 北京：清华大学出版社，2008.

[18] Stephan Spencer. 社交电商 [M]. 北京：电子工业出版社，2015.

[19] 谭运猛 . 微信营销 360 度指南 [M]. 北京：机械工业出版社，2014.

[20] 夏明学 . 网络营销：管理与实践 [M]. 北京：北京大学出版社，2013.